ŒUVRES
DE
DENIS DIDEROT

TOME 9

SALONS

II

Elibron Classics
www.elibron.com

Elibron Classics series.

ISBN 0-543-94424-7 (paperback)
ISBN 0-543-94423-9 (hardcover)

This Elibron Classics Replica Edition is an unabridged facsimile
of the edition published in 1821 by J.L.J. Brière, Paris.

ŒUVRES

COMPLÈTES

DE DIDEROT.

TOME IX.

Cet Ouvrage se trouve aussi à Paris

CHEZ PARMANTIER, LIBRAIRE, RUE DAUPHINE, N°. 14.

PARIS, IMPRIMERIE DE A. BELIN,

Rue des Mathurins Saint-Jacques, n°. 14.

OEUVRES

DE

DENIS DIDEROT.

SALONS.

TOME II.

A PARIS,
CHEZ J. L. J. BRIÈRE, LIBRAIRE,
RUE SAINT-ANDRÉ-DES-ARTS, N°. 68.
M DCCC XXI.

SALON DE 1767.

SALON DE 1767.

A MON AMI M. GRIMM.

Ne vous attendez pas, mon ami, que je sois aussi riche, aussi varié, aussi sage, aussi fou, aussi fécond cette fois que j'ai pu l'être aux Salons précédents. Tout s'épuise. Les artistes diversifieront leurs compositions à l'infini; mais les règles de l'art, ses principes et leurs applications, resteront bornés. Peut-être avec de nouvelles connaissances acquises, d'autres secours, le choix d'une forme originale, réussirais-je à conserver le charme de l'intérêt à une matière usée : mais je n'ai rien acquis; j'ai perdu Falconet; et la forme originale dépend d'un moment qui n'est pas venu. Supposez-moi de retour d'un voyage d'Italie, et l'imagination pleine des chefs-d'œuvre que la peinture ancienne a produits dans cette contrée. Faites que les ouvrages des écoles flamande et française me soient familiers. Obtenez des personnes opulentes, auxquelles vous destinez mes cahiers, l'ordre ou la permission de faire prendre des esquisses de tous les morceaux dont j'aurai à les entretenir; et je vous réponds d'un

Salon tout nouveau. Les artistes des siècles passés mieux connus, je rapporterais la manière et le faire d'un moderne, au faire et à la manière de quelque ancien la plus analogue à la sienne ; et vous auriez tout de suite une idée plus précise de la couleur, du style et du clair-obscur. S'il y avait une ordonnance, des incidents, une figure, une tête, un caractère, une expression empruntés de Raphaël, des Carraches, du Titien, ou d'un autre, je reconnaîtrais le plagiat, et je vous le dénoncerais. Une esquisse, je ne dis pas faite avec esprit, ce qui serait mieux pourtant, mais un simple croquis, suffirait pour vous indiquer la disposition générale, les lumières, les ombres, la position des figures, leur action, les masses, les groupes, cette ligne de liaison qui serpente et enchaîne les différentes parties de la composition; vous liriez ma description, et vous auriez ce croquis sous les yeux; il m'épargnerait beaucoup de mots; et vous entendriez davantage. J'espère bien que nous retirerons des greniers de notre ami ces immenses portefeuilles d'estampes, abandonnés aux rats, et que nous les feuilleterons encore quelquefois: mais qu'est-ce qu'une estampe en comparaison d'un tableau? Connaît-on Virgile, Homère, quand on a lu Desfontaines ou Bitaubé? Pour ce voyage d'Italie si souvent projeté, il ne se fera jamais. Jamais, mon ami, nous ne nous embrasserons dans cette demeure antique, silencieuse et sacrée, où les hommes sont venus si souvent accuser leurs erreurs ou exposer leurs besoins; sous ce Panthéon, sous ces voûtes obscures où nos ames devaient s'ouvrir sans réserve, et verser toutes ces pensées retenues, tous ces sentiments secrets, toutes ces actions dérobées, tous ces plaisirs cachés, toutes ces peines dévorées, tous ces mystères de notre vie, dont l'honnêteté scrupuleuse interdit la confidence à l'amitié même la plus intime et la moins réservée. Eh bien! mon ami, nous mourrons donc sans nous être parfaitement connus; et vous n'aurez point obtenu de moi toute la justice que vous méritiez. Consolez-vous; j'aurais été vrai, et j'y aurais peut-être autant perdu que vous y auriez gagné. Combien de côtés en moi, que je craindrais de montrer tout nus! Encore une fois, consolez-vous; il est plus doux d'estimer infiniment son ami, que d'en être infiniment estimé. Une autre raison de la pauvreté de ce Salon-ci, c'est que plusieurs artistes de réputation ne sont plus, et que d'autres dont les bonnes et les mauvaises qualités m'auraient fourni une récolte abondante d'observations, ne s'y sont pas montrés cette année. Il n'y avait rien ni de Pierre, ni de Boucher, ni de La Tour, ni de Bachelier, ni de Greuze. Ils ont dit, pour leurs raisons, qu'ils étaient las de s'exposer aux bêtes, et d'être déchirés. Quoi! M. Boucher, vous à qui les progrès et la durée de l'art devraient être spécialement à cœur, en qualité de premier peintre du roi, c'est au moment où vous obtenez ce titre, que vous donnez la première atteinte à une de nos plus utiles institutions, et cela par la crainte d'entendre une vérité dure? Vous n'avez pas conçu quelle pouvait être la suite de votre exemple! Si les grands maîtres se retirent, les subalternes se retireront, ne fût-ce que pour se donner un air de grands maîtres; bientôt les murs du Louvre seront tout nus, ou ne seront couverts que du barbouillage de polissons, qui ne s'exposeront que parce qu'ils n'ont rien à perdre à se laisser voir; et cette lutte annuelle et publique des artistes venant à cesser, l'art s'acheminera rapidement à sa décadence. Mais, à cette considération la plus importante, il s'en joint une autre qui n'est pas à négliger. Voici comment raisonnent la plupart des hommes opulents qui occupent les grands artistes. La somme que je vais mettre en dessins de Boucher, en tableaux de Vernet, de Casanove, de Loutherbourg, est placée au plus haut intérêt. Je jouirai toute ma vie de la vue d'un excellent morceau. L'artiste mourra; et mes enfants ou moi nous retirerons de ce morceau vingt fois le prix de son premier achat. Et c'est très-bien raisonné; et les héritiers voient sans chagrin un pareil emploi de la richesse qu'ils convoitent. Le cabinet de M. de Julienne a rendu à la vente beaucoup au-delà de ce qu'il avait coûté. J'ai à présent sous mes yeux un paysage que Vernet fit à Rome pour un habit, veste et culotte, et qui vient d'être acheté mille écus. Quel rapport y a-t-il entre le salaire qu'on accordait aux maîtres anciens, et la valeur que nous mettons à leurs ouvrages? Ils ont donné, pour un morceau de pain, telle composition que nous offririons inutilement de couvrir d'or. Le brocanteur ne vous lâchera pas un tableau du Corrège pour un sac d'argent dix fois aussi lourd que le sac de liards sous lequel un infâme cardinal le fit mourir (1). Mais à quoi cela revient-il, me direz-vous? Qu'est-ce que l'histoire du Corrège et la vente des tableaux de M. de Julienne ont de commun avec l'exposition publique et le Salon? vous allez l'entendre. L'homme habile, à qui l'homme riche demande un morceau qu'il puisse laisser à son enfant, à son héritier, comme un effet précieux, ne sera plus arrêté par mon jugement, par le vôtre; par le respect qu'il se portera à lui-même, par la crainte de perdre sa réputation : ce n'est plus pour la nation, c'est pour un particulier qu'il travaillera, et vous n'en obtiendrez

(1) Antoine Allegri dit *Le Corrège*, mourut en 1534, par suite d'une fièvre qu'il gagna à son retour de Parme où il était allé recevoir le prix d'un tableau pour le dôme de la cathédrale. Le chapitre, peu reconnaissant, le lui avait payé 200 livres en monnaie de cuivre que *Le Corrège* eut l'empressement de porter à sa famille pendant la plus grande chaleur de l'été. ÉDIT.

qu'un ouvrage médiocre, et de nulle valeur. On ne saurait opposer trop de barrières à la paresse, à l'avidité, à l'infidélité; et la censure publique est une des plus puissantes. Ce serrurier, qui avait femme et enfants, qui n'avait ni vêtement ni pain à leur donner, et qu'on ne put jamais résoudre, à quelque prix que ce fût, à faire une mauvaise gâche, fut un enthousiaste très-rare. Je voudrais donc que M. le directeur des académies obtînt un ordre du roi, qui enjoignît, sous peine d'être exclus, à tout artiste, d'envoyer au Salon deux morceaux au moins, au peintre deux tableaux, au sculpteur une statue ou deux modèles. Mais ces gens, qui se moquent de la gloire de la nation, des progrès et de la durée de l'art, de l'instruction et de l'amusement publics, n'entendent rien à leur propre intérêt. Combien de tableaux seraient demeurés des années entières dans l'ombre de l'atelier, s'ils n'avaient point été exposés? Tel particulier va promener au Salon son désœuvrement et son ennui, qui y prend ou reconnaît en lui le goût de la peinture. Tel autre qui en a le goût, et n'y était allé chercher qu'un quart-d'heure d'amusement, y laisse une somme de deux mille écus. Tel artiste médiocre s'annonce en un instant à toute la ville pour un habile homme. C'est là que cette si belle chienne d'Oudry, qui décore à droite notre synagogue (1), atten-

(1) La maison du baron d'Holbach. ÉDITS.

dait le baron notre ami. Jusqu'à lui personne ne l'avait regardée; personne n'en avait senti le mérite; et l'artiste était désolé. Mais, mon ami, ne nous refusons pas au récit des procédés honnêtes. Cela vaut encore mieux que la critique ou l'éloge d'un tableau. Le baron voit cette chienne, l'achète; et à l'instant voilà tous ces dédaigneux amateurs furieux et jaloux. On vient; on l'obsède; on lui propose deux fois le prix de son tableau. Le baron va trouver l'artiste, et lui demande la permission de céder sa chienne à son profit (1). Non, monsieur. Non, lui dit l'artiste. Je suis trop heureux que mon meilleur ouvrage appartienne à un homme qui en connaisse le prix. Je ne consens à rien, je n'accepterai rien; et ma chienne vous restera. Ah! mon ami, la maudite race que celle des amateurs! Il faut que je m'en explique, et que je me soulage, puisque j'en ai l'occasion. Elle commence à s'éteindre ici, où elle n'a que trop duré et fait trop de mal. Ce sont ces gens-là qui décident à tort et à travers des réputations; qui ont pensé faire mourir Greuze de douleur et de faim; qui ont des galeries qui ne leur coûtent guères; des lumières ou plutôt des prétentions qui ne leur coûtent rien; qui s'interposent entre l'homme opulent et l'artiste indigent; qui font

(1) Ce trait de générosité du baron d'Holbach est à ajouter à ce que nous rapportons de lui dans la note des pages 113 et suivantes du tome XII. ÉDIT[s].

payer au talent la protection qu'ils lui accordent; qui lui ouvrent ou ferment les portes; qui se servent du besoin qu'il a d'eux pour disposer de son temps; qui le mettent à contribution; qui lui arrachent à vil prix ses meilleures productions; qui sont à l'affût, embusqués derrière son chevalet; qui l'ont condamné secrètement à la mendicité, pour le tenir esclave et dépendant; qui prêchent sans cesse la modicité de fortune comme un aiguillon nécessaire à l'artiste et à l'homme de lettres, parce que, si la fortune se réunissait une fois aux talents et aux lumières, ils ne seraient plus rien; qui décrient et ruinent le peintre et le statuaire, s'il a de la hauteur et qu'il dédaigne leur protection ou leur conseil; qui le gênent, le troublent dans son atelier, par l'importunité de leur présence et l'ineptie de leurs conseils; qui le découragent, qui l'éteignent, et qui le tiennent tant qu'ils peuvent dans l'alternative cruelle de sacrifier ou son génie, ou sa fierté, ou sa fortune. J'en ai entendu, moi qui vous parle, un de ces hommes, le dos appuyé contre la cheminée de l'artiste, le condamner impudemment, lui et tous ses semblables, au travail et à l'indigence; et croire par la plus malhonnête compassion réparer les propos les plus malhonnêtes, en promettant l'aumône aux enfants de l'artiste qui l'écoutait. Je me tus, et je me reprocherai toute ma vie mon silence et ma patience. Ce seul inconvénient suffirait pour hâter la décadence de l'art, surtout lorsque l'on considère que l'acharnement de ces amateurs contre les grands artistes, va quelquefois jusqu'à procurer aux artistes médiocres, le profit et l'honneur des ouvrages publics. Mais comment voulez-vous que le talent résiste et que l'art se conserve, si vous joignez à cette épidémie vermineuse la multitude de sujets perdus pour les lettres et pour les arts, par la juste répugnance des parents à abandonner leurs enfants à un état qui les menace d'indigence? L'art demande une certaine éducation; et il n'y a que les citoyens qui sont pauvres, qui n'ont presque aucune ressource, qui manquent de toute perspective, qui permettent à leurs enfants de prendre le crayon. Nos plus grands artistes sont sortis des plus basses conditions. Il faut entendre les cris d'une famille honnête, lorsqu'un enfant, entraîné par son goût, se met à dessiner ou à faire des vers. Demandez à un père, dont le fils donne dans l'un ou l'autre de ces travers, que fait votre fils? Ce qu'il fait? il est perdu; il dessine, il fait des vers. N'oubliez pas parmi les obstacles à la perfection et à la durée des beaux arts, je ne dis pas la richesse d'un peuple, mais ce luxe qui dégrade les grands talents, en les assujétissant à de petits ouvrages, et les grands sujets en les réduisant à la bambochade; et pour vous en convaincre, voyez la Vérité, la Vertu, la Justice, la

Religion ajustées par La Grénée, pour le boudoir d'un financier. Ajoutez à ces causes la dépravation des mœurs, ce goût effréné de galanterie universelle, qui ne peut supporter que les ouvrages du vice, et qui condamnerait un artiste moderne à la mendicité, au milieu de cent chefs-d'œuvre dont les sujets auraient été empruntés de l'histoire grecque ou romaine. On lui dira : oui; cela est beau, mais cela est triste; un homme qui tient sa main sur un brâsier ardent, des chairs qui se consument, du sang qui dégoutte : ah fi! cela fait horreur; qui voulez-vous qui regarde cela? Cependant on n'en parle pas moins chez ce peuple de l'imitation de la belle nature; et ces gens qui parlent sans cesse de l'imitation de la belle nature, croient de bonne foi qu'il y a une belle nature subsistante, qu'elle est, qu'on la voit quand on veut, et qu'il n'y a qu'à la copier. Si vous leur disiez que c'est un être tout-à-fait idéal, ils ouvriraient de grands yeux, ou ils vous riraient au nez; et ces derniers seraient peut-être des artistes plus imbéciles que les premiers, en ce qu'ils n'entendraient pas davantage qu'eux, et qu'ils feraient les entendus. Dussiez-vous, mon ami, me comparer à ces chiens de chasse mal disciplinés, qui courent indistinctement tout le gibier qui se lève devant eux; puisque le propos en est jeté, il faut que je le suive et que je me mette aux prises avec un de nos artistes les plus éclairés. Que cet artiste ironique hoche du nez quand je me mêlerai du technique de son métier, à la bonne heure ; mais s'il me contredit, quand il s'agira de l'idéal de son art, il pourrait bien me donner ma revanche. Je demanderai donc à cet artiste : si vous aviez choisi pour modèle la plus belle femme que vous connussiez, et que vous eussiez rendu avec le plus grand scrupule tous les charmes de son visage, croiriez-vous avoir représenté la beauté ? Si vous me répondez que oui ; le dernier de vos élèves vous démentira, et vous dira que vous avez fait un portrait. Mais s'il y a un portrait du visage, il y a un portrait de l'œil, il y a un portrait du cou, de la gorge, du ventre, du pied, de la main, de l'orteil, de l'ongle : car, qu'est-ce qu'un portrait, sinon la représentation d'un être quelconque individuel ? Et si vous ne reconnaissez pas aussi promptement, aussi sûrement, à des caractères aussi certains, l'ongle portrait que le visage portrait, ce n'est pas que la chose ne soit, c'est que vous l'avez moins étudiée ; c'est qu'elle offre moins d'étendue ; c'est que ses caractères d'individualité sont plus petits, plus légers et plus fugitifs. Mais vous m'en imposez, vous vous en imposez à vous-même, et vous en savez plus que vous ne dites. Vous avez senti la différence de l'idée générale et de la chose individuelle jusque dans les moindres parties, puisque vous n'oseriez pas m'assurer, depuis le moment où vous prîtes le pinceau jusqu'à ce jour, de vous être assujéti à l'imitation rigoureuse d'un cheveu. Vous y avez ajouté, vous en avez supprimé ; sans quoi vous n'eussiez pas fait une image première, une copie de la vérité, mais un portrait ou une copie de copie, φαντάσματος, οὐκ ἀληθείας, *le fantôme et non la chose ;* et vous n'auriez été qu'au troisième rang, puisqu'entre la vérité et votre ouvrage, il y aurait eu la vérité ou le prototype, son fantôme subsistant qui vous sert de modèle, et la copie que vous faites de cette ombre mal terminée de ce fantôme. Votre ligne n'eût pas été la véritable ligne, la ligne de beauté, la ligne idéale, mais une ligne quelconque altérée, déformée, portraitique, individuelle ; et Phidias aurait dit de vous τρίτος ἐστὶ ἀπὸ τῆς καλῆς γυναικὸς καὶ ἀληθείας, *vous n'êtes qu'au troisième rang après la belle femme et la beauté;* et il aurait dit vrai : il y a entre la vérité et son image, la belle femme individuelle qu'il a choisie pour modèle. Mais, me dira l'artiste qui réfléchit avant que de contredire, où est donc le vrai modèle, s'il n'existe ni en tout ni en partie dans la nature ; et si l'on peut dire de la plus petite et du meilleur choix, φαντάσματος, οὐκ ἀληθείας? A cela, je répliquerai : et quand je ne pourrais pas vous l'apprendre, en auriez-vous moins senti la vérité de ce que je vous ai dit? En serait-il moins vrai que pour un œil microscopique, l'imitation rigoureuse d'un ongle, d'un cheveu, ne fût un portrait? Mais je vais vous montrer que vous avez cet œil, et que vous vous en servez sans cesse. Ne convenez-vous pas que tout être, surtout animé, a ses fonctions, ses passions déterminées dans la vie; et qu'avec l'exercice et le temps, ces fonctions ont dû répandre sur toute son organisation une altération si marquée quelquefois, qu'elle ferait deviner la fonction? Ne convenez-vous pas que cette altération n'affecte pas seulement la masse générale; mais qu'il est impossible qu'elle affecte la masse générale, sans affecter chaque partie prise séparément? Ne convenez-vous pas que, quand vous avez rendu fidèlement, et l'altération propre à la masse, et l'altération conséquente de chacune de ses parties, vous avez fait le portrait? Il y a donc une chose qui n'est pas celle que vous avez peinte, et une chose que vous avez peinte qui est entre le modèle premier et votre copie?—Mais où est le modèle premier?—Un moment, de grâce, et nous y viendrons peut-être. Ne convenez-vous pas encore que les parties molles intérieures de l'animal, les premières développées, disposent de la forme des parties dures? Ne convenez-vous pas que cette influence est générale sur tout le système? Ne convenez-vous pas qu'indépendamment des fonctions journalières et habituelles qui auraient bientôt gâté ce que Nature aurait supérieurement fait, il est impossible d'imaginer, entre tant de causes qui agissent et réagissent dans la formation, le développement, l'accroissement d'une machine aussi compliquée, un équilibre si rigoureux et si continu, que rien n'eût péché d'aucun côté, ni par excès, ni par défaut? Convenez que, si vous n'êtes pas frappé de ces observations, c'est que vous n'avez pas la première teinture d'anatomie, de physiologie, la première notion de la nature. Convenez du moins que, sur cette multitude de têtes dont les allées de nos jardins fourmillent un beau jour, vous n'en trouverez pas une dont un des profils ressemble à l'autre profil; pas une dont un des côtés de la bouche ne diffère sensiblement de l'autre côté; pas une qui, vue dans un miroir concave, ait un seul point pareil à un autre point. Convenez qu'il parlait en grand artiste et en homme de sens, ce Vernet, lorsqu'il disait aux élèves de l'école occupés de la caricature[1] : oui, ces plis sont grands, larges et beaux; mais songez que vous ne les reverrez plus. Convenez donc qu'il n'y a et qu'il ne peut y avoir ni un animal entier subsistant, ni aucune partie de l'animal subsistant que vous puissiez prendre à la rigueur pour modèle pre-

[1] A l'école, une fois la semaine, les élèves s'assemblent. Un d'eux sert de modèle. Son camarade le pose et l'enveloppe ensuite d'une pièce d'étoffe blanche, la drapant le mieux qu'il peut; et c'est là ce qu'on appelle faire la caricature.

mier. Convenez donc que ce modèle est purement idéal, et qu'il n'est emprunté directement d'aucune image individuelle de Nature, dont la copie scrupuleuse vous soit restée dans l'imagination, et que vous puissiez appeler derechef, arrêter sous vos yeux et recopier servilement, à moins que vous ne veuillez vous faire portraitiste. Convenez donc que, quand vous faites beau, vous ne faites rien de ce qui est, rien même de ce qui peut être. Convenez donc que la différence du portraitiste et de vous, homme de génie, consistant essentiellement en ce que le portraitiste rend fidèlement Nature comme elle est, et se fixe par goût au troisième rang; et que vous qui cherchez la vérité, le premier modèle, votre effort continu est de vous élever au second.—Vous m'embarrassez : mais tout cela n'est que de la métaphysique.—Eh! grosse bête, est-ce que ton art n'a pas sa métaphysique? Est-ce que cette métaphysique, qui a pour objet la nature, la belle nature, la vérité, le premier modèle auquel tu te conformes sous peine de n'être qu'un portraitiste, n'est pas la plus sublime métaphysique? Laisse-là ce reproche que les sots, qui ne pensent point, font aux hommes profonds qui pensent.—Tenez, sans m'alambiquer tant l'esprit, quand je veux faire une statue de belle femme, j'en fais déshabiller un grand nombre; toutes m'offrent de belles parties et des parties difformes; je prends de chacune ce qu'elles ont de beau. — Eh! à quoi le reconnais-tu? — Mais à la conformité avec l'antique, que j'ai beaucoup étudié. — Et si l'antique n'était pas, comment t'y prendrais-tu? Tu ne me réponds pas. Ecoute-moi donc, car je vais tâcher de t'expliquer comment les Anciens, qui n'avaient pas d'antiques, s'y sont pris; comment tu es devenu ce que tu es, et la raison d'une routine bonne ou mauvaise que tu suis sans en avoir jamais recherché l'origine. Si ce que je te disais tout à l'heure est vrai, le modèle le plus beau, le plus parfait d'un homme ou d'une femme, serait un homme ou une femme supérieurement propre à toutes les fonctions de la vie, et parvenu à l'âge du plus entier développement, sans en avoir exercé aucune. Mais comme la nature ne nous montre nulle part ce modèle, ni total ni partiel; comme elle produit tous ces ouvrages viciés; comme les plus parfaits qui sortent de son atelier ont été assujétis à des conditions, des fonctions, des besoins qui les ont encore déformés; comme par la seule nécessité sauvage de se conserver et de se reproduire, ils se sont éloignés de plus en plus de la vérité, du modèle premier, de l'image intellectuelle, en sorte qu'il n'y a point, qu'il n'y eut jamais, et qu'il ne peut jamais y avoir ni un tout, ni par conséquent une seule partie d'un tout qui n'ait souffert; sais-tu, mon ami, ce que tes plus anciens prédécesseurs ont fait ? Par une longue observation, par une expérience consommée, par la comparaison des organes avec leurs fonctions naturelles, par un tact exquis, par un goût, un instinct, une sorte d'inspiration donnée à quelques rares génies, peut-être par un projet naturel à un idolâtre, d'élever l'homme au-dessus de sa condition, et de lui imprimer un caractère divin, un caractère exclusif de toutes les servitudes de notre vie chétive, pauvre, mesquine et misérable, ils ont commencé par sentir les grandes altérations, les difformités les plus grossières, les grandes souffrances. Voilà le premier pas qui n'a proprement réformé que la masse générale du système animal, ou quelques unes de ses portions principales. Avec le temps, par une marche lente et pusillanime, par un long et pénible tâtonnement, par une notion sourde, secrète d'analogie, le résultat d'une infinité d'observations successives dont la mémoire s'éteint et dont l'effet reste, la réforme s'est étendue à de moindres parties, de celles-ci à de moindres encore, et de ces dernières aux plus petites, à l'ongle, à la paupière, aux cils, aux cheveux, effaçant sans relâche et avec une circonspection étonnante les altérations et difformités de Nature viciée, ou dans son origine, ou par les nécessités de sa condition, s'éloignant sans cesse du portrait, de la ligne fausse, pour s'élever au vrai modèle idéal de la beauté, à la ligne vraie;

ligne vraie, modèle idéal de la beauté, qui n'exista nulle part que dans la tête des Agasias, des Raphaël, des Poussin, des Pujet, des Pigal, des Falconnet; modèle idéal de la beauté, ligne vraie, dont les artistes subalternes ne puisent des notions incorrectes, plus ou moins approchées, que dans l'antique ou dans les ouvrages incorrects de la nature; modèle idéal de la beauté, ligne vraie, que ces grands maîtres ne peuvent inspirer à leurs élèves aussi rigoureusement qu'ils la conçoivent; modèle idéal de la beauté, ligne vraie, au-dessus de laquelle ils peuvent s'élancer en se jouant, pour produire le chimérique, le Sphinx, le Centaure, l'Hippogryphe, le Faune, et toutes les natures mêlées, au-dessous de laquelle ils peuvent descendre pour produire les différents portraits de la vie, la charge, le monstre, le grotesque, selon la dose de mensonge qu'exige leur composition et l'effet qu'ils ont à produire; en sorte que c'est presque une question vide de sens, que de chercher jusqu'où il faut se tenir approché ou éloigné du modèle idéal de la beauté, de la ligne vraie; modèle idéal de la beauté, ligne vraie non traditionnelle, qui s'évanouit presque avec l'homme de génie; qui forme pendant un temps l'esprit, le caractère, le goût des ouvrages d'un peuple, d'un siècle, d'une école; modèle idéal de la beauté, ligne vraie, dont l'homme de génie aura la notion plus ou moins rigoureuse, selon le climat, le gouvernement, les lois, les circonstances qui l'auront vu naître; modèle idéal de la beauté, ligne vraie, qui se corrompt, qui se perd et qui ne se retrouverait peut-être parfaitement chez un peuple, que par le retour à l'état de barbarie; car c'est la seule condition où les hommes, convaincus de leur ignorance, puissent se résoudre à la lenteur du tâtonnement; les autres restent médiocres, précisément parce qu'ils naissent, pour ainsi dire, savants. Serviles et presque stupides imitateurs de ceux qui les ont précédés, ils étudient la nature comme parfaite, et non comme perfectible; ils vont la chercher, non pour approcher du modèle idéal et de la ligne vraie, mais pour approcher de plus près de la copie de ceux qui l'ont possédée. C'est du plus habile d'entre eux, que le Poussin a dit qu'il était un ange en comparaison des modernes, et un âne en comparaison des Anciens. Les imitateurs scrupuleux de l'antique ont sans cesse les yeux attachés sur le phénomène; mais aucun d'eux n'en a la raison. Ils restent d'abord un peu au-dessous de leur modèle; peu à peu ils s'en écartent davantage, du quatrième degré de portraitiste, de copiste, ils se ravalent au centième. Mais, me direz-vous, il est donc impossible à nos artistes d'égaler jamais les Anciens? Je le pense, du moins en suivant la route qu'ils tiennent, en n'étudiant la nature, en ne la recherchant, en ne la trouvant belle que d'après des copies antiques, quelques sublimes qu'elles soient, et quelque fidèle que puisse être l'image qu'ils en ont. Réformer la nature sur l'antique, c'est suivre la route inverse des Anciens qui n'en avaient point; c'est toujours travailler d'après une copie. Et puis, mon ami, croyez-vous qu'il n'y ait aucune différence entre être de l'école primitive et du secret, partager l'esprit national, être animé de la chaleur, et pénétré des vues, des procédés, des moyens de ceux qui ont fait la chose, et voir simplement la chose faite? croyez-vous qu'il n'y ait aucune différence entre Pigal et Falconnet à Paris, devant le gladiateur, et Pigal et Falconnet dans Athènes, et devant Agasias? C'est un vieux conte, mon ami, que pour former cette statue vraie ou imaginaire que les Anciens appelaient la règle, et que j'appelle le modèle idéal ou la ligne vraie, ils aient parcouru la nature, empruntant d'elle dans une infinité d'individus les plus belles parties dont ils composèrent un tout. Comment est-ce qu'ils auraient reconnu la beauté de ces parties? De celles surtout qui, rarement exposées à nos yeux, telles que le ventre, le haut des reins, l'articulation des cuisses ou des bras, où le *poco più* et le *poco menò* sont sentis par un si petit nombre d'artistes, ne tiennent pas le nom de belles de l'opinion populaire, que l'artiste trouve établie en naissant, et qui décide son jugement. Entre la beauté d'une forme et sa difformité, il n'y a que l'épaisseur d'un cheveu ; comment avaient-ils acquis ce tact qu'il faut avoir, avant que de rechercher les formes les plus belles éparses, pour en composer un tout ? Voilà ce dont il s'agit. Et quand ils eurent rencontré ces formes, par quel moyen incompréhensible les réunirent-ils ? Qu'est-ce qui leur inspira la véritable échelle à laquelle il fallait les réduire ? Avancer un pareil paradoxe, n'est-ce pas prétendre que ces artistes avaient la connaissance la plus profonde de la beauté, étaient remontés à son vrai modèle idéal, à la ligne de foi, avant que d'avoir fait une seule belle chose ? Je vous déclare donc que cette marche est impossible, absurde. Je vous déclare que, s'ils avaient possédé le modèle idéal, la ligne vraie, dans leur imagination, ils n'auraient trouvé aucune partie qui les eût contentés à la rigueur. Je vous déclare qu'ils n'auraient été que portraitistes de celle qu'ils auraient servilement copiée. Je vous déclare que ce n'est point à l'aide d'une infinité de petits portraits isolés, qu'on s'élève au modèle original et premier, ni de la partie ni de l'ensemble et du tout ; qu'ils ont suivi une autre voie, et que celle que je viens de prescrire est celle de l'esprit humain dans toutes ses recherches. Je ne dis pas qu'une nature grossièrement viciée ne leur ait inspiré la première pensée de réforme, et qu'ils n'aient long-temps pris pour parfaites des natures dont ils n'étaient pas en état de sentir le vice léger, à moins qu'un génie rare et violent ne se soit élancé tout à coup du troisième rang, où il tâtonnait avec la foule, au second. Mais je prétends que ce génie s'est fait attendre, et qu'il n'a pu faire lui seul ce qui est l'ouvrage du temps et d'une nation entière. Je prétends que c'est dans cet intervalle du troisième rang, du rang de portraitiste de la plus belle nature subsistante, soit en tout, soit en partie, que sont renfermées toutes les manières possibles de faire, avec éloge et succès, toutes les nuances imperceptibles du bien, du mieux et de l'excellent. Je prétends que tout ce qui est au-dessus est chimérique, et que tout ce qui est au-dessous est pauvre, mesquin, vicieux. Je prétends que, sans recourir aux notions que je viens d'établir, on prononcera éternellement les mots d'exagération, de pauvre nature, de nature mesquine, sans en avoir d'idées nettes. Je prétends que la raison principale pour laquelle les arts n'ont pu, dans aucun siècle, chez aucune nation, atteindre au degré de perfection qu'ils ont eu chez les Grecs, c'est que c'est le seul endroit connu de la terre où ils ont été soumis au tâtonnement; c'est que, grâce aux modèles qu'ils nous ont laissés, nous n'avons jamais pu, comme eux, arriver successivement et lentement à la beauté de ces modèles; c'est que nous nous en sommes rendus plus ou moins servilement imitateurs, portraitistes, et que nous n'avons jamais eu que d'emprunt, sourdement, obscurément le modèle idéal, la ligne vraie; c'est que, si ces modèles avaient été anéantis, il y a tout à présumer qu'obligés comme eux à nous traîner d'après une nature difforme, imparfaite, viciée, nous serions arrivés comme eux à un modèle original et premier, à une ligne vraie qui aurait été bien plus nôtre, qu'elle ne l'est et ne peut l'être; et, pour trancher le mot, c'est que les chefs-d'œuvre des Anciens me semblent faits pour attester à jamais la sublimité des artistes passés, et perpétuer à toute éternité la médiocrité des artistes à venir. J'en suis fâché; mais il faut que les lois inviolables de Nature s'exécutent; c'est que Nature ne fait rien par saut, et que cela n'est pas moins vrai dans les arts que dans l'univers. Quelques conséquences que vous tirerez bien de là sans que je m'en mêle, c'est l'impossibilité confirmée par l'expérience de tous les temps et de tous les peuples, que les beaux-arts aient, chez un même peuple, plusieurs beaux siècles; c'est que ces principes s'étendent également à l'éloquence, à la poésie, et peut-être aux langues. Le célèbre Garrick disait au chevalier de Chastelux: quelque sensible que Nature ait pu vous former, si vous ne jouez que d'après vous-même, ou la nature subsistante la plus parfaite que vous connaissiez, vous ne serez que médiocre. — Médiocre! et pourquoi cela? — C'est qu'il y a pour vous, pour moi, pour le spectateur, tel homme idéal possible qui, dans la position donnée, serait bien autrement affecté que vous. Voilà l'être imaginaire que vous devez prendre pour modèle. Plus fortement vous l'aurez conçu, plus vous serez grand, rare, merveilleux et sublime. — Vous n'êtes donc jamais vous? — Je m'en garde bien. Ni moi, monsieur le chevalier, ni rien que je connaisse précisément autour de moi. Lorsque je m'arrache les entrailles, lorsque je pousse des cris inhumains, ce ne sont pas mes entrailles, ce ne sont pas mes cris, ce sont les entrailles, ce sont les cris d'un autre, que j'ai conçu, et qui n'existe pas. Or, il n'y a, mon ami, aucune espèce de poète à qui la leçon de Garrick ne convienne. Son propos bien réfléchi, bien approfondi, contient le *secundus a natura* et le *tertius ab idea* de Platon, le germe et la preuve de tout ce que j'ai dit. C'est que les modèles, les grands modèles, si utiles aux hommes médiocres, nuisent beaucoup aux hommes de génie. Après cette excursion, à laquelle, vraie ou fausse, peu d'autres que vous seront tentés de donner toute l'attention qu'elle mérite, parce que peu saisiront la différence d'une nation qu'on fait ou qui se fait d'elle-même, je passe au Salon ou aux différentes productions que nos artistes y ont exposées cette année. Je vous ai prévenu sur ma stérilité, ou plutôt sur l'état d'épuisement où les Salons précédents m'ont réduit; mais ce que vous perdrez du côté des écarts, des vues, des principes, des réflexions, je tâcherai de vous le rendre par l'exactitude des descriptions, et l'équité des jugements. Entrons donc dans ce sanctuaire. Regardons, regardons long-temps; sentons et jugeons. Surtout, mon ami, comme il faut que je me taise ou que je parle selon la franchise de mon caractère, M. le maître de la boutique du *Houx toujours vert* (1), obtenez de vos pratiques le serment solennel de la réticence. Je ne veux contrister personne, ni l'être à mon tour. Je ne veux pas ajouter à la nuée de mes ennemis une nuée de surnuméraires. Dites que les artistes s'irritent facilement,

. . . . . . *Genus irritabile vatum* (2).

Dites que, dans leur colère, ils sont plus violents et plus dangereux que les guêpes. Dites que je ne veux pas être exposé aux guêpes. Dites que je manquerais à l'amitié et à la confiance de la plupart d'entre eux. Dites que ces papiers me donneraient un air de méchanceté, de fausseté, de noirceur et d'ingratitude. Dites que les préjugés nationaux n'étant pas plus respectés dans mes

(1) *Voyez*, pour l'explication de ces mots, la note du tome VIII, page 86. ÉDIT[s].

(2) HORAT. *Epistol.* lib. II. *Epist.* II. ÉDIT[s].

lignes, que les mauvaises manières de peindre; les vices des grands, que les défauts des artistes; les extravagances de la société, que celles de l'Académie, il y a de quoi perdre cent hommes mieux étayés que moi. Dites que, s'il arrivait qu'un petit service, qui vous est rendu par l'amitié, devînt pour moi la source de quelque grand chagrin, vous ne vous en consoleriez jamais. Dites que, tout inconvénient à part, il faut être fidèle au pacte qu'on a consenti. Présentez mon très-humble respect à madame la princesse de Nassau-Saar-Bruck, et envoyez-lui toujours des papiers qui l'amusent. La première fois, mon ami, nous épousterons Michel Van-Loo.

Sine ira et studio quorum caussas procul habeo *.

Voici mes critiques et mes éloges. Je loue, je blâme, d'après ma sensation particulière, qui ne fait pas loi. Dieu ne demanderait de nous que la sincérité avec nous-mêmes. Les artistes voudront bien n'être pas plus exigeants. On a bientôt dit : cela est beau; cela est mauvais; mais la raison du plaisir ou du dégoût se fait quelquefois attendre; et je suis commandé par un diable d'homme, qui ne lui donne pas le temps de venir. Priez Dieu pour la conversion de cet homme-là; et le front incliné devant la porte du Salon, faites amende honorable à l'Académie des jugements inconsidérés que je vais porter.

MICHEL VAN-LOO.

Deux tableaux ovales de trois pieds huit pouces de large, sur trois pieds un pouce de large.

Ce n'est pas Carle, c'est Michel. Carle est mort. Il y a de Michel deux ovales représentant, l'un *la Peinture*, l'autre *la Sculpture*.

La Sculpture est assise. On la voit de face, la tête coîffée à la romaine, le regard assuré, le bras droit retourné, et le dos de la main appuyé sur la

* Tacit. *Annal.* lib. I, cap. I. Édit^s.

hanche; l'autre bras posé sur la selle à modeler, l'ébauchoir à la main. Il y a sur la selle un buste commencé.

Pourquoi ce caractère de majesté? Pourquoi ce bras sur la hanche? Cette attitude d'atelier cadre-t-elle bien avec l'air de noblesse? Supprimez la selle, l'ébauchoir et le buste; et vous prendrez la figure symbolique d'un art pour une impératrice.

Mais elle impose. — D'accord. — Mais ce bras retourné et ce poignet appuyé sur la hanche donne de la noblesse, et marque le repos. — Donne de la noblesse, si vous voulez. Marque le repos, certainement. — Mais, cent fois le jour, l'artiste prend cette position, soit que la lassitude suspende son travail, soit qu'il s'en éloigne pour en juger l'effet. — Ce que vous dites, je l'ai vu. Que s'ensuit-il? en est-il moins vrai que tout symbole doit avoir un caractère propre et distinctif? que si vous approuvez cette *Sculpture* impératrice, vous blâmerez du moins cette *Peinture* bourgeoise, qui lui fait pendant? — Cette première est de bonne couleur. — Peut-être un peu sale. — Très-bien drapée, d'une grande correction de dessin, d'un assez bon effet. — Passons, passons; mais n'oublions pas que l'artiste qui traite ces sortes de sujets s'en tient à l'imitation de Nature ou se jette dans l'emblême, et que ce dernier parti lui impose la nécessité de trouver une expression de génie, une physionomie unique, originale et d'état, l'image énergique et forte d'une qualité individuelle. Voyez cette foule d'esprits incoercibles et véloces sortis de la tête de Bouchardon, et accourant à la voix d'*Ulysse qui évoque l'ombre de Tirésias;* voyez ces Naïades abandonnées, molles et fluantes de Jean Goujon. Les eaux de la fontaine des Innocents ne coulent pas mieux. Les symboles serpentent comme elles. Voyez un certain amour de Van-Dick. C'est un enfant; mais quel enfant! c'est le maître des hommes; c'est le maître des dieux. On dirait qu'il brave le ciel et qu'il menace la terre. C'est le *quos ego* du poète, rendu pour la première fois.

Et puis, je vous le demande, n'aimeriez-vous pas mieux cette tête coïffée d'humeur, sa draperie lâche et moins arrangée, et son regard attaché sur le buste?

La Peinture de Michel est assise devant son chevalet; on la voit de profil. Elle a la palette et le pinceau à la main. Elle travaille; elle est commune d'expression. Rien de cette chaleur du génie qui crée. Elle est grise; elle est fade; la touche en est molle, molle, molle.

Après ces deux morceaux viennent des portraits sans nombre, à les compter tous; quelques portraits, à ne compter que les bons.

Celui du *cardinal de Choiseul* est sage, ressemblant, bien assis, bien de chair; on ne saurait mieux posé ni mieux habillé; c'est la nature et la vérité même. Ce sont ces vêtements-là qui n'ont pas été mannequinés. Plus on a de goût et de vrai goût, plus on regarde ce cardinal. Il rappelle ces cardinaux et ces papes de Jules-Romain, de Raphaël et de Van-Dick, qu'on voit dans les premières pièces du Palais-Royal (1). Sa fourrure n'est pas autrement chez le fourreur.

L'ABBÉ DE BRETEUIL.

L'abbé de Breteuil tout aussi ressemblant, plus éclatant de couleur : mais moins vigoureux, moins sage, moins harmonieux. Du reste, l'air facile et dégagé d'un abbé grand seigneur et paillard.

M. DIDEROT.

Moi. J'aime Michel; mais j'aime encore mieux la vérité. Assez ressemblant; il peut dire à ceux qui ne le reconnaissent pas, comme le jardinier de l'opéra-comique : c'est qu'il ne m'a jamais vu sans perruque. Très-vivant, c'est sa douceur, avec sa vivacité! mais trop jeune, tête trop petite, joli comme une femme, lorgnant, souriant, mignard, faisant le petit bec, la bouche en cœur; rien de la sagesse de couleur du *cardinal de Choiseul;* et puis un luxe de vêtement à ruiner le pauvre littérateur, si le receveur de la capitation vient à l'imposer sur sa robe-de-chambre. L'écritoire,

(1) Se voient aujourd'hui au *Musée*. ÉDIT[s].

les livres, les accessoires aussi bien qu'il est possible, quand on a voulu la couleur brillante et qu'on veut être harmonieux. Pétillant de près, vigoureux de loin, surtout les chairs. Du reste, de belles mains bien modelées, excepté la gauche qui n'est pas dessinée. On le voit de face; il a la tête nue; son toupet gris, avec sa mignardise, lui donne l'air d'une vieille coquette qui fait encore l'aimable; la position d'un secrétaire d'État et non d'un philosophe. La fausseté du premier moment a influé sur tout le reste. C'est cette folle de madame Van-Loo qui venait jaser avec lui, tandis qu'on le peignait, qui lui a donné cet air-là, et qui a tout gâté. Si elle s'était mise à son clavecin, et qu'elle eût préludé ou chanté,

Non ha ragione, ingrato,
Un core abbandonato,

ou quelque autre morceau du même genre, le philosophe sensible eût pris un tout autre caractère; et le portrait s'en serait ressenti. Ou mieux encore, il fallait le laisser seul, et l'abandonner à sa rêverie. Alors sa bouche se serait entr'ouverte, ses regards distraits se seraient portés au loin, le travail de sa tête, fortement occupée, se serait peint sur son visage; et Michel eût fait une belle chose. Mon joli philosophe, vous me serez à jamais un témoignage précieux de l'amitié d'un artiste, excellent artiste, plus excellent homme.

Mais que diront mes petits-enfants, lorsqu'ils viendront à comparer mes tristes ouvrages avec ce riant, mignon, efféminé, vieux coquet-là? Mes enfants, je vous préviens que ce n'est pas moi. J'avais en une journée cent physionomies diverses, selon la chose dont j'étais affecté. J'étais serein, triste, rêveur, tendre, violent, passionné, enthousiaste; mais je ne fus jamais tel que vous me voyez là. J'avais un grand front, des yeux très-vifs, d'assez grands traits, la tête tout-à-fait du caractère d'un ancien orateur, une bonhomie qui touchait de bien près à la bêtise, à la rusticité des anciens temps. Sans l'exagération de tous les traits dans la gravure qu'on a faite d'après le crayon de Greuze, je serais infiniment mieux. J'ai un masque qui trompe l'artiste; soit qu'il y ait trop de choses fondues ensemble; soit que, les impressions de mon ame se succédant très-rapidement et se peignant toutes sur mon visage, l'œil du peintre ne me retrouvant pas le même d'un instant à l'autre, sa tâche devienne beaucoup plus difficile qu'il ne la croyait. Je n'ai jamais été bien fait que par un pauvre diable appelé Garant, qui m'attrapa, comme il arrive à un sot qui dit un bon mot. Celui qui voit mon portrait par Garant, me voit. *Ecco il vero Polichinello*. M. Grimm l'a fait graver; mais il ne le communique pas. Il attend toujours une inscription qu'il n'aura que quand j'aurai produit quelque chose qui m'immortalise.

—Et quand l'aura-t-il?—Quand? demain peut-être; et qui sait ce que je puis? Je n'ai pas la conscience d'avoir encore employé la moitié de mes forces. Jusqu'à présent je n'ai que baguenaudé. J'oubliais parmi les bons portraits de moi, le buste de mademoiselle Collot, surtout le dernier, qui appartient à M. Grimm, mon ami. Il est bien, il est très-bien; il a pris chez lui la place d'un autre, que son maître M. Falconet avait fait, et qui n'était pas bien. Lorsque Falconet eut vu le buste de son élève, il prit un marteau, et cassa le sien devant elle. Cela est franc et courageux. Ce buste, en tombant en morceaux sous le coup de l'artiste, mit à découvert deux belles oreilles qui s'étaient conservées entières sous une indigne perruque dont madame Geoffrin m'avait fait affubler après coup. M. Grimm n'avait jamais pu pardonner cette perruque à madame Geoffrin. Dieu merci, les voilà réconciliés; et ce Falconet, cet artiste si peu jaloux de la réputation dans l'avenir, ce contempteur si déterminé de l'immortalité, cet homme si *disrespectueux* de la postérité, délivré du souci de lui transmettre un mauvais buste. Je dirai cependant de ce mauvais buste, qu'on y voyait les traces d'une peine d'ame secrète dont j'étais dévoré, lorsque l'artiste le fit. Comment se fait-il que l'artiste manque les traits grossiers d'une physionomie qu'il a sous les yeux, et fasse passer sur sa toile ou sur sa terre-glaise les sentiments secrets, les impressions cachées au fond d'une ame qu'il ignore. La Tour avait fait le portrait d'un ami. On dit à cet ami qu'on lui avait donné un teint brun qu'il n'avait pas. L'ouvrage est rapporté dans l'atelier de l'artiste, et le jour pris pour le retoucher. L'ami arrive à l'heure marquée. L'artiste prend ses crayons. Il travaille, il gâte tout; il s'écrie : J'ai tout gâté. Vous avez l'air d'un homme qui lutte contre le sommeil; et c'était en effet l'action de son modèle, qui avait passé la nuit à côté d'une parente indisposée.

MADAME LA PRINCESSE DE CHIMAI, M. LE CHEVALIER DE FITZ-JAMES, SON FRÈRE.

Vous êtes mauvais, parfaitement mauvais; vous êtes plats, mais parfaitement plats; au garde-meuble; point de nuances, point de passages, nulles teintes dans les chairs. Princesse, dites-moi, ne sentez-vous pas combien ce rideau que vous tirez est lourd? Il est difficile de dire lequel du frère et de la soeur est le plus raide et le plus froid.

NOTRE AMI COCHIN.

Il est vu de profil. Si la figure était achevée, les jambes s'en iraient sur le fond. Il a le bras passé sur le dos d'une chaise de paille; l'attitude est bien pittoresque; il est ressemblant; il est fin;

il va dire une ordure ou une malice. Si l'on compare ce portrait de Van-Loo, avec les portraits que Cochin a faits de lui-même, on connaîtra la physionomie qu'on a, et celle qu'on voudrait avoir. Du reste, celui-ci est assez bien peint, mais il n'approche de près ni de loin du *cardinal de Choiseul.*

Les autres portraits de Michel sont si médiocres, qu'on ne les croirait pas du même maître. D'où vient cette inégalité qui, dans un intervalle de temps assez court, touche les deux extrêmes du bon et du mauvais? Le talent serait-il si journalier? y aurait-il des figures ingrates? je l'ignore. Ce que je sais, ce que je vois, c'est qu'il n'y a guères de physionomies plus déplaisantes, plus hideuses que celle de l'oculiste Demours, et que La Tour n'a pas fait un plus beau portrait; c'est à faire détourner la tête à une femme grosse, et à faire dire à une élégante : Ah l'horreur ! Je crois que la santé y entre pour beaucoup.

Le *petit jeune homme en pied*, habillé à l'ancienne mode d'Angleterre, est très-beau de draperie, de position naturelle et aisée; charmant par sa simplicité, son ingénuité; d'une belle palette; satin et bottes à ravir; étoffes qui ne sont pas plus vraies dans le magasin de soierie. Très-beau morceau; tout-à-fait à la manière de Van-Dick. Il est de quatre pieds sept pouces de haut, sur deux pieds trois pouces de large.

Michel Van-Loo est vraiment un artiste; il entend la grande machine; témoin quelques tableaux de famille, où les figures sont grandes comme nature, et louables par toutes les parties de la peinture. Celui-ci est bien l'inverse de La Grénée. Son talent s'étend en raison de la grandeur de son cadre. Convenons toutefois qu'il ne sait pas rendre la finesse de la peau des femmes; que pour toute cette variété de teintes que nous y voyons, il n'a que du blanc, du rouge et du gris, et qu'il réussit mieux aux portraits d'hommes. Je l'aime, parce qu'il est simple et honnête, parce que c'est la douceur et la bienfaisance personnifiées. Personne n'a plus que lui la physionomie de son ame. Il avait un ami en Espagne. Il prit envie à cet ami d'équiper un vaisseau. Michel lui confia toute sa fortune. Le vaisseau fait naufrage; la fortune confiée fut perdue, et l'ami noyé. Michel apprend ce désastre, et le premier mot qui lui vient à la bouche, c'est: *J'ai perdu un bon ami*. Cela vaut bien un bon tableau.

Mais laissons-là la peinture, mon ami; et faisons un peu de morale. Pourquoi le récit de ces actions nous saisit-il l'ame subitement, de la manière la plus forte et la moins réfléchie; et pourquoi laissons-nous apercevoir aux autres toute l'impression que nous en recevons? Croire avec Hutcheson, Smith et d'autres, que nous ayons un sens moral propre à discerner le bon et le beau, c'est une vision dont la poésie peut s'accommoder, mais que la philosophie rejette. Tout est expérimental en nous. L'enfant voit de bonne heure que la politesse le rend agréable aux autres; et il se plie à ses singeries. Dans un âge plus avancé, il saura que ces démonstrations extérieures promettent de la bienfaisance et de l'humanité. Au récit d'une grande action, notre ame s'embarrasse, notre cœur s'émeut, la voix nous manque, nos larmes coulent. Quelle éloquence! quel éloge! on a excité notre admiration. On a mis en jeu notre sensibilité; nous montrons cette sensibilité; c'est une si belle qualité! Nous invitons fortement les autres à être grands; nous y avons tant d'intérêt! Nous aimons mieux encore réciter une belle action que la lire seul. Les larmes qu'elle arrache de nos yeux, tombent sur les feuillets froids d'un livre; elles n'exhortent personne; elles ne nous recommandent à personne; il nous faut des témoins vivants. Combien de motifs secrets et compliqués dans notre blâme et nos éloges! Le pauvre, qui ramasse un louis, ne voit pas tout à coup tous les avantages de sa trouvaille; il n'en est pas moins vivement affecté. Nos habitudes sont prises de si bonne heure, qu'on les appelle naturelles, innées; mais il n'y a rien de naturel, rien d'inné que des fibres plus flexibles, plus raides, plus ou moins mobiles, plus ou moins disposées à osciller. Est-ce un bonheur? est-ce un malheur, que de sentir vivement? Y a-t-il plus de biens que de maux dans la vie? Sommes-nous plus malheureux par le mal, qu'heureux par le bien? Toutes questions qui ne diffèrent que dans les termes.

HALLÉ.

Il règne ici une secte de faiseurs de pointes, dont M. le chevalier de Chastelux est un des premiers apôtres; elles sont si mauvaises, que c'est presque un des caractères d'un bon esprit que de ne pas les entendre. Un jour, Wilks disait au chevalier : « Chevalier, *ô quantum est in* REBUS *inane;* « le rebus est une chose bien vide. » Le fils de Vernet est un des pointus les plus redoutables; il entre au Salon; il voit deux tableaux: il demande de qui ils sont: on lui répond, de Hallé; et il ajoute, *vous-en*. Allez-vous-en : cela est aussi bien jugé que mal dit. Je vous le répète sans pointe, M. Hallé, si vous n'en savez pas faire davantage, allez-vous-en.

MINERVE CONDUISANT LA PAIX A L'HÔTEL-DE-VILLE.

Tableau de quatorze pieds de large, sur dix pieds de haut.

Énorme composition, énorme sottise. Imaginez au milieu d'une grande salle une table carrée. Sur cette table, une petite écritoire de cabinet, et un petit porte-feuille d'académie. Autour, le Prévôt des marchands, ou une monstrueuse femme grosse déguisée, tout l'échevinage, tout le gouvernement de la ville, une multitude de longs rabats, de perruques effrayantes, de volumineuses robes rouges et noires, tous ces gens debout, parce qu'ils sont honnêtes, et tous les yeux tournés vers l'angle supérieur droit de la scène, où Minerve descend accompagnée d'une petite Paix, que l'immensité du lieu et des autres personnages achèvent de rapetisser. Cette rapetissée et petite Paix laisse tomber, d'une corne d'abondance, des fleurs sur quelques génies des sciences et des arts, et sur leurs attributs.

Pour vaincre la platitude de tous ces personnages, il aurait fallu l'idéal le plus étonnant, le faire le plus merveilleux; et M. Hallé n'a ni l'un ni l'autre. Aussi sa composition est-elle aussi maussade qu'elle pouvait l'être: c'est une véritable charge; c'est encore une esquisse tristement coloriée; c'est un tableau à moitié peint, sur lequel on a passé un glacis. Toutes ces figures vaporeuses, vagues, soufflées, ressemblent à celles que le hasard ou notre imagination ébauche dans les nuées. Il n'y a pas jusqu'à la salle et à son architecture grisâtre et nébuleuse, qui ne puisse se prendre pour un château en l'air. Ces échevins ne sont que des sacs de laine, ou des colosses ridicules de crême fouettée; ou, si vous l'aimez mieux, c'est comme si l'artiste avait laissé, une nuit d'hiver, sa toile exposée dans sa cour, et qu'il eût neigé dessus toute cette composition. Cela se fondra au premier rayon du soleil; cela se brouillera au premier coup de vent; cela va se dissiper par pièces, comme la robe du commissaire de la Soirée des Boulevards.

On dirait que M. le Prévôt des Marchands invite Minerve et la Paix à prendre du chocolat. Toutes les têtes de la même touche, et coulées dans le même creux; les robes rouges bien symétriquement distribuées entre les robes noires; Minerve crue de ton; Génies d'un vert jaunâtre. Même couleur aux fleurs; elles sont lourdement touchées, et sans finesse. Monotonie si générale du reste, si insupportable, qu'on ne saurait y tenir un peu de temps, sans avoir envie de bâiller. Autour de la Minerve, ce n'est pas un nuage, c'est une petite fumée ou vapeur gris-de-lin; et les figures qu'elle soutient sont tournées, contournées, mesquines, maniérées, sans noblesse. Ces fleurettes jetées devant ces gros et lourds ventres de personnages, rappellent, malgré qu'on en ait, le proverbe, *margaritas ante porcos*. Et ces marmots à physionomie commune, mal groupés, mal dessinés, vous les appelez des Génies? Ah! M. Hallé, vous n'en avez jamais vu. Les attributs dispersés sur le tapis sont sans intelligence et sans goût.

Dans ce mauvais tableau, il y a pourtant de la perspective, et les figures fuient bien du côté de la porte du fond. Il y a un autre mérite, que peu d'artistes auraient eu, et que beaucoup moins de spectateurs auraient senti; c'est dans une multitude de figures, toutes debout, toutes vêtues de même, toutes rangées autour d'une table carrée, toutes les yeux attachés vers le même point de la toile, des positions naturelles, des mouvements de bras, de jambes, de tête, de corps, si variés, si simples, si imperceptibles, que tout y contraste; mais de ce contraste, inspiré par l'organisation particulière de chaque individu, par sa place, par son ensemble; de ce contraste non étudié, non académique; de ce contraste de nature: ces vilaines figures ont je ne sais quoi de coulant, de fluant, depuis la tête aux pieds, qui achève par sa vérité de faire sortir le ridicule des grosses têtes, des grosses perruques et des gros ventres. C'est le cérémonial et l'étiquette, qui fagotent ces gens-là comme vous les voyez. Une ligne d'exagération de plus, et vous auriez eu une assemblée de figures à Calot, qui vous auraient fait tenir les côtés de rire. Rien ne serait plus aisé, avec un peu de verve, que d'en faire une excellente chose en ce genre : tout s'y prête.

LA FORCE DE L'UNION, OU LA FLÈCHE ROMPUE PAR LES PLUS JEUNE DES ENFANT DE SCILURUS; ET LE FAISCEAU DE FLÈCHES RÉSISTANT A L'EFFORT DES AÎNÉS RÉUNIS.

Tableau de neuf pieds deux pouces de haut, sur quatre pieds huit pouces de large, appartenant au roi de Pologne.

Belle leçon du roi des Scythes expirant! Jamais plus belle leçon ne fut donnée; jamais plus mauvais tableau ne fut fait. J'en suis fâché pour le roi de Pologne. Le meilleur des trois tableaux qu'il a demandés à nos artistes est médiocre. Venons à celui de Hallé.

Mais, dites-moi, je vous prie, qui est cet homme maigre, ignoble, sans expression, sans caractère, couché sous cette tente? — C'est *le roi Scilurus*. — Cela, c'est un roi, c'est un roi scythe. Où est la fierté, le sens, le jugement, la raison indisciplinée de l'homme sauvage? C'est un gueux. Et ces trois maussades, hideuses, plates figures emmaillotées dans leurs draperies jusqu'au bout du nez, pourriez-vous m'apprendre si ce sont des personnages réels de la scène, ou de mauvaises estampes enluminées, comme nous en voyons sur nos quais, dont ce pauvre diable a décoré le dedans de sa tente? Et vous appellerez cela la femme, les filles de Scilurus? Et ces trois autres figures nues, assises en dehors, à droite, en face de l'homme couché, sont-ce trois galériens, trois roués, trois brigands échappés de la conciergerie? Ils sont affreux. Ils font horreur. Quelles contorsions de corps! quelles grimaces de visages! Ils sont à la rame. Qu'on couvre le faisceau de flèches, et je défie qu'on en juge autrement. Tableau détestable de tout point, de dessin, de couleur, d'effet, de composition, pauvre, sale, mou de touche, papier barbouillé sous la presse de Gautier; ce n'est que du jaune et du gris. Aucune différence entre la couverture du lit et les chairs des enfants; les jambes des rameurs grêles à faire peur, à effacer avec la langue. Dans nos campagnes les mieux ravagées par l'intendance et la ferme, dans la plus misérable de nos provinces, la Champagne pouilleuse; là, où l'impôt et la corvée ont exercé toute leur rage; là, où le pasteur, réduit à la portion congrue, n'a pas un liard à donner à ses pauvres, à la porte de l'église ou du presbytère; sous la chaumière où le malheureux manque de pain pour vivre, et de paille pour se coucher, l'artiste aurait trouvé de meilleurs modèles.

Et vous croyez qu'on aura le front d'envoyer cela à un roi? Je vous jure que si j'étais, je ne vous dis pas le ministre, je ne vous dis pas le directeur de l'académie, mais pur et simple agréé, je protesterais pour l'honneur de mon corps et de ma nation; et je protesterais si fortement, que M. Hallé garderait ce tableau pour faire peur à ses petits-enfants, s'il en a, et qu'il en exécuterait un autre qui répondît mieux au bon goût, aux intentions de sa majesté Polonaise.

Son mauvais tableau de *la Paix* est excusable par l'ingratitude du sujet; mais que dire pour excuser le Scilurus qui prête à l'art, et qui est infiniment plus mauvais? Mon ami, ce pauvre Hallé s'en va tant qu'il peut.

VIEN.

SAINT DENIS PRÊCHANT LA FOI EN FRANCE.

Tableau ceintré, de vingt-un pieds trois pouces de haut, sur douze pieds quatre pouces de large. C'est pour une des chapelles de Saint-Roch.

Le public a été partagé entre ce tableau de Vien et celui de Doyen, sur l'*épidémie des Ardents*, destiné pour la même église; et il est certain que ce sont deux beaux tableaux, deux grandes machines. Je vais décrire le premier; on trouvera la description de l'autre à son rang.

A droite, c'est une fabrique d'architecture, la façade d'un temple ancien, avec sa plate-forme au-devant. Au-dessus de quelques marches qui conduisent à cette plate-forme, vers l'entrée du temple, on voit l'apôtre des Gaules prêchant. Debout, derrière lui, quelques-uns de ses disciples ou prosélytes; à ses pieds, en tournant de la droite de l'apôtre, vers la gauche du tableau, un peu sur le fond, quatre femmes agenouillées, assises, accroupies, dont l'une pleure, la seconde écoute, la troisième médite, la quatrième regarde avec joie : celle-ci retient devant elle son enfant qu'elle embrasse du bras droit. Derrière ces femmes, debout, tout-à-fait sur le fond, trois vieillards, dont deux conversent, et semblent n'être pas d'accord. Continuant de tourner dans le même sens, une foule d'auditeurs, hommes, femmes, enfants, assis, debout, prosternés, accroupis, agenouillés, faisant passer la même expression par toutes ses différentes nuances, depuis l'incertitude qui hésite, jusqu'à la persuasion qui admire; depuis l'attention qui pèse, jusqu'à l'étonnement qui se trouble; depuis la componction qui s'attendrit, jusqu'au repentir qui s'afflige.

Pour vous faire une idée de cette foule qui occupe le côté gauche du tableau, imaginez, vue par le dos, accroupie sur les dernières marches, une femme en admiration, les deux bras tendus vers le Saint. Derrière elle, sur une marche plus basse, et un peu plus sur le fond, un homme agenouillé, écoutant, incliné et acquiesçant de la tête, des bras, des épaules et du dos. Tout-à-fait à gauche, deux grandes femmes debout. Celle qui est sur le devant est attentive; l'autre est groupée avec elle par son bras droit posé sur l'épaule gauche de la première; elle regarde, elle montre du doigt un de ses frères apparemment, parmi ce groupe de disciples ou de prosélytes placés debout derrière le Saint. Sur un plan, entre elles et les deux figures qui occupent le devant, et qu'on voit par le dos, la tête et les épaules d'un vieillard étonné, prosterné, admirant. Le reste du corps de ce personnage est dérobé par un enfant, vu par le dos, et appartenant à l'une des deux grandes femmes qui sont debout. Derrière ces femmes, le reste des auditeurs dont on n'aperçoit que les têtes. Au centre du tableau, sur le fond, dans le lointain, une fabrique de pierre fort élevée, avec différents personnages, hommes et femmes, appuyés sur le parapet, et regardant ce qui se passe sur le devant. Au haut, vers le ciel, sur des nuages, la Religion assise, un voile ramené sur son visage, tenant un calice à la main. Au-dessous d'elle, les ailes déployées, un grand ange qui descend avec une couronne qu'il se propose de placer sur la tête de Denis.

Voici donc le chemin de cette composition. La Religion, l'ange, le saint, les femmes qui sont à ses pieds, les auditeurs qui sont sur le fond, les deux grandes figures de femmes qui sont debout, le vieillard incliné à leurs pieds, et les deux figures, l'une d'homme, l'autre de femme, vues par le dos et placées tout-à-fait sur le devant; ce chemin descendant mollement et serpentant largement depuis la Religion jusqu'au fond de la composition à gauche, où il se replie pour former circulairement et à distance, autour du Saint, une espèce d'enceinte qui s'interrompt à la femme placée sur le devant, les bras dirigés vers le Saint, et découvre toute l'étendue intérieure de la scène : ligne de liaison allant clairement, nettement, facilement, chercher les objets principaux de la composition, dont elle ne néglige que les fabriques de la droite et du fond, et les vieillards indiscrets interrompant le Saint, conversant entre eux et disputant à l'écart.

Reprenons cette composition. L'apôtre est bien posé; il a le bras droit étendu, la tête un peu portée en avant; il parle. Cette tête est ferme, tranquille, simple, noble, douce, d'un caractère un peu rustique et vraiment apostolique. Voilà pour l'expression. Quant au faire, elle est bien peinte, bien empâtée; la barbe large et touchée d'humeur. La draperie ou grande aube blanche qui tombe en plis parallèles et droits, est très-belle. Si elle montre moins le nu qu'on ne desirerait, c'est qu'il y a vêtement sur vêtement. La figure entière ramasse sur elle toute la force, tout l'éclat de la lumière, et appelle la première attention. Le ton général en est peut-être un peu gris et trop égal.

Le jeune homme, qui est derrière le Saint, sur le devant, est bien dessiné, bien peint; c'est une figure de Raphaël pour la pureté, qui est merveilleuse pour la noblesse et pour le caractère de tête qui est divin. Il est très-fortement colorié. On prétend que sa draperie est un peu lourde :

cela se peut. Les autres acolytes se soutiennent très-bien à côté de lui, et pour la forme et pour la couleur.

Les femmes, accroupies aux pieds du Saint, sont livides et découpées. L'enfant, qu'une d'elles retient en l'embrassant, est de cire.

Ces deux personnages, qui conversent sur le fond, sont d'une couleur sale, mesquins de caractère, pauvres de draperie; du reste, assez bien ensemble.

Les femmes de la gauche, qui sont debout et qui font masse, ont quelque chose de gêné dans leur tête. Leur vêtement voltige à merveille sur le nu qu'il effleure.

La femme, assise sur les marches, avec les bras tendus vers le Saint, est fortement coloriée. La touche en est belle, et sa vigueur renvoie le Saint à une grande distance.

La figure d'homme, agenouillé derrière cette femme, n'est ni moins belle ni moins vigoureuse; ce qui l'amène bien en devant.

On dit que ces deux dernières figures sont trop petites pour le Saint, et surtout pour les figures qui sont debout à côté d'elles : cela se peut.

On dit que la femme, aux bras tendus, a le bras droit trop court; qu'elle blute, et qu'on ne sent pas le raccourci; cela se peut encore.

Quant au fond, il est parfaitement d'accord avec le reste; ce qui n'est ni commun ni facile.

Cette composition est vraiment le contraste de celle de Doyen. Toutes les qualités qui manquent à l'un de ces artistes, l'autre les a. Il règne ici la plus belle harmonie de couleur, une paix, un silence qui charment; c'est toute la magie secrète de l'art, sans apprêt, sans recherche, sans effort; c'est un éloge qu'on ne peut refuser à Vien; mais quand on tourne les yeux sur Doyen, qu'on voit sombre, vigoureux, bouillant et chaud, il faut s'avouer que, dans la *Prédication*, tout ne se fait valoir que par une faiblesse supérieurement entendue; faiblesse que la force de Doyen fait sortir, mais faiblesse harmonieuse, qui fait sortir à son tour toute la discordance de son rival. Ce sont deux grands athlètes qui font un coup fourré. Les deux compositions sont l'une à l'autre, comme les caractères des deux hommes. Vien est large, sage comme le Dominicain; de belles têtes, un dessin correct, de beaux pieds, de belles mains, des draperies bien jetées, des expressions simples et naturelles; rien de tourmenté, rien de recherché ni dans les détails ni dans l'ordonnance; c'est le plus beau repos. Plus on le regarde, plus on se plaît à le regarder; il tient à la fois du Dominicain et de le Sueur. Le groupe de femmes, qui est à gauche, est très-beau. Tous les caractères de têtes paraissentavoir été étudiés d'après le premier de ces maîtres; et le groupe des jeunes hommes, qui est à droite, et de bonne couleur, est dans le goût de le Sueur. Vien vous enchaîne, et vous laisse tout le temps de l'examiner. Doyen, d'un effet plus piquant pour l'œil, semble lui dire de se dépêcher, de peur que, l'impression d'un objet venant à détruire l'impression d'un autre, avant que d'avoir embrassé le tout, le charme ne s'évanouisse. Vien a toutes les parties qui caractérisent un grand faiseur; rien n'y est négligé; un beau fond. C'est pour de jeunes gens une source de bonnes études. Si j'étais professeur, je leur dirais : *Allez à Saint-Roch, regardez la prédication de Denis; laissez-vous-en pénétrer; mais passez vite devant le tableau des Ardents; c'est un jet sublime de tête, que vous n'êtes pas encore en état d'imiter.* Vien n'a rien fait de mieux, si ce n'est peut-être son morceau de réception. Vien, comme Térence,

. . . . . *Liquidus, puroque simillimus amni* (1);

Doyen, comme Lucilius,

Cum flueret lutulentus, erat quod tollere velles (2).

c'est, si vous l'aimez mieux, Lucrèce et Virgile. Du reste, remarquez pourtant, malgré le prestige de cette harmonie de Vien, qu'il est gris, qu'il n'y a nulle variété dans ses carnations, et que les chairs de ses hommes et de ses femmes sont presque du même ton. Remarquez, à travers la plus

(1) HORAT. *Epistol.* lib. II, *Epist.* II, v. 120. ÉDIT[s].

(2) *Id. Sermon.* lib. I, *Sat.* IV, v. 11. ÉDIT[s].

grande intelligence de l'art, qu'il est sans idéal, sans verve, sans poésie, sans mouvement, sans incident, sans intérêt. Ceci n'est point une assemblée populaire; c'est une famille, une même famille. Ce n'est point une nation à laquelle on apporte une religion nouvelle; c'est une nation toute convertie. Quoi donc, est-ce qu'il n'y avait dans cette contrée ni magistrats, ni prêtres, ni citoyens instruits? Que vois-je, des femmes et des enfants. Et quoi encore? des femmes et des enfants. C'est comme à Saint-Roch, un jour de dimanche. De graves magistrats, s'ils y avaient été, auraient écouté et pesé ce que la doctrine nouvelle avait de conforme ou de contraire à la tranquillité publique. Je les vois debout, attentifs, les sourcils baissés; leur tête et leur menton appuyés sur leurs mains. Des prêtres dont les dieux auraient été menacés, s'il y en avait eu; je les aurais vus furieux et se mordant les lèvres de rage. Des citoyens instruits, tels que vous et moi, s'il y en avait eu, auraient hoché la tête de dédain, et se seraient dit d'un bout de la scène à l'autre : *Autres platitudes, qui ne valent pas mieux que les nôtres.*

Mais croyez-vous qu'avec du génie il n'eût pas été possible d'introduire dans cette scène le plus grand mouvement, les incidents les plus violents et les plus variés? — *Dans une prédication?* — Dans une prédication. — *Sans choquer la vraisemblance?* — Sans la choquer. Changez seulement l'instant; et prenez le discours de Denis à sa péroraison, lorsqu'il a embrâsé toute la populace de son fanatisme, lorsqu'il lui a inspiré le plus grand mépris pour ses dieux. Alors vous verrez le Saint ardent, enflammé, transporté de zèle, encourageant ses auditeurs à briser leurs dieux et à renverser leurs autels. Vous verrez ceux-ci suivre le torrent de son éloquence et de leur persuasion, mettre la corde au cou à leurs divinités, et les tirer de dessus leurs piédestaux. Vous en verrez les débris. Au milieu de ces débris, vous verrez les magistrats s'interposant inutilement, leurs personnes insultées et leur autorité méprisée. Vous verrez toutes les fureurs de la superstition nouvelle se mêler à celles de la superstition ancienne. Vous verrez des femmes retenir leurs maris, qui s'élanceront sur l'apôtre pour l'égorger. Vous verrez des archers conduire en prison quelques néophytes tout fiers de souffrir. Vous verrez d'autres femmes embrasser les pieds du Saint, l'entourer et lui faire un rempart de leurs corps; car, dans ces circonstances, les femmes ont bien une autre violence que les hommes. Saint Jérôme disait aux sectaires de son temps: *Adressez-vous aux femmes, si vous voulez que votre doctrine prospère : Cito imbibunt, quia ignaræ; facile spargunt, quia leves; diu retinent, quia pertinaces.*

Voilà la scène que j'aurais décrite, si j'avais

été poète; et celle que j'aurais peinte, si j'avais été artiste.

Vien dessine bien, peint bien; mais il ne pense ni ne sent: Doyen serait son écolier dans l'art; mais il serait son maître en poésie. Avec de la patience et du temps, le peintre du tableau des *Ardents* peut acquérir ce qui lui manque, l'intelligence de la perspective; la distinction des plans, les vrais effets de l'ombre et de la lumière; car il y a cent peintres décorateurs pour un peintre de sentiment; mais on n'apprend jamais ce que le peintre de *la Prédication de Denis* ignore. Pauvre d'idées, il restera pauvre d'idées. Sans imagination, il n'en aura jamais.

Sans chaleur d'ame, toute sa vie il sera froid:

> . . . . . *Læva in parte mamillæ;*
> *Nil salit Arcadico juveni* (1).

Rien ne bat là au jeune Arcadien. Mais justifions notre épigraphe, *sine ira et studio* (2), en rendant toute justice à quelques autres parties de sa composition.

L'ange, qui s'élance des pieds de la Religion, pour aller couronner le Saint, est on ne saurait plus beau; il est d'une légèreté, d'une grâce, d'une élégance incroyables; il a les ailes déployées, il vole; il ne pèse pas une once. Quoiqu'il ne soit soutenu d'aucun nuage, je ne crains

(1) JUVENAL. *Sat.* VII, v. 159 *et seq.* ÉDIT[s].

(2) TACIT. *Annal.* lib. I, cap. I. ÉDIT[s].

pas qu'il tombe; il est bien étendu. Je vois devant et derrière lui un grand espace. Il traverse le vague. Je le mesure du bout de son pied jusqu'à l'extrémité de la main dont il tient la couronne. Mon œil tourne tout autour de lui. Il donne une grande profondeur à la scène. Il m'y fait discerner trois plans principaux très-marqués : le plan de la Religion qu'il renvoie à une grande distance sur le fond, celui qu'il occupe lui-même, et celui de la prédication qu'il pousse en devant. D'ailleurs sa tête est belle; il est bien drapé; ses membres sont bien cadencés; et il est merveilleux d'action et de mouvement. La Religion est moins peinte que lui; il est moins peint que les figures inférieures; et cette dégradation est si juste, qu'on n'en est point frappé.

Cependant la Religion n'est pas encore assez aérienne; la couleur en est un peu compacte. Du reste elle est bien dessinée, et mieux encore ajustée. Rien d'équivoque dans les draperies; elles sont parfaitement raisonnées; on voit d'où elles partent et où elles vont.

Le Saint est très-grand; et il le paraîtrait encore davantage, s'il avait la tête moins forte. En général, les grosses têtes raccourcissent les figures. Ajoutez que, vêtu d'une aube lâche qui ne touche point à son corps, les plis qui tombent longs et droits augmentent son volume.

Depuis la clôture du Salon, les tableaux de

Doyen et de Vien sont à leur place dans l'église de Saint-Roch. Celui de Vien a le plus bel effet; celui de Doyen paraît un peu noir; et je vois un échafaud dressé vis-à-vis, qui m'annonce que l'artiste le retouche.

Mon ami, lorsque vous aurez des tableaux à juger, allez les voir à la chute du jour: c'est un instant très-critique. S'il y a des trous, l'affaiblissement de la lumière les fera sentir. S'il y a du papillotage, il en deviendra d'autant plus fort. Si l'harmonie est entière, elle restera.

On accuse avec moi toute la composition de Vien d'être froide; et elle l'est: mais ceux qui font ce reproche à l'artiste en ignorent certainement la raison. Je leur déclare que, sans rien changer à ce tableau, mais rien du tout qu'une seule et unique chose, qui n'est ni de l'ordonnance, ni des incidents, ni de la position et du caractère des figures, ni de la couleur, ni des ombres et de la lumière, bientôt je les mettrais dans le cas d'y demander encore, s'il se peut, plus de repos et de tranquillité. J'en appelle de ce qui suit à ceux qui sont profonds dans la pratique et dans la partie spéculative de l'art.

Je prétends qu'il faut d'autant moins de mouvement dans une composition, tout étant égal d'ailleurs, que les personnages sont plus graves, plus grands, d'un module plus exagéré, d'une proportion plus forte, ou prise plus au-delà de la nature commune. Cette loi s'observe au moral et au physique; au physique, c'est la loi des masses; au moral, c'est la loi des caractères. Plus les masses sont considérables, plus elles ont d'inertie. Dans les scènes les plus effrayantes, si les spectateurs sont des personnages vénérables; si je vois sur leurs fronts ridés et sur leurs têtes chauves les traces de l'âge et de l'expérience; si les femmes sont composées, grandes de forme et de caractère de visage; si ce sont des natures patagones, je serais fort étonné d'y voir beaucoup de mouvement. Les expressions, quelles qu'elles soient, les passions et le mouvement diminuent à proportion que les natures sont plus exagérées; et voilà pourquoi nos demi-connaisseurs accusent Raphaël d'être froid, lorsqu'il est vraiment sublime; lorsqu'en homme de génie il proportionne les expressions, le mouvement, les passions, les actions à la nature qu'il a imaginée et choisie. Conservez aux figures de son tableau du *Démoniaque* les caractères qu'il leur a donnés; introduisez-y plus de mouvement; et vous l'aurez gâté. Pareillement, introduisez dans le tableau de Vien, sans rien y changer du reste, la nature, le module de Raphaël; et peut-être alors y trouverez-vous trop de mouvement. Je prescrirais donc le principe suivant à l'artiste: si vous prenez des natures énormes, que votre scène soit presque immobile. Si vous prenez des natures petites, que votre scène soit tumultueuse et troublée. Mais il y a un milieu entre le froid et l'extravagant; et ce milieu, c'est le point où, relativement à l'action représentée, le choix de nature se combine pour le plus grand avantage possible, avec la quantité du mouvement.

Quelle que soit la nature qu'on préfère, le mouvement suit la raison inverse de l'âge, depuis la vieillesse jusqu'à l'enfance.

Quel que soit le module ou la proportion des figures, le mouvement suit la même raison inverse.

Voilà les éléments de la composition. C'est l'ignorance de ces éléments qui a donné lieu à la diversité des jugements qu'on porte de Raphaël. Ceux qui l'accusent d'être froid, demandent de sa grande nature ce qui ne convient qu'à une petite nature telle que la leur. Ils ne sont pas du pays; ce sont des Athéniens qui font les raisonneurs à Lacédémone.

Les Spartiates n'étaient pas vraisemblablement d'une autre stature que le reste des Grecs. Cependant il n'est personne qui, sur leur caractère tranquille, ferme, immobile, grave, froid et composé, ne les imagine beaucoup plus grands. La tranquillité, la fermeté, l'immobilité, le repos conduisent donc l'imagination à la grandeur de stature. La grandeur de stature doit donc réciproquement la ramener à la tranquillité, à l'immobilité, au repos.

Les expressions, les passions, les actions, et par conséquent les mouvements sont en raison inverse de l'expérience, et en raison directe de la faiblesse. Donc une scène où toutes les figures sont aréopagitiques (1) ne saurait être troublée jusqu'à un certain point. Or, telles sont la plupart des figures de Raphaël. Telles sont aussi les figures du statuaire. Le module du statuaire est communément grand; la nature du choix de cet art est exagérée. Aussi sa composition comporte-t-elle moins de mouvement. La mobilité convient à l'atome, et le repos au monde. L'assemblée des dieux ne sera pas tumultueuse comme celle des hommes, ni celle des hommes faits comme celle des enfants.

Un grand personnage sémillant est ridicule; un petit personnage grave ne l'est pas moins.

On voit, parmi des ruines antiques, au-dessus des colonnes d'un temple, une suite des travaux d'Hercule, représentés en bas-reliefs. L'exécution du ciseau et le dessin en sont d'une pureté merveilleuse; mais les figures sont sans mouvement, sans action, sans expression. L'Hercule de ces bas-reliefs n'est point un luteur furieux qui étreint fortement et étouffe Antée; c'est un homme vigoureux qui écrase la poitrine à un autre, comme vous embrasseriez votre ami. Ce n'est point un chasseur intrépide, qui s'est précipité sur un lion et qui le dépèce; c'est un homme tranquille

(1) On lit dans toutes les éditions *aéropagitiques*. Édit.

qui tient un lion entre ses jambes, comme un pâtre y tiendrait le gardien de son troupeau. On prétend que les arts ayant passé de l'Égypte en Grèce, ce froid symbolique est un reste du goût de l'hiéroglyphe. C'est ce qui me paraît difficile à croire; car, à juger des progrès de l'art par la perfection de ces figures, il avait été poussé fort loin; et l'on a de l'expression long-temps avant que d'avoir de l'exécution et du dessin. En peinture, en sculpture, en littérature, la pureté de style, la correction et l'harmonie sont les dernières choses qu'on obtient. Ce n'est qu'un long temps, une longue pratique, un travail opiniâtre, le concours d'un grand nombre d'hommes successivement appliqués, qui amènent ces qualités qui ne sont pas du génie, qui l'enchaînent au contraire, et qui tendent plutôt à tempérer et éteindre qu'à irriter et allumer la verve. D'ailleurs, cette conjecture est réfutée par les mêmes sujets tout autrement exécutés par des artistes antérieurs ou même contemporains. Serait-ce que cette tranquillité du dieu, cette facilité à faire de grandes choses, en caractériseraient mieux la puissance? ou, ce que j'incline davantage à croire, ces morceaux n'étaient-ils que purement commémoratifs, un catéchisme d'autant plus utile aux peuples, qu'on n'avait guères que ce moyen de tenir présentes à leur esprit et à leurs yeux, et de graver dans leur mémoire les actions des dieux, la théologie du temps? Au fronton d'un temple, il ne s'agissait pas de montrer comment l'aigle avait enlevé Ganymède, ni comment Hercule avait déchiré le lion ou étouffé Antée; mais de rappeler au peuple, par un bas-relief agiographe (1), et de lui conserver le souvenir de ces faits. Si vous me dites que cette froideur d'imitation était une manière de ces siècles, je vous demanderai pourquoi cette manière n'était pas générale, pourquoi la figure qu'on adorait au dedans du temple avait de l'expression, de la passion, du mouvement; et pourquoi celle qu'on exécutait en bas-relief au dehors en était privée; pourquoi ces statues qui peuplaient le Portique, le Céramique, les jardins et autres endroits publics, ne se recommandaient pas seulement par la correction et la pureté du dessin; et pourquoi elles se faisaient encore admirer par leur expression. Voyez, adoptez quelques unes de ces opinions; ou, si toutes vous déplaisent, mettez quelque chose de mieux à leur place.

S'il était permis d'appliquer ici l'idée de l'abbé Galiani, que l'histoire moderne n'est que l'histoire ancienne sous d'autres noms, je vous dirais que ces bas-reliefs si purs, si corrects, n'étaient que des copies de mauvais bas-reliefs anciens, dont on avait gardé toute la platitude, pour leur

(1) *Agiographe*, qui écrit sur les saints; de ἅγιος, saint; et de γράφω, j'écris. Édit.

conserver la vénération des peuples. Chez nous, ce n'est pas la belle vierge des Carmes-Déchaux qui fait des miracles (1); c'est cet informe morceau de pierre noire qui est enfermé dans une boîte près du Petit-Pont. C'est devant cet indigne fétiche, que des cierges allumés brûlent sans cesse. Adieu toute la vénération, toute la confiance de la populace, si l'on substitue à cette figure gothique un chef-d'œuvre de Pigal ou de Falconnet. Le prêtre n'aura qu'un moyen de perpétuer une portion de la superstition lucrative, c'est d'exiger du statuaire d'approcher son image le plus près qu'il pourra de l'image ancienne. C'est une chose bien singulière, que le dieu qui fait des prodiges n'est jamais une belle chose ni l'ouvrage d'un habile homme, mais toujours quelque magot, tel qu'on en adore sur la côte du Malabar, ou sous la feuillée du Caraïbe. Les hommes courent après les vieilles idoles, et après les opinions nouvelles.

Je vous ai dit que le public avait été partagé sur la supériorité des tableaux de Doyen et de Vien; mais comme presque tout le monde se connaît en poésie, et que très-peu de personnes se connaissent en peinture, il m'a semblé que Doyen avait plus d'admirateurs que Vien. Le mouvement frappe plus que le repos. Il faut du mouvement

(1) Cette vierge a passé de l'église des Carmes-Déchaussés au *Musée des monuments français*, et de là à Notre-Dame où on la oit aujourd'hui. ÉDIT[s].

aux enfants ; et il y a beaucoup d'enfants. On sent mieux un forcené qui se déchire le flanc de ses propres mains, que la simplicité, la noblesse, la vérité, la grâce d'une grande figure qui écoute en silence. Cependant celle-ci est peut-être plus difficile à imaginer ; et imaginée, plus difficile à rendre. Ce ne sont pas les morceaux de passion violente, qui marquent, dans l'acteur qui déclame, le talent supérieur, ni le goût exquis dans le spectateur qui frappe des mains.

Dans un de nos entretiens nocturnes, le contraste de ces deux tableaux nous donna, à M. le prince de Galitzin et à moi, occasion d'agiter quelques questions relatives à l'art, l'une desquelles eut pour objet les groupes et les masses.

J'observai d'abord qu'on confondait à tout moment ces deux expressions, grouper et faire masse, quoiqu'à mon avis il y eût quelque différence.

De quelque manière que des objets inanimés soient ordonnés, je ne dirai jamais qu'ils groupent, mais je dirai qu'ils font masse.

De quelque manière que des objets animés soient combinés, avec des objets inanimés, je ne dirai jamais qu'ils groupent, mais qu'ils font masse.

De quelque manière que des objets animés soient disposés les uns à côté des autres, je ne dirai qu'ils groupent, que quand ils seront liés ensemble par quelque fonction commune.

Exemple. Dans le tableau de *La Manne* (1) du Poussin, les trois figures qu'on voit à gauche, dont l'une ramasse de la manne, la seconde en ramasse aussi, et la troisième debout en goûte, toutes trois occupées à des actions diverses, isolées les unes des autres, n'ayant qu'une proximité locale, ne groupent point pour moi. Mais cette jeune femme assise à terre, qui donne sa mamelle à téter à sa vieille mère, et qui console d'une main son enfant qui pleure debout devant elle de la privation d'une nourriture que la nature lui a destinée, et que la tendresse filiale, plus forte que la tendresse maternelle, détourne; cette jeune femme groupe avec son fils et sa mère, parce qu'il y a une action commune, qui lie cette figure avec les deux autres, et celles-ci avec elles.

Un groupe fait toujours masse; mais une masse ne fait pas toujours groupe.

Dans le même tableau du Poussin, cet Israélite, qui ramasse d'une main et qui en repousse un autre qui en veut au même tas de manne, groupe avec lui.

Je remarquai que, dans la composition de Doyen, où il n'y avait que quatorze figures principales, il y avait trois groupes, et que dans celle de Vien, où il y en avait trente-trois et peut-être davantage, toutes étaient distribuées par masse,

(1) Ce tableau fait partie de la collection du *Musée* au Louvre. ÉDIT[s].

et qu'il n'y avait proprement pas un groupe ; que dans le tableau de *La Manne* du Poussin il y avait plus de cent figures, et à peine quatre groupes, chacun de ces groupes de deux ou trois figures seulement ; que dans *le Jugement de Salomon* (1), du même artiste, tout était par masse ; et qu'à l'exception du soldat qui tient l'enfant et qui le menace de son glaive, il n'y avait pas un groupe.

J'observai que, dans la plaine des Sablons, un jour de revue que la curiosité badaude y rassemble cinquante mille hommes, le nombre des masses y serait infini en comparaison des groupes ; qu'il en serait de même à l'église, le jour de Pâques ; à la promenade, une belle soirée d'été ; au spectacle, un jour de première représentation ; dans les rues, un jour de réjouissance publique ; même au bal de l'Opéra, un jour de lundi-gras ; et que, pour faire naître des groupes dans ces nombreuses assemblées, il fallait supposer quelque événement subit qui les menaçât. Si, au milieu d'une représentation, par exemple, le feu prend à la salle, alors chacun songeant à son salut, le préférant ou le sacrifiant au salut d'un autre, toutes ces figures, un moment auparavant attentives, isolées et tranquilles, s'agiteront, se précipiteront les unes sur les autres ; des femmes s'évanouiront entre les bras de leurs amants ou de

(1) Ce tableau se voit aussi au *Musée*. ÉDIT[s].

leurs époux ; des filles secourront leurs mères ou seront secourues par leurs pères ; d'autres se précipiteront des loges dans le parterre, où je vois des bras tendus pour les recevoir ; il y aura des hommes tués, étouffés, foulés aux pieds, une infinité d'incidents et de groupes divers.

Tout étant égal d'ailleurs, c'est le mouvement, le tumulte qui engendre les groupes.

Tout étant égal d'ailleurs, les natures exagérées prennent moins aisément le mouvement, que les natures faibles et communes.

Tout étant égal d'ailleurs, il y aura moins de mouvement et moins de groupes dans les compositions où les natures seront exagérées.

D'où je conclus que le véritable imitateur de la nature, l'artiste sage était économe de groupes ; et que celui qui, sans égard au mouvement et au sujet, sans égard au module et à sa nature, cherchait à les multiplier dans sa composition, ressemblait à un écolier de rhétorique, qui met tout son discours en apostrophes et en figures ; que l'art de grouper était de la peinture perfectionnée ; que la fureur de grouper était de la peinture en décadence, des temps non de la véritable éloquence, mais des temps de la déclamation, qui succèdent toujours aux premiers ; qu'à l'origine de l'art le groupe devait être rare dans les compositions ; et que je n'étais pas éloigné de croire que les sculpteurs, qui groupent presque nécessairement, en avaient peut-être donné la première idée aux peintres.

Si mes pensées sont justes, vous les fortifierez de raisons qui ne me viennent pas; et de conjecturales qu'elles sont, vous les rendrez évidentes et démontrées. Si elles sont fausses, vous les détruirez. Vraies ou fausses, le lecteur y gagnera toujours quelque chose.

CÉSAR, DÉBARQUANT A CADIX, TROUVE DANS LE TEMPLE D'HERCULE LA STATUE D'ALEXANDRE, ET GÉMIT D'ÊTRE INCONNU A L'AGE OU CE HÉROS S'ÉTAIT DÉJA COUVERT DE GLOIRE.

Tableau ceintré, de huit pieds neuf pouces de haut sur quatorze pieds neuf pouces de large, appartenant au roi de Pologne.

Il était écrit au livre du destin, chapitre des peintres et des rois, que trois bons peintres feraient un jour trois mauvais tableaux pour un bon roi; et au chapitre suivant des Miscellanées fatales, qu'un littérateur pusillanime épargnerait à ce roi la critique de ces tableaux; qu'un philosophe s'en offenserait, et lui dirait: Quoi! vous n'avez pas de honte d'envoyer aux souverains la satire de l'évidence; et vous n'osez leur envoyer la satire d'un mauvais tableau? Vous aurez le front de leur suggérer que les passions et l'intérêt particulier mènent ce monde; que les philosophes s'occupent en vain à démontrer la vérité et à démasquer l'erreur; que ce ne sont que des bavards inutiles et importuns; et que le métier des Montesquieu est au-dessous du métier de cordonnier; et vous n'oserez pas leur dire: On vous a fait un sot tableau? Mais laissons cela; et venons au *César* de Vien.

Au milieu d'une colonnade à gauche, on voit sur un piédestal un Alexandre de bronze. Cette statue imite bien le bronze; mais elle est plate. Où est la noblesse? où est la fierté? c'est un enfant. C'était la nature de *l'Apollon du Belvédère* qu'il fallait choisir; et je ne sais quelle nature on a prise. Fermez les yeux sur le reste de la composition; et dites-moi si vous reconnaissez là l'homme destiné à être le vainqueur et le maître du monde. César à droite est debout. C'est César que cela? ah! parbleu, c'était bien un autre bougre que celui-ci. C'est un fesse-mathieu, un pisse-froid, un morveux dont il n'y a rien à attendre de grand. Ah! mon ami, qu'il est rare de trouver un artiste, qui entre profondément dans l'esprit de son sujet; et conséquemment nul enthousiasme, nulle idée, nulle convenance, nul effet; ils ont des règles qui les tuent; il faut que le tout pyramide; il faut une masse de lumière au centre; il faut de grandes masses d'ombres sur les côtés; il faut des demi-teintes sourdes, fugitives, pas noires; il faut des figures qui contrastent; il faut dans chaque figure de la cadence dans les membres ; il faut s'aller faire foutre, quand on ne sait que cela. César a le bras droit étendu, l'autre tombant, les regards attendris et tournés vers le ciel. Il me semble, maître Vien, qu'appuyé contre le piédestal, les yeux attachés sur Alexandre, et pleins d'admiration et de regrets ; ou, si vous l'aimiez mieux, la tête penchée, humiliée, pensive, et les bras admiratifs, il eût mieux dit ce qu'il avait à dire. La tête de César est donnée par mille antiques ; pourquoi en avoir fait une d'imagination qui n'est pas si belle, et qui, sans l'inscription, rendrait le sujet inintelligible ? Plus sur la droite et sur le devant, on voit un vieillard, la main droite posée sur le bras de César ; l'autre, dans l'action d'un homme qui parle. Que fait là cette espèce de *Cicerone ?* Qui est-il ? que dit-il ? maître Vien, est-ce que vous n'auriez pas dû sentir que le César devait être isolé, et que ce bavard épisodique détruit tout le sublime du moment ? Sur le fond, derrière ces deux figures, quelques soldats. Plus encore vers la droite, dans le lointain, autres soldats à terre vus par le dos, avec un vaisseau en rade et voiles déployées. Ces voiles déployées font bien, d'accord ; mais s'il vient un coup de vent de la mer, au diable le vaisseau. A gauche, au pied de la statue, deux femmes accroupies. La plus avancée sur le devant, vue par le dos, et le visage de profil ; l'autre, vue de profil, et attentive à la scène. Elle a sur ses genoux un petit enfant qui tient une rose; la première paraît lui imposer silence. Que font là ces femmes? que signifie cet épisode du petit enfant à la rose? Quelle stérilité! quelle pauvreté! et puis cet enfant est trop mignard, trop fait, trop joli, trop petit; c'est un Enfant-Jésus. Tout-à-fait à gauche, sur le fond, en tournant autour du piédestal, encore des soldats. Autres défauts: ou je me trompe fort, ou la main droite de César est trop petite, le pied de la femme accroupie sur le devant, informe, surtout aux orteils, vilain pied de modèle; le vêtement des cuisses de César, mince et sec comme du papier bleu. Composition de tout point insignifiante. Sujet d'expression, sujet grand, où tout est froid et petit; tableau sans aucun mérite que le technique.—Mais n'est-il pas harmonieux et d'un pinceau spirituel?—Je le veux; plus harmonieux même et plus vigoureux que le *Saint-Denis*. Après?—N'est-ce pas une jolie figure, que César?—Eh! oui, bourreau; et c'est ce dont je me plains.—Cet ajustement n'est-il pas riche et bien touché? cette broderie ne fait-elle pas bien l'or? ce vieillard n'est-il pas bien drapé? sa tête n'est-elle pas belle? celles des soldats interposés, mieux encore? celle surtout qui est casquée, d'un esprit infini pour la forme et la touche? ce piédestal, de bonne forme? cette architecture grande? ces femmes sur le devant, bien coloriées?—Bien coloriées! mais ne faudrait-il pas qu'elles fussent coloriées plus fièrement, puisqu'elles sont au premier rang? — Voilà les propos des artistes : intarissables sur le technique qu'on trouve partout, muets sur l'idéal qu'on ne trouve nulle part. Ils font cas de la chose qu'ils ont; ils dédaignent celle qui leur manque; cela est dans l'ordre. Eh bien! gens de l'académie, c'est donc pour vous une belle chose que ce tableau? —Très-belle; et pour vous?—Pour moi, ce n'est rien; c'est un morceau d'enfant, le prix d'un écolier qui veut aller à Rome, et qui le mérite.

La tête de Pompée présentée à César; César aux pieds de la statue d'Alexandre; la leçon de Scilurus à ses enfants; trois tableaux à cogner le nez contre à ces maudits amateurs qui mettent le génie des artistes en brassières. On avait demandé à Boucher *la continence de Scipion;* mais on y voulait ceci, on y voulait cela, et cela encore; on emmaillotait si bien mon homme, qu'il a refusé de travailler. Il est excellent à entendre là-dessus.

SAINT-GRÉGOIRE, PAPE.

Tableau d'environ neuf pieds de haut sur cinq pieds de large, pour la sacristie de l'église Saint-Louis, à Versailles.

Supposez, mon ami, devant ce tableau, un artiste et un homme de goût. Le beau tableau, dira le peintre! La pauvre chose, dira l'homme de lettres! et ils auront raison tous les deux.

Le *Saint-Grégoire* est l'unique figure. Il est assis dans son fauteuil, vêtu des habits pontificaux, la tiare sur la tête, la chasuble sur le surplis. Il a devant lui un bureau soutenu par un ange de bronze. Il y a sur cette table, plume, encre, papier, livres. On voit le Saint de profil. Il a le visage tranquille et tourné vers une gloire, qui éclaire l'angle supérieur gauche de la toile. Il y a dans cette gloire, dont la lumière tombe sur le Saint, quelques têtes de chérubins.

Il est certain que la figure est on ne peut plus naturelle et simple de position et d'expression, quoique un peu fade ; qu'il règne dans cette composition un calme qui plaît; que cette main droite est bien dessinée, bien de chair, du ton de couleur le plus vrai, et sort du tableau ; et que sans cette chape qui est lourde, sans ce linge qui n'imite pas le linge, sous lequel le vent s'enfournerait inutilement pour le séparer du corps; qui n'a aucuns tons transparents, qui n'est pas soufflé comme il devrait l'être, et qu'on prendrait facilement pour une étoffe blanche épaisse ; sans tout ce vêtement qui sent un peu le mannequin, celui qui s'en tient au technique, et qui ne s'interroge pas sur le reste, peut être content. Belle tête, belle pâte, beau dessin, bureau soutenu par un ange de bronze bien imité et de bon goût. Tout le tableau bien colorié. — Oui, aussi bien qu'un artiste qui ne connaît pas l'art des glacis peut faire. Une figure n'acquiert de la vigueur qu'autant qu'on la reprend, cherchant continûment à l'approcher de la nature, comme font Greuze et Chardin.—Mais c'est un travail long; et un dessinateur s'y résout difficilement, parce que ce technique nuit à la sévérité du dessin; raison pour laquelle le dessin, la couleur et le clair-obscur vont rarement ensemble. Doyen est coloriste; mais il ignore les grands effets de lumière : si son morceau avait ce mérite, ce serait un chef-d'œuvre.—Monsieur l'artiste, laissons là Doyen; nous en parlerons à son tour. Venons à ce *Saint-Grégoire* qui ne vous extasie que parce que vous n'avez pas vu un certain *Saint-Bruno* de Rubens, qui appartient à M. Watelet. Mais moi, je l'ai vu, et je m'en souviens; et, lorsque je regarde cette gloire, dont la lumière éclaire votre *Saint-Grégoire*, ne puis-je pas vous demander que fait cette figure? quel est sur cette tête l'effet de la présence divine? Nul. Ne regarde-t-elle pas l'Esprit-Saint aussi froidement qu'une araignée suspendue à l'angle de son oratoire? Où est la chaleur d'ame, l'élan, le transport, l'ivresse, que l'esprit vivifiant doit produire?—Un autre que moi ajoutera : pourquoi ces habits pontificaux? le Saint-père est chez lui, dans son oratoire, tout me l'annonce : il me semble que la convenance demandait un vêtement domestique; que la tiare, la crosse et la croix fussent jetées dans un coin, à la bonne heure.

Carle Van-Loo s'est bien gardé de commettre cette faute dans l'esquisse où *le même Saint dicte ses homélies à son secrétaire* (1). Mais, dit l'artiste, le tableau est pour une sacristie. Mais, répond l'homme de goût, lorsqu'on portera le tableau dans la sacristie, est-ce que le Saint entrera tout seul? est-ce que son oratoire restera à la porte? L'homme de lettres aura donc raison de dire: la pauvre chose; et l'artiste : la belle chose que ce tableau! Ils auront raison tous les deux.

Le livret annonce plusieurs autres tableaux de Vien sous un même numéro. Cependant il n'y en a point, à moins qu'on ne comprenne parmi les ouvrages du mari ceux de sa femme.

LA GRÉNÉE.

Nimium ne crede colori.

Il me prend envie, mon ami, de vous démontrer, que, sans mentir, il est cependant bien rare que nous disions la vérité. Pour cet effet, je prends l'objet le plus simple, un beau buste antique de Socrate, d'Aristide, de Marc-Aurèle ou de Trajan, et je place devant ce buste l'abbé Morellet, Marmontel et Naigeon, trois correspondants qui doivent le lendemain vous en écrire leur pensée : vous aurez trois éloges très-diffé-

(1) Salon de 1765, tom. VIII, pag. 100 et suiv. ÉDIT[s].

rents ; auquel vous en tiendrez-vous ? Sera-ce au mot froid de l'abbé, ou à la sentence épigrammatique, à la phrase ingénieuse de l'académicien, ou à la ligne brûlante du jeune homme? Autant d'hommes, autant de jugements. Nous sommes tous diversement organisés. Nous n'avons aucun la même dose de sensibilité. Nous nous servons tous à notre manière d'un instrument vicieux en lui-même, l'idiome qui rend toujours trop ou trop peu ; et nous adressons les sons de cet instrument à cent auditeurs qui écoutent, entendent, pensent et sentent diversement. La nature nous départit à tous, par l'entremise des sens, une multitude de petits cartons sur lesquels elle a tracé le profil de la vérité. La découpure belle, rigoureuse et juste, serait celle qui suivrait le trait délié dans tous ses points, et qui le diviserait en deux. La découpure de l'homme d'un grand sens et d'un grand goût en approche le plus. Celle de l'enthousiaste, de l'homme sensible, de l'esprit chaud, prompt, violent, malintentionné, jaloux, blesse le trait. Son ciseau, conduit par l'ignorance ou la passion, vacille et se porte tantôt trop en dedans, tantôt trop en dehors. Celui de l'envie taille en dedans du profil une image qui ne ressemble à rien.

Or, il ne s'agit pas ici, mon ami, d'un buste, d'une figure, mais d'une scène où il y a quelquefois quatre, cinq, huit, dix, vingt figures : et vous croyez que mon ciseau suivra rigoureusement le contour délié de toutes ces figures? A d'autres, cela ne se peut. Dans un moment, l'œil est louche; dans un autre, les lames du ciseau sont émoussées, ou la main n'est pas sûre; et puis jugez d'après cela de la confiance que vous devez à mes découpures : et, que cela soit dit en passant, pour l'acquit de ma conscience et la consolation de M. La Grénée.

Commençons par ses quatre tableaux de même grandeur, représentant les quatre états, *le Peuple*, *le Clergé*, *la Robe* et *l'Épée*.

L'ÉPÉE, OU BELLONE PRÉSENTANT A MARS LES RÊNES DE SES CHEVAUX.

Tableau de quatre pieds de haut, sur deux et demi de large.

Qu'est-ce que cela signifie? Rien, ou pas grand'-chose. On voit à gauche un petit Mars de quinze ans, dont le casque rabattu fort à propos dérobe la physionomie mesquine. Il est renversé en arrière, comme s'il avait peur de Bellone ou de ses chevaux. Il a le bras droit appuyé sur son bouclier, et l'autre porté en avant, vers les rênes qui lui sont présentées. A gauche, une grosse, lourde, massive, ignoble palfrenière de Bellone se renverse en sens contraire de Mars, en sorte que les pieds de ces deux figures prolongées venant à se rencontrer, elles formeraient un grand V consonne. Belle manière de grouper! N'eût-il pas été mieux de laisser le Mars fièrement debout, et de montrer la déesse violente s'élançant vers lui, et lui présentant les rênes? Derrière Bellone, sur le fond, deux chevaux de bois qui voudraient hennir, écumer de la bouche, vivre des naseaux, mais qui ne le peuvent, parce qu'ils sont d'un bois bien dur, bien poli, bien raide et bien lissé. Le morceau, du reste, surtout le Mars, est très-vigoureux, et le tout d'une touche plus décidée que de coutume. Mais où est le caractère du dieu des batailles? où est celui de Bellone? où est la verve? Comment reconnaître dans ce morceau le dieu dont le cri est comme celui de dix mille hommes! Comparez ce tableau avec celui du poète qui dit: Sa tête sortait d'entre les nuées, ses yeux étaient ardents, sa bouche était entr'ouverte, ses chevaux soufflaient le feu de leurs narines, et le fer de sa lance perçait la nue. Et cette Bellone, est-ce la déesse horrible qui ne respire que le sang et le carnage, dont les dieux retiennent les bras retournés sur son dos, et chargés de chaînes, qu'elle secoue sans cesse, et qui ne tombent que quand il plaît au ciel irrité de châtier la terre? Rien n'est plus difficile à imaginer que ces sortes de figures; il faut qu'elles soient de grand caractère; il faut qu'elles soient belles, et cependant qu'elles inspirent l'effroi. Peintres modernes, abandonnez ces symboles à la fureur et au pinceau de Rubens. Il n'y a que la force de son expression et de sa couleur qui puisse les faire supporter.

LA ROBE, OU LA JUSTICE, QUE L'INNOCENCE DÉSARME, ET A QUI LA PRUDENCE APPLAUDIT.

Même dimension que le précédent.

Était-il possible d'imaginer rien de plus pauvre, de plus froid, de plus plat? et si l'on n'écrit pas une légende au-dessous du tableau, qui est-ce qui en entendra le sujet? Au centre, la Justice, si vous voulez, M. La Grénée; car vous ferez de cette tête jeune et gracieuse tout ce qu'il vous plaira, une vierge, la patronne de Nanterre, une nymphe, une bergère, puisqu'il ne s'agit que de donner des noms. On la voit de face. Elle tient de sa main gauche une balance suspendue, dont les plats de niveau sont également chargés de lauriers. Un petit génie placé sur la droite, debout et sur le devant proche d'elle, lui ôte son glaive des mains. A gauche, derrière la Justice, la Prudence étendue à terre, le corps appuyé sur le coude, son miroir à la main, considère les deux autres figures avec satisfaction; et j'y consens, si elle se connaît en peinture; car tout y est du plus beau faire; mais peu de caractère, mesquin, sans jugement, sans idée. Cela parle aux yeux; mais cela ne dit pas le mot à l'esprit ni au cœur. Si l'on pense, si l'on rêve à quelque chose, c'est à la beauté de la touche, aux draperies, aux têtes, aux pieds, aux mains et à la froideur, à l'obscurité, à l'ineptie de la composition. Je veux que le diable m'emporte, si je comprends rien à ce génie, à ces lauriers, à cette épée. Maudit maître à écrire, n'écriras-tu jamais une ligne qui réponde à la beauté de ton écriture.

LE CLERGÉ, OU LA RELIGION QUI CONVERSE AVEC LA VÉRITÉ.

Même dimension que le précédent.

C'est pis que jamais. Autre logogryphe plus froid, plus impertinent, plus obscur encore que les précédents. Ces deux figures rappellent la scène de Panurge et de l'Anglais qui arguaient par signes en Sorbonne.

A droite, une petite Religionette de treize à quatorze ans, accroupie à terre, voilée, le bras gauche posé sur un livre ouvert et plus grand qu'elle; l'autre bras pendant, et la main sur le genoux; l'index de cette main, je crois, dirigé vers le livre. Devant elle une Vérité, son aînée de quelques années, toute nue, sèche, blafarde, sans tétons; le corps hommasse, le bras et l'index de la main droite dirigés vers le ciel; et ce bras dont le raccourci n'est pas assez senti, de trois ou quatre ans plus jeune que le reste de la figure; derrière cette Vérité, un petit génie renversé sur un nuage. Eh bien! mon ami, y avez-vous jamais rien compris? Çà, mettez votre esprit à la torture, et dites-moi le sens qu'il y a là-dedans. Je gage que La Grénée n'en sait pas là-dessus plus que nous. Et puis, qui s'est jamais avisé de montrer la Religion, la Vérité, la Justice, les êtres les plus vénérables, les êtres du monde les plus anciens, sous des symboles aussi puérils? De bonne foi, sont-ce là leur caractère, leur expression? M. La Grénée, si un élève de l'école de Raphaël ou des Carraches en avait fait autant, n'en aurait-il pas eu les oreilles tirées d'un demi-pied; et le maître ne lui aurait-il pas dit : Petit bélître, à qui donneras-tu donc de la grandeur, de la solennité, de la majesté, si tu n'en donnes pas à la Religion, à la Justice, à la Vérité? Mais, me répond l'artiste, vous ne savez donc pas que ces vertus sont des dessus de porte pour un receveur-général des finances. Je hausse les épaules, et je me tais, après avoir dit à M. de La Grénée un petit mot sur le genre allégorique.

Une bonne fois pour toutes, sachez, M. de La Grénée, qu'en général le symbole est froid, et qu'on ne peut lui ôter ce froïd insipide, mortel, que par la simplicité, la force, la sublimité de l'idée.

Sachez qu'en général le symbole est obscur, et qu'il n'y a sorte de précaution qu'il ne faille prendre pour être clair.

Voulez-vous quelques exemples du genre allégorique, qui soient ingénieux et piquants? je les prendrai dans le style satirique et plaisant, parce que je m'ennuie d'être triste.

Imaginez un enfant qui vient de souffler une grosse bulle. La bulle vole; l'enfant qui l'a soufflée tremble, baisse la tête; il craint que la bulle ne l'écrase en tombant sur lui. Cela parle, cela s'entend, c'est l'emblême du superstitieux.

Imaginez un autre enfant qui s'enfuit devant un essaim d'abeilles dont il a frappé la ruche du pied, et qui le poursuivent. Cela parle, et cela s'entend; c'est l'emblême du méchant.

Imaginez un atelier de sculpteur en bois; il a le ciseau à la main, il est devant son atelier, il a ébauché un ibis dont on commence à discerner le bec et les pates. Sa femme est prosternée devant l'oiseau informe, et contraint son enfant à fléchir le genou comme elle. Cela parle encore, et cela s'entend sans dire le mot.

Imaginez un aigle qui cherche à s'élever dans les airs, et qui est arrêté dans son essor par un soliveau; ou, si vous l'aimez mieux, imaginez dans un pays où il y aurait une loi absurde qui défendrait d'écrire sur la finance, au bout d'un pont, un charlatan ayant derrière lui, au haut d'une perche, une pancarte où on lirait : *De par le roi et M. le contrôleur-général*, et devant lui une petite table avec des gobelets entre deux flambeaux. Tandis qu'un grand nombre de spectateurs s'amusent à lui voir faire ses tours, il souffle les bougies; et au même instant tous les spectateurs mettent leurs mains sur leurs poches.

M. de La Grénée, sachez qu'une allégorie commune, quoique neuve, est mauvaise; et qu'une allégorie sublime n'est bonne qu'une fois. C'est un bon mot usé, dès qu'il est redit.

LE TIERS-ÉTAT, OU L'AGRICULTURE ET LE COMMERCE QUI AMÈNENT L'ABONDANCE.

Même dimension que le précédent.

Au centre, sur le fond, Mercure, le bras gauche jeté sur les épaules de l'Abondance, l'autre bras tourné vers la même figure, dans la position et l'action d'un protecteur qui la présente à l'Agriculture. Mercure tient son caducée de la main gauche; il a aux deux côtés de sa tête deux ailes éployées, d'assez mauvais goût. L'Abondance, sa corne sous son bras gauche, s'avance vers l'Agriculture. Il tombe de cette corne tous les signes de la richesse. A gauche du tableau, l'Agriculture, la tête couronnée d'épis, offre ses bras ouverts à Mercure et à sa compagne. Derrière l'Agriculture, c'est un enfant vu par le dos, et chargé d'une gerbe qu'il emporte. Traduisons cette composition. Voilà le Commerce qui présente l'Abondance à l'Agriculture. Quel galimatias! Ce même galimatias pourrait tout aussi bien être rendu par l'Abondance qui présenterait le Commerce à l'Agriculture, ou par l'Agriculture, qui présenterait le Commerce à l'Abondance; en un mot, en autant de façons qu'il y a de manières de combiner trois figures. Quelle pauvreté! quelle misère! Attendez-vous, mon ami, à la répétition fréquente de cette exclamation. Du reste, tableau peint à merveille. L'Agriculture est une figure charmante, mais tout-à-fait charmante, et par la grâce de son contour, et par l'effet de la demi-teinte. Tout le monde accourt : on admire; mais personne ne se demande qu'est-ce que cela signifie? Ces quatre morceaux sont d'un pinceau moëlleux. Celui de la Religion et de la Vérité est seulement, je ne puis pas dire sale, mais bien un peu gris.

LE CHASTE JOSEPH.

Petit Tableau.

On voit à gauche la femme adultère, toute nue, assise sur le bord de sa couche; elle est belle, très-belle de visage et de toute sa personne; belles formes, belle peau, belles cuisses, belle gorge, belles chairs, beaux bras, beaux pieds, belles mains, de la jeunesse, de la fraîcheur, de la noblesse. Je ne sais, pour moi, ce qu'il fallait au fils de Jacob; je n'en aurais pas demandé davantage; et je me suis quelquefois contenté de moins. Il est vrai que je n'ai pas l'honneur d'être fils d'un patriarche. Joseph se sauve; il détourne ses regards des charmes qu'on lui offre! non, c'est l'expression qu'il devrait avoir, et qu'il n'a point. Il a horreur du crime qu'on lui propose! non, on ne sait ce qu'il sent; il ne sent rien. La femme le retient par le haut de son vêtement. L'effort a déshabillé ce côté de la poitrine; et le dos de la main de la femme touche à son sein. Cela est bien cela; c'est une idée voluptueuse. M. de La Grénée, qui vous l'a suggérée? Rien à dire, ni pour la couleur, ni pour le dessin, ni pour le faire. Seulement la tête de cette femme est un peu découpée, l'œil droit va tomber de son orbite; la partie qui attache en devant son bras gauche au tronc ou la distance de la clavicule au-dessus de l'aisselle, prend trop d'espace; le bras ne se sépare pas assez là. Malgré ces petits défauts, cela est beau, très-beau. Mais le Joseph est un sot; mais la femme est froide, sans passion, sans châleur d'ame, sans feu dans ses regards, sans desir sur ses lèvres; c'est un guet-à-pens qu'elle va commettre. Mon ami, tu es plein de grâce, tu peins, tu dessines à merveille, mais tu n'as ni imagination, ni esprit; tu sais étudier la nature, mais tu ignores le cœur humain. Sans l'excellence de ton faire, tu serais au dernier rang. Encore y aurait-il bien à dire sur ce faire. Il est gras, empâté, séduisant; mais en sortira-t-il jamais une vérité forte, un effet qui réponde à celui du pinceau de Rubens, de Van-Dick? Fait-on de la chair vivante, animée, sans glacis et sans transparents? je l'ignore et je le demande.

LA CHASTE SUSANNE.

Petit tableau, pendant du précédent.

Je ne sais, mon ami, si je ne vais pas me répéter, et si ce qui suit ne se trouve pas déjà dans un de mes Salons précédents (1).

Un peintre italien avait imaginé ce sujet d'une manière très-ingénieuse; il avait placé les deux vieillards à droite sur le fond. La Susanne était debout sur le devant; pour se dérober aux regards des vieillards, elle avait porté toute sa draperie de leur côté, et restait exposée toute nue aux yeux du spectateur du tableau. Cette action de la Susanne était si naturelle, qu'on ne s'apercevait que de réflexion, de l'intention du peintre et de l'indécence de la figure, si toutefois il y avait indécence. Une scène représentée sur la toile, ou sur les planches, ne suppose point de témoins. Une femme nue n'est point indécente;

(1) A propos de *la Chaste Susanne* de Carle Van-Loo, exposée au Salon de 1765; voyez tom. VIII, pag. 94 et suiv. ÉDIT^s.

c'est une femme troussée qui l'est. Supposez devant vous la *Vénus de Médicis*, et dites-moi si sa nudité vous offensera. Mais chaussez les pieds de cette Vénus de deux petites mules brodées; attachez sur son genou, avec des jarretières couleur de rose, un bas blanc bien tiré; ajustez sur sa tête un bout de cornette; et vous sentirez fortement la différence du décent et de l'indécent; c'est la différence d'une femme qu'on voit, et d'une femme qui se montre. Je crois vous avoir déjà dit tout cela; mais n'importe.

Dans la composition de La Grénée, les vieillards sont à gauche debout, bien beaux, bien coloriés, bien drapés, bien froids.

Tout le monde connaît ici cette belle comtesse de Sabran, qui a captivé si long-temps Philippe d'Orléans, régent. Elle avait dissipé une fortune immense; et il y eut un temps où elle n'avait plus rien et devait à toute la terre, à son boucher, à son boulanger, à ses femmes, à ses valets, à sa couturière, à son cordonnier. Celui-ci vint un jour essayer d'en tirer quelque chose. Mon enfant, dit la comtesse, il y a long-temps que je te dois, je le sais. Mais comment veux-tu que je fasse? Je suis sans le sou : je suis toute nue, et si pauvre qu'on me voit le cul; et tout en parlant ainsi, elle troussait ses cotillons, et montrait son derrière à son cordonnier, qui, touché, attendri, disait en s'en allant : Ma foi, cela est vrai. Le cordonnier pleurait d'un côté ; les femmes de la comtesse riaient de l'autre ; c'est que la comtesse, indécente pour ses femmes, était décente, intéressante, pathétique même pour son cordonnier.

Mais ce n'est pas là ce que je voulais dire.— Et que vouliez-vous donc dire ? — Une autre sottise : on en dit tant, sans le savoir, qu'il faut bien avoir quelquefois la conscience de quelques unes. Je voulais dire que dans un âge avancé la comtesse était forcée d'accepter le souper qu'on lui offrait ; elle fut invitée par le commissaire Le Comte ; elle se rendit à l'heure. Le commissaire, qui était poli, descendit pour recevoir la belle, pauvre et vieille comtesse ; elle était accompagnée d'un cavalier qui lui donnait la main. Ils montent. Le commissaire les suit. La comtesse lui exposait, en montant, une jolie jambe, et au-dessus de cette jambe, une croupe si rebondie, si bien dessinée par ses jupons, si intéressante, que le commissaire, succombant à la tentation, glisse doucement une main et l'applique sur cette croupe. La comtesse, grande logicienne, se retourne sans s'émouvoir, porte la main sur le commissaire, à l'endroit où elle espérait reconnaître la cause de son insolence, et son excuse ; mais ne l'y trouvant point, elle lui détache un bon soufflet. Eh bien ! mon ami, voilà comment la Susanne de La Grénée en aurait usé avec les vieillards, si elle avait eu la même dialectique. Je ne sais ce qu'ils lui disent ;

mais je suis sûr qu'elle les aurait fort embarrassés, si elle leur eût adressé les propos d'une de nos femmes à un homme qui la reconduisait dans son équipage, et qui lui tenait, chemin faisant, un discours dont le ton ne lui paraissait pas proportionné à la chose. « Monsieur, prenez-y garde; je vais me rendre. » Les vieillards sont donc froids et mauvais. Pour la Susanne, elle est belle et très-belle; elle ne manque pas d'expression; elle se couvre; elle a les regards tournés vers le ciel; elle l'appelle à son secours. Mais sa douleur et son effroi contrastent si bizarrement avec la tranquillité des vieillards, que, si le sujet n'était pas connu, on aurait peine à le deviner. On prendrait tout au plus ces deux personnages pour deux parents de cette femme à qui ils sont venus indiscrètement annoncer une fâcheuse nouvelle. Du reste, toujours le plus beau faire, et toujours mal employé. C'est une belle main qui trace des choses insignifiantes, dans les plus beaux caractères; un bel exemple de Rossignol ou de Roylet (1).

Vous voyez, mon ami, que je deviens ordurier, comme tous les vieillards. Il vient un temps où la liberté du ton ne pouvant plus rendre les mœurs suspectes, nous ne balançons pas à préférer l'expression cynique qui est toujours la plus

(1) Fameux maîtres d'écriture. L'article ÉCRITURE *de l'Encyclopédie* est du premier. ÉDIT^{r}.

simple; c'est du moins la raison que je rendais à des femmes, de la grossièreté prétendue avec laquelle elles accusaient les premiers chapitres de *la Défense de mon Oncle* d'être écrits (1). Une d'entre elles, que vous connaissez bien, satisfaite ou non de ma raison, me dit : Monsieur, n'insistez pas là-dessus davantage; car vous me feriez croire que j'ai toujours été vieille. C'est celle qui fait tous les matins son oraison dans Montaigne, et qui a appris de lui, bien ou mal à propos, à voir plus de malhonnêteté dans les choses que dans les mots.

L'AMOUR RÉMOULEUR.

Tableau de quatorze pouces de large, sur onze pouces de haut.

Composition qui demandait de la finesse, de l'esprit, de la grace, de la gentillesse, en un mot, tout ce qui peut faire valoir ces bagatelles. Eh bien! elle est lourde et maussade. La scène se passe au-devant d'un paysage. Ah! quel paysage! il est pesant, les arbres comme on les voit au-dessus des portes du pont Notre-Dame; nul air entre leurs troncs et leurs branches; nulle légè-

(1) Brochure que Voltaire publia en 1767 en réponse à la critique de sa *Philosophie de l'Histoire*, que Larcher, répétiteur au collège Mazarin, venait de faire paraître sous le titre, *Supplément à la philosophie de l'Histoire*.

La Défense de mon Oncle se trouve dans le tome XXIV, page 246 des ŒUVRES DE VOLTAIRE, édit. Renouard, Paris 1819. ÉDIT[s].

reté; nulle touche aux feuilles; elles sont si fortement collées les unes aux autres, que le plus violent ouragan n'en enleverait pas une. A droite, un Amour accroupi devant la meule, et l'arrosant avec de l'eau qu'il puise avec le creux de sa main, dans une terrine placée devant lui. Ensuite, sur le même plan, *l'Amour rémouleur* couché sur le ventre, sur ce bâtis de bois que les ouvriers appellent la planche, et aiguisant une de ses flèches. A côté, au-dessous de lui, sur le devant, un troisième Amour tourneur de roue, les mains appliquées à la manivelle.

Cela est infiniment moins vrai, moins intéressant, moins en mouvement que la même scène, si elle se passait dans la boutique d'un coutelier, par ses bambins, un jour de dimanche, dans l'absence du père et de la mère. Je verrais la boutique, la forge, les soufflets, les meules, les poulies suspendues, les marteaux, les tenailles, les limes, avec tous les autres outils. Je verrais un des enfants qui ferait le guet à la porte. J'en verrais un autre monté sur une escabelle, qui aurait mis le feu à la forge et qui martellerait sur l'enclume; d'autres qui limeraient à l'étau, et tous ces petits belîtres ébouriffés, guenilleux, me plairaient infiniment plus que ces gros Amours froids, plats, jouflus et nus. Mais celui qui a fait le premier de ces tableaux n'aurait jamais fait le second; il faut un tout autre talent. Ma composition serait pleine de vie, de variété, et de ce que les artistes appellent ragoût. La sienne n'en a pas une miette; mauvais tableau; et voilà l'effet de tous ces sujets allégoriques empruntés de la mythologie païenne. Les peintres se jettent dans cette mythologie; ils perdent le goût des événements naturels de la vie; et il ne sort plus de leurs pinceaux que des scènes indécentes, folles, extravagantes, idéales, ou tout au moins vides d'intérêt; car, que m'importe toutes les aventures malhonnêtes de Jupiter, de Vénus, d'Hercule, d'Hébé, de Ganimède, et des autres divinités de la fable? Est-ce qu'un trait comique pris dans nos mœurs; est-ce qu'un trait pathétique pris dans notre histoire ne m'attachera pas autrement?.... J'en conviens, dites-vous; pourquoi donc, ajoutez-vous, l'art se tourne-t-il si rarement de ce côté?..... Il y en a bien des raisons, mon ami. La première, c'est que les sujets réels sont infiniment plus difficiles à traiter, et qu'ils exigent un goût étonnant de vérité. La seconde, c'est que les jeunes élèves préfèrent et doivent préférer les scènes où ils peuvent transporter les figures d'après lesquelles ils ont fait leurs premières études. La troisième, c'est que le nu est si beau dans la peinture et dans la sculpture, et que le nu n'est pas dans notre costume. La quatrième, c'est que rien n'est si mesquin, si pauvre, si maussade, si ingrat que nos vêtements. La cinquième, c'est que ces natures mythologiques, fabuleuses, sont plus grandes et plus belles, ou, pour mieux dire, plus voisines des règles conventionnelles du dessin. Mais une chose qui me surprendrait, si nous n'étions pas des pelotons de contradictions, c'est qu'on accorde aux peintres une licence qu'on refuse aux poètes. Greuze exposera demain sur la toile la mort de Henri IV; il montrera le jacobin qui enfonce le couteau dans le ventre de Henri III; et cela, sans qu'on s'en formalise; et qu'on ne permettra pas au poète de rien mettre de semblable en scène.

JUPITER ET JUNON, SUR LE MONT IDA, ENDORMIS PAR MORPHÉE.

Tableau de trois pieds neuf pouces de haut, sur trois pieds de large.

A droite, c'est un Morphée très-agréablement posé sur des nuées; il déploie deux grandes ailes de chauve-souris à désespérer notre ami M. Le Romain, qui a pris les ailes en aversion. Jupiter est assis; Morphée le touche de ses pavots; et sa tête tombe en devant. Mais qu'est-ce que ces nuées lanugineuses qui le ceignent? Sa chair est d'un jeune homme, et son caractère d'un vieillard. Sa tête est d'un Silène, petite, courte, enluminée; les artistes diront bien peinte, mais laissez-les dire. La couronne chancelle sur cette tête. Junon, sur le devant, à droite, a la main droite posée sur celle de Jupiter assoupi; le bras gauche étendu sur ses propres cuisses, et la tête appuyée contre la poitrine de son époux. Le bras gauche de Jupiter est passé sur les reins de sa femme, et son bras droit est porté sur des nuées vraiment assez solides pour le soutenir. Quoi! c'est là cette tête majestueuse, cette fière Junon? Vous vous moquez, M. de La Grénée. Je la connais; je l'ai vue cent fois chez le vieux poète. La vôtre, c'est une Hébé, c'est une Vestale, c'est une Iphigénie, c'est tout ce qu'il vous plaira. Mais dites-moi s'il y a du sens à l'avoir vêtue, et si modestement vêtue. Vous ne savez donc pas ce qu'elle est venue faire là? Elle devait être nue, toute nue, vous dis-je; sans autre ornement que la ceinture de Vénus qu'elle emprunta ce jour qu'elle avait le dessein intéressé de plaire à son époux. (Bonne leçon pour vous, époux de Paris, époux de tous les lieux du monde. Méfiez-vous de vos femmes lorsqu'elles prendront la peine de se parer pour vous; gare la requête qui suivra.) Et vous appelez cela la jouissance du souverain des dieux et de la première des déesses! Et ce Jupiter-là, c'est celui qui ébranle l'Olympe du mouvement de ses noirs sourcils? Est-ce que Morphée ne pouvait être mieux désigné que par ses ailes de nuit? Et le lieu de la scène, où est le merveilleux et le sauvage? Où sont ces fleurs qui sortirent subitement du sein de la terre, pour former un lit à la déesse, un lit voluptueux au milieu des frimats, de la glace et des torrents? Où est ce nuage d'or d'où tombaient des gouttes argentées, qui descendit sur eux, et qui les enveloppa? Vous allez me faire relire l'endroit d'Homère; et vous n'y gagnerez pas.

« Le dieu qui rassemble les nuages dit à son « épouse: Rassurez-vous; un nuage d'or va vous « envelopper, et le rayon le plus perçant de l'as- « tre du jour ne vous atteindra pas. A l'instant « il jeta ses bras sacrés autour d'elle. La terre « s'entr'ouvrit, et se hâta de produire des fleurs. « On vit descendre au-dessus de leurs têtes le « nuage d'or, d'où s'échappaient des gouttes d'une « rosée étincelante. Le père des hommes et des « dieux, enchaîné par l'Amour et vaincu par le « Sommeil, s'endormait ainsi sur la cîme es- « carpée de l'Ida; et Morphée s'en allait à tire- « d'aile vers les vaisseaux des Grecs, annoncer « à Neptune, qui ceint la terre, que Jupiter « sommeillait. »

Le moment que l'artiste a choisi est donc celui où l'Amour et le Sommeil ont disposé de Jupiter; et je demande si l'on aperçoit dans toute sa composition le moindre vestige de cet instant d'ivresse et de volupté. O Vénus! c'est en vain que tu as prêté ta ceinture à Junon. Cet artiste la lui a bien arrachée. Je vois une jouissance dans le poète. Je ne vois ici qu'une jeune fille, qui repose ou qui fait semblant de reposer sur le sein de son père. Et le faire? Oh! toujours très-beau; les étoffes ici sont même plus rompues, moins entières que dans ses autres compositions. Et cette tête de Jupiter dont j'ai très-mal parlé? Vraiment bien peinte; c'est un Jupiter bien colorié, bien vigoureux, bien chaud, barbe bien faite, oh! pour cela bien empâtée! Mais son grand front; mais ces cheveux qui se mirent une fois à flotter sur la tête du dieu? mais ces os saillants et larges de l'orbite, qui renfermaient ses grandes paupières et ses grands yeux noirs? mais ses joues larges et tranquilles; mais l'ensemble majestueux et imposant de son visage, où est-il? Dans le poète.

MERCURE, HERSÉ, ET AGLAURE JALOUSE DE SA SOEUR.

Tableau de deux pieds deux pouces de large, sur un pied neuf pouces de haut.

Hersé, à gauche, est assise. Elle a la jambe droite étendue et posée sur le genou gauche de Mercure. On la voit de profil. Mercure, vu de face, est assis devant elle un peu plus bas et un peu plus sur le fond. Tout-à-fait sur la droite, Aglaure, écartant un rideau, regarde d'un œil de colère et jaloux le bonheur de sa sœur. Les artistes vous diront peut-être que les figures principales sont lourdes de dessin et de couleur, et sans passages de teintes. Je ne sais s'ils ont raison; mais, après m'être rappelé la nature, je me suis écrié, en dépit d'eux et de leur jugement : O les belles chairs, les beaux pieds, les beaux bras, les belles mains, la belle peau! la vie, le sang et son incarnat transpirent à travers; je suis, sous cette enveloppe délicate et sensible, le cours imperceptible et bleuâtre des veines et des artères. Je parle d'Hersé et de Mercure. Les chairs de l'art luttent contre les chairs de Nature. Approchez votre main de la toile; et vous verrez que l'imitation est aussi forte que la réalité, et qu'elle l'emporte sur elle par la beauté des formes. On ne se lasse pas de parcourir le cou, les bras, la gorge, les pieds, les mains, la tête d'Hersé. J'y porte mes lèvres, et je couvre de baisers tous ces charmes. O Mercure! que fais-tu? qu'attends-tu? Tu laisses reposer cette cuisse sur la tienne, et tu ne t'en saisis pas, et tu ne la dévores pas? et tu ne vois pas l'ivresse d'amour qui s'empare de cette jeune innocente; et tu n'ajoutes pas au désordre de son ame et de ses sens, le désordre de ses vêtements? et tu ne t'élances pas sur elle, dieu des filoux!.... Aux traits de la passion, se joignent, sur le visage d'Hersé, la candeur, l'ingénuité, la douceur et la simplicité. La tête de Mercure est passionnée, attentive, fine, avec des vestiges bien marqués du caractère perfide et libertin du dieu. La chaleur perce à travers les pores de ces deux figures. Oui, messieurs de l'Académie, je persiste; c'est, à mon sens et au sentiment de Le Moyne, le plus beau faire imaginable. Je sentais toutes ces choses, et j'en étais transporté; lorsque, m'étant un peu éloigné du tableau, je poussai un cri de douleur, comme si j'avais été heurté d'un coup violent. C'était une incorrection, mais une si cruelle incorrection de dessin, que j'éprouvai une peine mortelle de voir une des meilleures compositions du Salon gâtée par un défaut énorme. Cette jambe d'Hersé, à l'extrémité de laquelle il y a un si beau pied; cette jambe étendue et posée sur le genou, sur ce si beau, si précieux genou de Mercure, est de quatre grands doigts trop longue; en sorte que, laissant ce beau pied à sa place, et raccourcissant cette jambe de son excès, il s'en manquerait beaucoup, mais beaucoup, qu'elle ne tînt au corps; défaut qui en a entraîné un autre, c'est qu'en la suivant sous la draperie, on ne sait où la rapporter. Certainement, si Mercure n'a besoin que d'une cuisse, il peut emporter celle-ci sous son bras, sans qu'Hersé puisse s'en douter. Le Mercure est très-savant des bras, du cou, de la poitrine, des flancs; mais on sent qu'il a été dessiné d'après la statue de Pigal. Le peintre lui a planté encore ici deux ailes à la tête, qui ne font pas mieux qu'ailleurs. J'ai pensé ne vous rien dire d'Aglaure; c'est qu'elle est froide, plate, mesquine, raide de position, faible de couleur, nulle d'expression. Si vous pouvez pardonner à cet ouvrage ce petit nombre de défauts, couvrez-le d'or sur la parole de Le Moyne. La draperie d'Aglaure est large, simple et juste. Elle dérobe en partie des jambes et des cuisses qu'on aurait grand plaisir à voir. Le rideau du fond, si je m'en souviens bien, fait assez mal, et n'imite pas trop l'étoffe de soie. Je ne sais où l'artiste a pris l'expression niaise d'Hersé; elle n'est point du tout commune; mais il la répétera tant dans ses compositions futures, qu'elle le deviendra.

PERSÉE, APRÈS AVOIR DÉLIVRÉ ANDROMÈDE.

A droite, dans des nuages, le cheval Pégase qui s'en retourne.

Ces nuages, qui partent de l'angle supérieur droit de la scène et du fond, s'étendent en serpentant, et descendent jusqu'à l'angle inférieur gauche, où ils se boursoufflent à terre en s'épaississant. Qu'est-ce que cela signifie? A quel propos cette longue et lourde traînée nébuleuse? est-ce Pégase qui l'a laissée après lui? Tout-à-fait à droite, et sur le devant au milieu des eaux, le rocher auquel Andromède était attachée. Au pied de ce rocher, en allant vers la gauche, un plat monstre d'un vert sale, fait et peint à la manufacture de Nevers, la gueule béante, la tête retournée, et regardant froidement la proie qui lui est ravie; puis un espace de mer ou d'eaux ternes, mates, compactes, qui s'étendent autour du rocher. Vers le fond et sur la gauche, au-dessus de ces eaux, au-dessous de Pégase, la traînée nébuleuse, un petit amour tenant le bout d'une guirlande de fleurs; fort au-dessous de cet amour, plus sur le devant et vers la gauche, Persée un pied sur le rivage, l'autre dans l'eau, emportant entre ses bras Andromède, et l'emportant sans passion, sans chaleur, sans effort, quoiqu'il soit ou doive être amoureux; et qu'Andromède, bien potelée, bien grasse, bien nourrie, n'ayant rien perdu ni de ses chairs ni de son embonpoint dans sa chaîne et sur son rocher, soit très-lourde et très-pesante. Nul désordre qui marque la conquête, pas le moindre trait de conformité avec un rapt après un combat. C'est un homme vigoureux, qui aide une femme à traverser un ruisseau. Cette Andromède nue est blanche et froide comme le marbre. A son expression et à sa longue chevelure blonde, lisse et séparée sur le milieu du front, c'est une Magdeleine qu'il en fera quand il voudra. Ce peintre n'a que deux ou trois têtes qui roulent dans la sienne, et qu'il fourre partout. Sur le rivage, à quelque distance du groupe d'Andromède et de Persée, un second amour tient l'autre extrémité de la guirlande de fleurs qui va serpentant par derrière les deux amants; en sorte qu'il semble que le projet des deux amours soit de les enlacer. Quand je me représente ce monstre de faïence, et cette grosse épaisse fumée qui coupe la scène en diagonale, et qui s'arrondit à terre en ballons sous les pieds d'Andromède, je ne saurais m'empêcher d'en rire. Entre cet amour et le groupe d'Andromède et de Persée, tout-à-fait sur le devant, il y a un petit amour couché à terre, appuyé contre le casque et l'épée de Persée, et regardant tranquillement l'enlèvement. Tout-à-fait à gauche et sur le devant, la scène se termine par des arbres. Persée a encore un pied dans l'eau; à peine est-il vainqueur du monstre, pourquoi donc son épée et son casque sont-ils à terre? est-ce ce petit amour qui l'en a débarrassé? rien ne le dit; et c'est une idée bien tirée par les cheveux; il faudrait que cela fût évident pour n'être pas absurde, ridicule. J'ai vraiment l'ame chagrine de voir un si beau faire, un moyen aussi rare, aussi précieux, si propre à de grands effets, réduit à rien. Le meilleur emploi que cet homme pourrait faire de son talent, ce serait de peindre des têtes en petit nombre, beaucoup de bras, des pieds et des mains, pour servir d'étude aux élèves.

RETOUR D'ULYSSE ET DE TÉLÉMAQUE AUPRÈS DE PÉNÉLOPE.

Tableau de deux pieds trois pouces de large, sur un pied dix pouces de haut.

Si j'entreprends jamais le traité de l'art de ramper en peinture, le bel exemple d'insipidité et de contre-sens!

A droite sur le fond, porté sur des nuées et renversé en arrière, un bout de Mercure. Ulysse tout nu, sur le devant, se présentant à Pénélope assise au-dessus d'une estrade à laquelle on monte par quelques degrés; il tend la main à Pénélope, et il reçoit la sienne. Sur le fond Télémaque à deux genoux devant sa mère.

De cet Ulysse si fin, si rusé, d'un caractère si connu, et dans un instant dont l'expression est si déterminée, savez-vous ce qu'il en a fait? un rustre ignoble, sot et niais. Mettez-lui une coquille à la main, et jetez-lui une peau de mouton sur les épaules; et vous aurez un Saint-Jean prêt à baptiser le Christ; et pourquoi ce personnage est-il nu? Je ne sais ce que Pénélope lui tracasse dans la main.

Ce Télémaque n'a pas quatre ans de moins que sa mère; et puis il est froid, plat, sans caractère, sans expression, sans grace, sans noblesse, sans aucun mouvement: et cela, c'est un fils qui revoit sa mère! c'est un enfant de bois; il ignore le sentiment de la nature; il n'a ni ame ni entrailles.

Pénélope, vue de profil, regarde au loin et montre du doigt quelque chose; elle ne voit ni son fils ni son époux; et voilà ce qu'on appelle l'entrevue de trois personnes liées par les rapports les plus doux, les plus violents, les plus sacrés de la vie. C'est là un père! c'est là un fils! c'est là une mère! un fils qui a couru les plus grands périls pour retrouver son père ! un père qui, après avoir exposé cent fois sa vie pendant la durée d'une guerre longue et cruelle, a été poursuivi sur les mers et sur les terres, par la colère des dieux qui s'étaient plu à mettre sa constance à toutes les épreuves possibles ! une mère, une épouse qui croyait avoir perdu son fils et son époux, et qui avait souffert pendant son absence toutes les insolences d'une multitude de princes voisins ! Est-ce que cette femme ne devait pas se trouver mal entre les bras de son fils et de son époux ? Est-ce que cet époux la soutenant ne devait pas me montrer la tendresse, l'intérêt, la joie dans toute leur énergie ? Est-ce que cet enfant ne devait pas tenir une des mains de sa mère, la dévorer et l'arroser de larmes ? Ce tableau, mon ami, est le sceau de la bêtise de La Grénée, sceau que rien ne rompra jamais. Trompé par le charme de son pinceau, et par son succès dans des petits sujets tranquilles, où l'imagination est secourue par cent modèles supérieurs, j'avais dit de lui (1) : *Magnæ spes altera Romæ*. Je me rétracte. Que les artistes se prosternent tant qu'ils voudront devant son chevalet ; pour nous, qui exigeons qu'une scène aussi intéressante s'adresse à notre cœur, qu'elle nous émeuve, qu'elle fasse couler nos larmes, nous cracherons sur la toile. — Quoi ! sur cette Pénélope ? sur cette figure la plus belle,

(1) Salon de 1765, tome VIII, pag. 140. ÉDIT[s].

peut-être, qu'il y ait au Salon? Voyez donc ce beau caractère de tête, de noblesse, cette belle draperie, ces beaux plis, voyez donc..... — Je vois qu'en effaçant ces deux plates figures qui sont à côté d'elle, l'asseyant sur un trépied, j'aurai d'expression, d'attitude, d'action, d'ajustement, une sublime pythonisse. Je vois qu'en laissant à côté d'elle ces deux figures, mais leur donnant l'attention et le caractère qui conviennent au moment, vous en ferez une sibylle qu'ils auront interrogée, et qui leur montre du doigt dans le lointain les bonnes ou mauvaises aventures qui les attendent. J'aimerais encore mieux ce sujet travesti en ridicule, à la manière flamande; Ulysse, vieux bonhomme, de retour de la campagne, en chapeau pointu sur la tête, l'épée pendue à sa boutonnière, et l'escopette accrochée sur l'épaule; Télémaque avec le tablier de garçon brasseur, et Pénélope dans une taverne à bière, que cette froide, impertinente et absurde dignité.

RENAUD ET ARMIDE.

Petit tableau.

A gauche du tableau, ou à droite du spectateur, un bout de paysage, des arbres bien verts, d'un vert bien égal, bien lourd, bien épais : on ne saurait plus mal touché. Au pied de ces vilains arbres, un bout de roche. Sur ce bout de roche un riche coussin, sur ce riche coussin Armide assise ; elle est triste et pensive ; elle a pressenti l'inconstance de Renaud. Un de ses bras tombe mollement sur le coussin ; l'autre est jeté sur les épaules de Renaud, sa tête est penchée sur celle du guerrier volage : on ne la voit que de profil. Renaud est à ses genoux : on le voit de face. Sa main gauche va chercher celle d'Armide ; sa main droite, s'approchant de sa poitrine, est dans la position d'un homme qui fait un serment. Ses yeux sont attachés sur les yeux d'Armide. La terre autour d'eux est jonchée de roses, de jonquilles, de fleurs qui naissent et qui s'épanouissent. J'aurais mieux aimé qu'elles fussent inclinées sur leur tige, et commençassent à se faner ; Greuze n'y aurait pas manqué. On voit aux pieds de Renaud, plus vers la gauche, un jeune amour debout, son carquois sur le dos, ses ailes déployées, son bandeau relevé, montrant à un de ses frères étendu à terre et désolé, la passion de Renaud pour Armide. Tout-à-fait à gauche sur le fond, deux autres amours occupés, l'un debout, à soutenir le bouclier de Renaud, l'autre juché sur un arbre, à le suspendre à des branches : puis un autre bout de paysage, des arbres aussi monotones, aussi lourds, aussi compactes que ceux de la droite. Au-delà de ces arbres, un peu dans le lointain, une portion du palais d'Armide. J'enrage, mon ami, je crois que si ce maudit La Grénée était là, je le battrais. Eh ! chienne de bête, si tu n'as pas d'idées, que n'en vas-tu chercher chez ceux qui en ont, qui t'aiment, qui estiment ton talent, et qui t'en souffleraient. Je sais bien qu'en peinture ainsi qu'en littérature, on ne tire pas grand parti d'une idée d'emprunt; mais cela vaut encore mieux que rien. Froide, mauvaise, insignifiante composition. Renaud, gros valet, joufflu, rebondi, sans grâce, sans finesse, sans autre expression que celle de ces drôles, de ces gros réjouis, qui rient par éclats, qui font tenir à nos fillettes les côtés de rire, et qui les croquent tout en riant: Armide, à l'avenant. Terrasse froide et dure, d'un vert tranchant qui blesse la vue; arbres et paysages détestables; scène insipide d'opéra; c'est Pilot et mademoiselle Dubois (1); ni esprit, ni dignité, ni passion, ni poésie, ni mensonge, ni vérité. Çà, maître La Grénée, car je ne t'appellerai jamais autrement, place-toi devant ton propre ouvrage; et dis-moi ce que tu en penses. Est-ce là ce fier, ce terrible Renaud, cet Achille de l'armée de Godefroi, ce charmant et volage guerrier du Tasse? Est-ce là cette enchanteresse qui, traversant le camp des chrétiens, y sème l'amour et la jalousie, et divise toute une armée? Homme de glace, artiste de marbre, c'est entre tes mains que la magicienne a bien perdu sa baguette. Comme elle est sage! comme elle est modeste! comme elle est bien enveloppée! Maître La Gré-

(1) Acteurs de l'Opéra. Édit[r].

née, mais vous n'avez donc pas la moindre idée de la coquetterie, des artifices d'une femme perfide qui cherche à tromper, à séduire, à retenir, à rechauffer un amant? vous n'avez donc jamais vu couler ces larmes de crocodile.... Eh! si bien, moi! Combien de fois [1] une de ces larmes arrachées de l'œil à force de le frotter, m'en ont fait répandre de vraies, et éteignirent les transports de la colère la mieux méritée, et me renchaînèrent sous des liens que je détestais! Que vous peignez mal, M. La Grénée; mais que vous êtes heureux d'ignorer tout cela! Mon ami, faites des petits Saint-Jean, des Enfant-Jésus et des Vierges; mais, croyez-moi, laissez là les Renaud, les Armide, les Médor, les Angélique et les Roland.

LA POÉSIE ET LA PHILOSOPHIE.

Deux petits tableaux.

Ces deux petits tableaux m'appartiennent; et l'on prétend qu'ils sont très-jolis. C'est aussi mon avis.

L'un montre une femme couronnée de lauriers, la tête et les regards tournés vers le ciel, dans un accès de verve. A sa droite est un bout de cheval Pégase assez mal touché.

[1] Diderot imite ici, et traduit même à sa manière, c'est-à-dire assez librement, un beau passage de la première scène de *l'Eunuque* de Térence. N.

L'autre représente une femme sérieuse, pensive, en méditation, le coude posé sur un bureau, et la tête appuyée sur sa main. Puisqu'il n'y a qu'un jugement sur ces deux morceaux, et qu'ils sont à moi, il serait dans l'ordre que j'en ignorasse ou que j'en célasse les défauts; mais dans les arts, comme en amour, un bonheur qui n'est fondé que sur l'illusion ne saurait durer. Mes amis, faites comme moi, voyez votre maîtresse telle qu'elle est. Voyez vos statues, vos tableaux, vos amis tels qu'ils sont; et s'ils vous ont enchanté le premier jour, le charme durera. Je me souviens qu'une femme, qui doutait un peu de la bonté de mes yeux, me demanda son portrait que j'entamai sur-le-champ, et qu'elle n'eut pas le courage de me laisser finir; elle me ferma la bouche avec une de ses mains; cependant je l'aimais bien. Mes deux petits tableaux sont bien coloriés, surtout *la Philosophie;* ils ne manquent pas d'expression, surtout *la Philosophie* dont les accessoires, les livres, le bureau et le reste sont encore précieusement finis. Mais le bras droit de *la Poésie*, dont la main gauche est très-belle.— Eh bien! ce bras droit?—A quelque incorrection qui me blesse; et ceux de *la Philosophie* sont d'une servante; et puis les deux figures, surtout celle-ci, ont un caractère domestique et commun qui ne convient guère à des natures idéales, abstraites, symboliques, qui devraient être grandes, exagérées et d'un autre monde..... Une femme qui compose, n'est pas *la Poésie;* une femme qui médite, n'est pas *la Philosophie.* Outre l'action propre à l'état, il y a la physionomie.—Et ils vous plairont toujours ces petits tableaux?—Je le crois. —Et cette amie qui vous ferma la bouche, vous plaît-elle encore?—Plus que jamais.

UNE BAIGNEUSE.

Petit tableau.

Sur le fond, un froid, lourd et vilain paysage collé. Les enlumineuses du bas de la rue Saint-Jacques, à six liards la feuille, ne font ni mieux ni plus mal. A droite, sur le fond, un amour monotone, non aveugle, mais les yeux pochés, plats, de bois découpé. A gauche, *la Baigneuse* assise; elle est sortie de l'eau; elle s'essuie. Comment une semblable figure peut-elle intéresser? Par la beauté des formes, par la volupté de la position, par les charmes de toute la personne; et c'est une grosse, grasse créature, sans élégance, sans attraits, lourde, épaisse; et puis sur ses épaules, la répétition de la tête de la *Susanne* et de la *Magdeleine* du dernier Salon (1); elle est ceinte d'un gros linge, elle a les jambes croisées, et au bout de ces jambes, deux pieds rouges: pauvre, très-pauvre chose; *Baigneuse* à fuir.

(1) *Salon* de 1765, *OEuvres de Diderot,* tome VIII, page 153.
ÉDIT^s.

Les eaux du bain sont sur le devant, et ces eaux peintes comme à l'ordinaire.

LA TÊTE DE POMPÉE PRÉSENTÉE A CÉSAR.

Tableau ceintré, de neuf pieds trois pouces de haut, sur quatre pieds onze pouces de large. Pour sa majesté le roi de Pologne.

Je ne sais quel pape demanda à son camérier quel temps il faisait. Beau, lui répondit le camérier, quoiqu'il plût à verse. Mon ami, je ne veux pas, si je vais jamais à Varsovie, que sa majesté le roi de Pologne me prenne par une oreille, et me conduisant devant ce tableau, me dise, comme le Saint-Père dit à son camérier, en le menant à la fenêtre, *vedi coglione*. Que les souverains sont à plaindre! on n'ose pas seulement leur dire qu'il pleut, quand ils veulent du beau temps.

La forme de ce tableau est ingrate; il faut en convenir. La scène se passe sur deux barques, aux environs du phare d'Alexandrie. On voit ce phare à gauche. Plus sur le fond, du même côté, une pyramide. C'est à quelque distance du premier de ces deux édifices que les barques se sont rencontrées. Vers le milieu de celle qui est à gauche, sur le devant, un esclave basané et presque nu, tient d'une main la tête par les cheveux et le linge qui l'enveloppait; de l'autre, il la porte en devant. Le linge est ensanglanté. L'envoyé, placé un peu plus sur le fond, et vers la pointe de la barque, la tête penchée, une main rapprochée de la poitrine, et l'autre disposée à recouvrir la tête de son voile. Je ne sais si, depuis que j'ai vu cette composition, l'artiste n'a rien changé à l'action de cette figure. César est debout sur l'autre barque. Son expression est mêlée de douleur et d'indignation. Une larme vraie ou fausse lui tombe de l'œil : il interpose sa main droite entre ses regards et la tête de Pompée. La raideur de son autre bras, et son poing fermé, répondent fort bien à l'expression du reste de la figure. Il y a derrière César un beau jeune chevalier romain assis; il a les yeux attachés sur la tête. Debout, derrière César et ce chevalier, tout-à-fait à droite, un vieux chef de légion regarde le même objet avec une attention et une surprise mêlées de douleur. Dans l'autre barque, autour de l'esclave, l'artiste a placé des vases précieux et d'autres présents. Tout-à-fait à gauche, sur l'extrémité de la toile, dans la demi-teinte, un compagnon de Menodote : il est debout, il écoute.

L'artiste a tant consulté, si changé, si tourmenté sa composition, que je ne sais plus ce qu'il en reste. Je la jugerai donc telle qu'elle était, puisque j'ignore ce qu'elle est.

Le faire est de La Grénée, c'est-à-dire, qu'en général il est beau et très-beau. Cette *Tête de Pompée*, qui devait être si grande, si intéressante, si pathétique par son caractère, est petite et mesquine. Je ne lui voudrais pas la bouche béante, ce qui serait hideux; mais je ne la lui voudrais pas fermée, parce que les muscles s'étant relâchés, elle a dû s'entr'ouvrir.

Lorsque j'objectais à La Grénée la petitesse et le mesquin de cette tête, il me répondit qu'elle était plus grande que nature. Que voulez-vous obtenir d'un artiste qui croit qu'une tête grande, c'est une grosse tête; et qui vous répond du volume, quand vous lui parlez du caractère?

L'esclave qui la présente est excellent de dessin et d'expression. Il a les regards attachés sur César, dont l'indignation pénètre d'effroi.

Il y a bien quelque embarras, quelque perplexité, mais trop peu marqués, pour le mauvais accueil qu'on lui fait, sur le visage de l'envoyé qui présente la tête. Il regarde César; ce qu'il ne devrait pas. Il me semble que celui qui entend ces mots: « Qui est votre maître, pour avoir osé « un pareil attentat? » doit avoir les yeux baissés. Je lui trouve l'air hypocrite et faux. Du reste, il est très-bien drapé et très-bien peint; on ne peut pas mieux.

Je n'ai rien à dire de César; et c'est peut-être en dire bien du mal. Il me semble un peu guindé et raide. La larme qui coule sur sa joue est fausse. L'indignation ne pleure pas; et d'ailleurs la sienne est un peu grimacière.

Il y a certainement des beautés dans ce morceau, mais de techniques, et par conséquent peu faites pour être senties, au lieu que les défauts sont frappants.

Premièrement, rien n'y répond à l'importance de la scène. Il n'y a nul intérêt. Tout est d'un caractère petit et commun. Cela est muet et froid.

Secondement, et ce vice est surtout sensible, au côté droit de la composition, le César est isolé; le jeune chevalier assis est isolé; le vieux chef de légion est isolé. Rien ne fait groupe ou masse, ce qui rend cette partie de la scène pauvre, vide et maigre.

Troisièmement, toutes ces natures sont trop petites, trop ordinaires; il me les fallait plus exagérées, moins comparables à moi. Ce sont de petits personnages d'aujourd'hui.

Quatrièmement, on ne pouvait mettre trop de simplicité, de silence et de repos dans cette scène. Autre raison pour en exagérer davantage les caractères. Point de milieu, ou de grandes figures, et peu d'action; ou beaucoup d'action, et des figures de proportion commune; et puis, il fallait penser que le simple est sublime ou plat.

Une observation assez générale sur La Grénée, c'est que son talent diminue en raison de l'étendue de sa toile. On a tout mis en œuvre pour l'échauffer, lui agrandir la tête, lui inspirer quelques concepts hauts. Peines perdues. Je disais à madame Geoffrin, qu'un jour Roland prit un capucin par la barbe, et qu'après l'avoir bien fait tourner, il le jeta à deux milles de là, où il ne tomba qu'un capucin.

Si La Grénée avait pensé à choisir des natures moins communes ; s'il avait pensé à donner plus de profondeur à sa scène ; s'il avait eu plus de spectateurs, plus d'incidents, plus de variétés, quelques groupes ou masses, tout aurait été mieux. Mais l'étendue de la toile le permettait-elle ? On le verra à l'article de *S. François de Sales agonisant*, peint par Du Rameau.

LE DAUPHIN MOURANT, ENVIRONNÉ DE SA FAMILLE. LE DUC DE BOURGOGNE LUI PRÉSENTE LA COURONNE DE L'IMMORTALITÉ.

Tableau de quatre pieds de haut, sur trois pieds de large, composé et commandé par M. le duc de La Vauguyon.

Ah ! mon ami, combien de beaux pieds, de belles mains, de belles chairs, de belles draperies, de talent perdu ! Qu'on me porte cela sous les charniers des Innocents ; ce sera le plus bel *ex voto* qu'on y ait jamais suspendu.

Un grand rideau s'est levé, et l'on a vu *le Dauphin moribond*, étendu sur son lit, le corps à demi-nu.

Cette idée du dauphin derrière le rideau a fait fortune. Le dauphin a passé toute sa vie derrière un rideau, et un rideau bien épais : c'est Thomas qui l'a dit en prose ; c'est moi qui l'ai dit en vers ;

c'est Cochin qui l'a dit en gravure; c'est La Grénée qui le dit en peinture, d'après M. de La Vauguyon, qui lui avait appris à se tenir là.

Sa femme est assise à côté de lui, dans un fauteuil.

La France, triste et pensive, est debout à son chevet.

Un des enfants, avec le cordon bleu, a la tête penchée dans le giron de sa mère.

Un second, avec le cordon bleu, est debout au pied du lit.

Un troisième, avec le cordon bleu, est penché sur le pied du lit.

Le petit duc de Bourgogne, tout nu, mais avec le cordon bleu, suspendu dans les airs au centre de la toile, environné de lumière, présente la couronne éternelle à son père.

Il n'y a certainement que son père qui l'aperçoive, car son apparition ne fait pas la moindre sensation sur les autres.

Cette merveilleuse composition a été imaginée et commandée par M. le duc de La Vauguyon;

Rare et sublime effort d'une imaginative,
Qui ne le cède en rien à personne qui vive (1)!

On s'était d'abord adressé à Greuze. Celui-ci répondit que ce projet de tableau était fort beau, mais qu'il ne se sentait pas le talent d'en faire quel-

(1) Molière, *l'Étourdi*, acte III, scène v. Édit.

que chose. La Grénée, plus avide d'argent que Greuze, et c'est beaucoup dire, et moins jaloux de gloire, s'en est chargé. Je m'en réjouis pour Greuze. Je vois que l'argent n'est pourtant pas la chose qu'il estime le plus.

Revenons au tableau que M. de La Vauguyon se propose de consacrer à la mémoire d'un prince qui lui fut cher, et qui lui permet, en dépit de son père, d'empoisonner le cœur et l'esprit de ses enfants de bigoterie, de jésuitisme, de fanatisme et d'intolérance. A la bonne heure. Mais de quoi s'avise cette tête d'oison-là, d'imaginer une composition, et de vouloir commander à un art qu'il n'entend pas mieux que celui d'instituer un prince? Il ne se doute donc pas que rien n'est si difficile que d'ordonner une composition en général, et que la difficulté redouble lorsqu'il s'agit d'une scène de mœurs, d'une scène de famille, d'une dernière scène de la vie, d'une scène pathétique. Il a vu tous ses personnages sur la toile aussi plats, qu'il les aurait vus sur le théâtre du monde, si bonne nature et si bonne fortune ne s'y fussent opposées; et La Grénée l'a bien secondé. Monsieur le duc, vous avez promis à l'artiste, combien? mille écus? Donnez-en deux mille; et courez vous cacher tous deux.

Il y a peu d'hommes, même parmi les gens de lettres, qui sachent ordonner un tableau. Demandez à Le Prince, chargé par M. de Saint-Lambert, homme d'esprit, certes s'il en fut, de la composition des figures qui doivent décorer son poème harmonieux, monotone et froid *des Saisons*. C'est une foule de petites idées fines qui ne peuvent se rendre, ou qui, rendues, seraient sans effet. Ce sont des demandes, ou folles, ou ridicules, ou incompatibles avec la beauté du technique. Cela sera passable, écrit; détestable, peint : et c'est ce que mes confrères ne sentent pas. Ils ont dans la tête,

Ut pictura, poesis erit (1);

et ils ne se doutent pas qu'il est encore plus vrai que *ut poesis pictura non erit*. Ce qui fait bien en peinture [2] fait toujours bien en poésie; mais cela n'est pas réciproque. J'en reviens toujours au Neptune de Virgile,

. . . . *Summa placidum caput extulit unda* (3).

Que le plus habile artiste, s'arrêtant strictement à l'image du poète, nous montre cette tête si belle, si noble, si sublime dans l'Énéide; et vous verrez son effet sur la toile. Il n'y a sur le papier ni unité de temps, ni unité de lieu, ni unité d'action. Il n'y a ni groupes déterminés, ni repos marqués, ni clair-obscur, ni magie de lumière,

(1) HORAT. *de Art. Poet.* v. 289. ÉDIT[s].

[2] Conférez ici ce que Diderot a dit sur le même sujet dans la *Lettre sur les Sourds et Muets*, pag. 208 et suiv. de la première édition. N.

(3) VIRGIL. *Æneid.* lib. I, v. 131. ÉDIT[s].

ni intelligence d'ombres, ni teintes, ni demi-teintes, ni perspective, ni plans. L'imagination passe rapidement d'image en image; son œil embrasse tout à la fois. Si elle discerne des plans, elle ne les gradue ni ne les établit; elle s'enfoncera tout à coup à des distances immenses; tout à coup elle reviendra sur elle-même avec la même rapidité, et pressera sur vous les objets. Elle ne sait ce que c'est qu'harmonie, cadence, balance; elle entasse, elle confond, elle meut, elle approche, elle éloigne, elle mêle, elle colore comme il lui plaît. Il n'y a dans ses compositions ni monotonie, ni cacophonie, ni vides, du moins à la manière dont la peinture l'entend. Il n'en est pas ainsi d'un art où le moindre intervalle mal ménagé fait un trou; où une figure trop éloignée ou trop rapprochée de deux autres alourdit ou rompt une masse; où un bout de linge chiffonné papillote; où un faux pli casse un bras ou une jambe; où un bout de draperie mal colorié désaccorde; où il ne s'agit pas de dire: Sa bouche était ouverte, ses cheveux se dressaient sur son front, les yeux lui sortaient de la tête, ses muscles se gonflaient sur ses joues, c'était la fureur; mais, où il faut rendre toutes ces choses; où il ne s'agit pas de dire, mais où il faut faire ce que le poète dit; où tout doit être pressenti, préparé, sauvé, montré, annoncé, et cela dans la composition la plus nombreuse et la plus compliquée, la scène la plus variée et la plus tumultueuse, au milieu du plus grand désordre, dans une tempête, dans le tumulte d'un incendie, dans les horreurs d'une bataille. L'étendue et la teinte de la nue, l'étendue et la teinte de la poussière ou la fumée, sont déterminées.

Chardin, La Grénée, Greuze, et d'autres, m'ont assuré (et les artistes ne flattent point les littérateurs) que j'étais presque le seul d'entre ceux-ci dont les images pouvaient passer sur la toile, presque comme elles étaient ordonnées dans ma tête.

La Grénée me dit : Donnez-moi un sujet pour la Paix, et je lui répondis : Montrez-moi Mars couvert de sa cuirasse, les reins ceints de son épée, sa tête belle, noble, fière, échevelée. Placez debout à son côté Vénus, mais Vénus nue, grande, divine, voluptueuse; jetez mollement un de ses bras autour des épaules de son amant; et, qu'en lui souriant d'un souris enchanteur, elle lui montre la seule pièce de son armure qui lui manque, son casque, dans lequel ses pigeons ont fait leur nid. J'entends, dit le peintre; on verra quelques brins de paille sortir de dessous la femelle, le mâle, posé sur la visière, fera sentinelle; et mon tableau sera fait.

Greuze me dit : Je voudrais bien peindre une femme toute nue, sans blesser la pudeur; et je lui réponds : Faites le modèle honnête. Asseyez devant vous une jeune fille toute nue; que sa pauvre dépouille soit à terre à côté d'elle, et indique la misère; qu'elle ait la tête appuyée sur une de ses mains; que de ses yeux baissés deux larmes coulent le long de ses belles joues; que son expression soit celle de l'innocence, de la pudeur et de la modestie; que sa mère soit à côté d'elle; que de ses mains et d'une des mains de sa fille, elle se couvre le visage, ou qu'elle se cache le visage de ses mains, et que celle de sa fille soit posée sur son épaule; que le vêtement de cette mère annonce aussi l'extrême indigence; et que l'artiste, témoin de cette scène, attendri, touché, laisse tomber sa palette ou son crayon. Et Greuze dit : Je vois mon tableau.

Cela vient apparemment de ce que mon imagination s'est assujétie de longue main aux véritables règles de l'art, à force d'en regarder les productions; que j'ai pris l'habitude d'arranger mes figures dans ma tête, comme si elles étaient sur la toile; que peut-être je les y transporte, et que c'est sur un grand mur que je regarde, quand j'écris. Qu'il y a long-temps que, pour juger si une femme qui passe est bien ou mal ajustée, je l'imagine peinte; et que peu à peu j'ai vu des attitudes, des groupes, des passions, des expressions, du mouvement, de la profondeur, de la perspective, des plans dont l'art peut s'accommoder, en un mot, que la définition d'une imagination réglée devrait se tirer de la facilité dont le peintre peut faire un beau tableau de la chose que le littérateur a conçue.

Un troisième artiste me dit : Donnez-moi un sujet d'histoire; et je lui réponds : Peignez la mort de Turenne; consacrez à la postérité le patriotisme de M. de Saint-Hilaire. Placez au fond de votre tableau les dehors d'une place assiégée; que la partie supérieure de la fortification soit couverte d'une grande vapeur ou fumée rougeâtre et épaisse; que cette fumée rougeâtre et enflammée commence à inspirer de la terreur : que je voie à gauche un groupe de quatre figures; le maréchal mort, et prêt à être emporté par ses aides-de-camp, dont l'un passe son bras droit sur les jambes du général, en détournant la tête; l'autre soutient le général par-dessous les aisselles, et montre toute sa désolation; le troisième, plus ferme, est à son action; et son bras gauche va chercher le bras droit de son camarade; que le maréchal soit à demi soulevé, que ses jambes pendent, et que sa tête soit renversée en arrière, échevelée : qu'on voie à droite M. de Saint-Hilaire et son fils; M. de Saint-Hilaire sur le devant, son fils sur le fond; que celui-ci tienne le bras fracassé de son père; que ce bras soit enveloppé de la manche déchirée du vêtement; qu'on voie à cette manche des traces de sang; qu'on en voie des gouttes à terre, et que le père dise à son fils, en lui montrant le maréchal mort : Ce n'est pas sur moi, mon fils, qu'il faut pleurer, c'est sur la perte que la France fait par la mort de cet homme. Que le fils ait les regards attachés sur le maréchal. Ce n'est pas tout. Arrangez, par derrière ce groupe, un écuyer qui tient la bride de la jument pie du maréchal; qu'il regarde aussi son maître mort; et qu'il tombe de grosses larmes de ses yeux. C'est fait, dit l'artiste; qu'on me donne un crayon, et que je jette bien vite sur du papier gris l'esquisse de mon tableau.

C'en est un quatrième qui a apparemment de l'amitié pour moi, qui partage mon bonheur et ma reconnaissance, et qui me propose d'éterniser les marques de bonté que j'ai reçues de la grande souveraine (1); car c'est ainsi qu'on l'appelle, comme on appelait, il y a quelques années, le roi de Prusse, le grand roi; et je lui réponds : Élevez son buste ou sa statue sur un piédestal; entrelacez autour de ce piédestal la corne d'abondance; faites-en sortir tous les symboles de la richesse. Contre ce piédestal, appuyez mon épouse; qu'elle verse des larmes de joie; qu'un de ses bras posé sur l'épaule de son enfant, elle lui montre de l'autre notre bienfaitrice commune; que cependant, la tête et la poitrine nues, comme c'est mon usage, l'on me voie portant mes mains

(1) L'impératrice Catherine. Édit.

vers une vieille lyre suspendue à la muraille: et l'artiste ami dit: Je vois à peu près mon tableau.

Et celui du *Dauphin mourant?*.... Encore un moment de patience; et vous serez satisfait. Il faut auparavant que je vous montre comment un poète, en quatre lignes, fait succéder plusieurs instants différents; et croyant n'ordonner qu'un seul tableau, il en accumule plusieurs. Lucrèce s'adresse à Vénus, et la prie d'assoupir entre ses bras le dieu des batailles, et de rendre la paix aux Romains, le loisir à Memmius; et voici ses vers :

Effice, ut interea fera mœnera militiaï
Per maria ac terras omnes sopita quiescant;
Nam tu sola potes tranquilla pace juvare
Mortales; quoniam belli fera mœnera Mavors
Armipotens regit, in gremium qui sæpe tuum se
Rejicit, æterno devinctus volnere amoris:
Atque ita suspiciens, tereti cervice reposta,
Pascit amore avidos, inhians in te, dea, visus;
Eque tuo pendet resupini spiritus ore.
Hunc tu, diva, tuo recubantem corpore sancto,
Circumfusa super, suaves ex ore loquelas
Funde (1).

« Fais cependant, ô Vénus! que les fureurs de la guerre cessent sur les terres, sur les mers, sur l'univers entier; car c'est toi seule qui peux donner la paix aux mortels; car c'est sur ton sein que le terrible dieu des batailles vient respi-

(1) LUCRETIUS, *De rerum natura*, lib. 1, v. 30 et seq. ÉDIT.

rer de ses travaux; c'est dans tes bras qu'il se rejette, et qu'il est retenu par la blessure d'un trait éternel. »

« Lorsqu'il a reposé sa tête sur tes genoux, ses yeux avides s'attachent sur les tiens; il te regarde, il s'enivre; sa bouche est entr'ouverte, et son ame reste comme suspendue à tes bras. »

« Dans ce moment où tes membres sacrés le soutiennent, penche-toi tendrement sur lui, et l'enveloppant de ton céleste corps, verse dans son cœur la douce persuasion. Parle, ô déesse! et que les Romains te doivent la paix et le repos. »

Premier instant, premier tableau, celui où Mars, las de carnage, se rejette entre les bras de Vénus.

Second instant, second tableau, celui où la tête du dieu repose sur les genoux de la déesse, et où il puise l'ivresse dans ses regards.

Troisième instant, et troisième tableau, celui où la déesse, penchée tendrement sur lui, et l'enveloppant de son céleste corps, lui parle et lui demande la paix.

Parlez, mon ami, cela n'est-il pas plus intéressant que de m'entendre dire: Cette composition de La Grénée a tout l'air et toute la platitude d'un *ex voto?* Draperies dures et crues, pas une belle tête; mettez un bonnet de laine sur la tête ignoble de ce dauphin, et vous aurez un malade de l'Hôtel-Dieu; et tous ces bambins avec leur cordon oleu, sans en excepter le revenant de l'autre monde avec son cordon bleu, et l'inadvertance de la mère et des frères pour ce revenant, et le parti qu'on pouvait tirer de ce revenant pour donner à la scène un peu d'intérêt et de mouvement; et toute cette scène, qui n'en reste pas moins immobile et muette, qu'en dites-vous? Ne voyez-vous pas que la douleur de cette femme est fausse, hypocrite; qu'elle fait tout ce qu'elle peut pour pleurer, et qu'elle ne fait que grimacer; que ce bout de draperie bleue, qui tombe à ses pieds, est tout-à-fait discordant, et que cette sphère, sur son pied, au milieu de ces porte-feuilles et de ces livres, occupe trop le milieu, et déplaît?

Laissons cela; et pour nous soulager de la petitesse de cette composition, vraiment digne, et du personnage qui l'a commandée, et des personnages qui la composent, prouvons, par un dernier exemple, que le plus grand tableau de poésie que je connaisse serait très-ingrat pour un peintre, même de plafond ou de galerie. Lucrèce a dit:

Æneadum genetrix, hominum divumque voluptas,
Alma Venus, cœli subter labentia signa,
Quæ mare navigerum, quæ terras frugiferentes
Concelebras (1).

« Mère des Romains, charme des hommes et

(1) LUCRETIUS, *De rerum natura*, lib. I, v. I *et seq.* ÉDIT[s].

des dieux; de la région des cieux, où les astres roulent au-dessus de ta tête, tu vois sous tes pieds les mers qui portent les navires, les terres qui donnent les moissons; et tu répands la fécondité sur elles. »

Il faudrait un mur, un édifice de cent pieds de haut, pour conserver à ce tableau toute son immensité, toute sa grandeur, que j'ose me flatter d'avoir senti le premier. Croyez-vous que l'artiste puisse rendre ce dais, cette couronne de globes enflammés qui roulent autour de la tête de la déesse? Ces globes deviendront des points lumineux, comme ils sont autour de la tête d'une vierge dans une assomption; et quelle comparaison entre ces globes du poète. et ces petites étoiles du peintre? Comment rendra-t-il la majesté de la déesse? Que fera-t-il de ces mers immenses qui portent les navires, et de ces contrées fécondes qui donnent les moissons? Et comment la déesse versera-t-elle sur cet espace infini la fécondité et la vie?

Chaque art a ses avantages. Lorsque la Peinture attaquera la Poésie sur son pallier, il faudra qu'elle cède; mais elle sera sûrement la plus forte, si la Poésie s'avise de l'attaquer sur le sien.

Et voilà comment un mauvais tableau inspire quelquefois une bonne page, et comment une bonne page n'inspirera quelquefois qu'un mauvais tableau; et comment une bonne page et un mauvais tableau vous ruineront. Du reste, coupez, taillez, tranchez, rognez, et ne laissez de tout cela que ce qui vous duira.

Comptez bien, mon ami : *le Dauphin mourant; Jupiter et Junon sur l'Ida; la tête de Pompée présentée à César; les Quatre États; Mercure et Hersé; Renaud et Armide; Persée et Andromède; le retour d'Ulysse et de Télémaque; la Baigneuse; l'Amour rémouleur; la Susanne; le Joseph; la Poésie et la Philosophie;* dix-sept tableaux en deux ans, sans compter ceux qui n'ont pas été exposés; tandis que Greuze couve, pendant des mois entiers, la composition d'un seul, et met quelquefois un an à l'exécuter.

J'étais au Salon; je parcourais les ouvrages de cet artiste, lorsque j'aperçus Naigeon qui les examinait de son côté. Il haussait les épaules, ou il détournait la tête, ou il regardait et souriait ironiquement. Vous savez que Naigeon a dessiné plusieurs années à l'Académie, modelé chez Le Moyne, peint chez Van-Loo, et passé, comme Socrate, de l'atelier des beaux-arts dans l'école de la philosophie. Bon, me dis-je à moi-même. Je cherchais une occasion de vérifier mes jugements. La voici. Je m'approche donc de Naigeon; et, lui frappant un petit coup sur l'épaule : Eh bien! lui dis-je, que pensez-vous de tout cela?

NAIGEON.

Rien.

DIDEROT.

Comment, rien !

NAIGEON.

Non, rien; rien du tout. Est-ce que cela fait penser? —

Puis il allait, sans mot dire, d'une des compositions de La Grénée à une autre. Ce n'était pas mon compte. Pour rompre ce silence, je lui jetai un mot sur le faire de l'artiste. Voyez comme ce genou de la dauphine est bien drapé et le nu bien annoncé. Le bout de ce lit, sur le devant, n'est-il pas merveilleusement ajusté ?

NAIGEON.

Je me soucie bien de son genou, de son bout de lit et de son faire, s'il ne m'émeut point, s'il me laisse froid comme un terme. Un peintre, vous le savez mieux que moi, c'est celui-là seul...

. . . . *Meum qui pectus inaniter angit,*
Irritat, mulcet, falsis terroribus implet,
Ut magus; et modo me Thebis, modo ponit Athenis (1).

Et vous croyez que cet homme produira ces effets terribles ou délicieux? Jamais, jamais. Voyez ce Joseph et cette Putiphar; point d'ame, point de goût, point de vie. Où est le désordre du moment? où est la lasciveté? est-ce que je ne devrais pas

(1) HORAT. *Epistol.* lib. II, *epist.* I, v, 211 *et seq.* ÉDIT.

lire dans les yeux de cette femme le dépit, la colère, l'indignation, le desir augmenté par le refus? Vous voulez que je voie à Armide, un caractère de vierge; à Andromède, une tête de Magdeleine; à Renaud, l'encolure d'un jeune porte-faix; au Dauphin, l'ignoble d'un gueux; à la Dauphine, la grimace d'une hypocrite; et que je n'entre pas en fureur?

DIDEROT.

Je veux, mon cher Naigeon, que vous réserviez votre bile et votre fureur, pour les dieux, pour les prêtres, pour les tyrans, pour tous les imposteurs de ce monde.

NAIGEON.

J'en ai provision; et je ne puis me dispenser d'en répandre une portion bien méritée, sur des gens ennemis des littérateurs et des philosophes dont ils dédaignent les jugements, et dont ils seraient long-temps les écoliers dans l'art d'imiter la nature. J'en appelle à vos réflexions même sur la peinture. Je veux mourir, s'il y a dans toutes ces têtes-là le premier mot de la métaphysique de leur art. Ce sont presque tous des manoeuvres; et encore quels manoeuvres! Demandez à ce La Grénée la différence d'une riche draperie et d'une étoffe neuve; et vous verrez ce qu'il vous dira. Voyez ce César; je vous jure que c'est la première fois qu'il a mis cet habit. Voyez ce vaisseau, il vient d'être lancé à l'eau; et sa proue dorée sort de chez Guibert. Il ne sait pas que ces draperies chaudes et crues jetées sur la toile, fraîchement tirées de la chaudière, font d'abord un mauvais effet, un peu plus mauvais avec le temps; il ne sait pas que toute composition perd avec le temps; et que, ces draperies dures ne perdant pas proportionnellement, les chairs, les fonds s'éteignent; et qu'on n'aperçoit plus dans le tableau désaccordé que de grandes plaques rouges, vertes et bleues. On dit que le temps peint les beaux tableaux; premièrement, cela ne peut s'entendre que des tableaux travaillés si franchement et si harmonieusement, que l'effet du temps se réduise à ôter à toutes les couleurs leur chaleur trop éclatante et trop crue; secondement, cela ne doit s'entendre que d'un certain intervalle de temps, passé lequel toute composition, rongée par l'acide de l'air, s'affaiblit et s'efface. Il serait peut-être à souhaiter que l'affaiblissement fût proportionné sur tout l'espace coloré, et que du moins l'harmonie subsistât; mais le cas le plus défavorable est celui où la vigueur des draperies reste au milieu du dépérissement général; car cette vigueur des draperies achève de tuer le tout. Harmonie perdue pour harmonie perdue, j'aimerais mieux que l'effet le plus violent du temps tombât sur les étoffes, et que leur entière destruction fît valoir les chairs et les autres parties essentielles, qui en reprendraient par comparaison une sorte de vie. Ainsi, comptez qu'aux compositions de La Grénée, où les effets destructeurs de l'air et du temps produiront tout le contraire, on ne retrouvera plus que des étoffes.

DIDEROT.

Fort bien. Voilà que vous commencez à vous calmer, et qu'il y a plaisir à vous entendre. —

Cependant mon homme, incapable d'une modération qui durât quelque temps, marchait à grands pas, et jetait un mot ironique en passant sur chacun des tableaux qu'il apercevait. Ce Renaud, disait-il, sort des mains de son perruquier et de son tailleur...... Regardez les cheveux de Persée, comme ils sont bien frisés..... Oh! oui, il faut en convenir, ce tableau du Dauphin est d'un beau faire; mais l'accessoire est devenu le principal; et le principal, l'accessoire; c'est une bagatelle.

DIDEROT.

Je ne vous entends pas.

NAIGEON.

Je veux dire que la vraie scène, c'était la scène de séparation du père, de la mère et des enfants; scène de désolation, au milieu de laquelle je n'aurais pas désapprouvé que ce petit revenant descendît du ciel par un angle de la toile, apportant la couronne immortelle à son père.

DIDEROT.

Vous avez raison....... Est-ce que vous n'approuvez pas l'intention de cette France, ou Minerve ?

NAIGÉON.

Et cet enfant qui attache le rideau ?

DIDEROT.

J'avoue qu'il est insoutenable.

NAIGEON.

O le Poussin ! ô Lesueur ! quel trophée ces gens-là vous élèvent ! Chaque tableau qu'ils font est un laurier qu'ils placent sur vos fronts, et un regret qu'ils nous arrachent. Que vous êtes grands, éloquents, sublimes ! et comme ils me le disent ! Mais voyez donc tous ces bambins, comme ils sont bien peignés, bien ajustés ! Est-ce à la dernière heure de leur père qu'ils assistent, ou vont-ils à la noce d'une de leurs sœurs ? Où est le *Testament d'Eudamidas* (1) ? Où est cette femme assise sur le pied du lit et le dos tourné à son mari moribond, et qui me désole ? Où est cette fille étendue à terre, la tête penchée dans le giron de sa mère, et qui me désole ? Où est ce bouclier et cette épée suspendus, qui m'apprennent que ce moribond est un soldat, un citoyen qui a exposé sa vie pour la patrie, et répandu son sang pour elle ? O le Poussin ! ô Lesueur ! quelle douleur que celle de cette Dauphine !

Uberibus semper lacrymis, semperque paratis

(1) Tableau du Poussin. ÉDIT^s.

In statione sua, atque expectantibus illam,
Quo jubeat manare modo (1).

N'est-ce pas encore une belle chose que cette *Tête de Pompée présentée à César?* Froid, compassé, nul *œstrum poeticum*, discordance de couleur, bras droit de César cassé, sa cuisse droite allant je ne sais où, ou plutôt il n'en a point; tête sans noblesse; Africain au lieu d'être chaud et rougeâtre, sale; draperie qui pend de la barque, mal jetée; ornements de cette barque, lourds; vagues de la mer, mal touchées; mignon, petite tête, gris de couleur; ciel dur, qui achève de désaccorder; et toujours de la couleur dure et non rompue. Je vous dis, mon ami, son faire est trop léché pour de grandes machines; il ne convient qu'à de petites choses qu'on regarde de près et par parties. On est toujours tenté de demander: où ce peintre prend-il son beau rouge, un outremer aussi brillant? et son jaune donc? Vous m'avouerez que cette Susanne est une copie de celle de Van-Loo (2)? Cette figure symbolique de l'Agriculture, est tout-à-fait intéressante; le linge qui lui couvre une partie du bras, merveilleux; tout en est charmant, tout; mais feuilletez le portefeuille de Piètre de Cortonne, et vous l'y retrouverez en cinquante endroits. Mon ami, sortons d'ici, je sens que l'ennui et l'humeur me gagnent.

(1) JUVENAL. *Sat.* VI, v. 273 *et seq.* ÉDIT[s].

(2) Salon de 1765, tome VIII, page 94. ÉDIT[s]

Nous sortîmes. Chemin faisant, il parlait tout seul, et il disait : La nature! la nature! quelle différence entre celui qui l'a vue chez elle, et celui qui ne l'a vue qu'en visite chez son voisin ; et voilà pourquoi Chardin, Vernet et La Tour sont trois hommes étonnants pour moi ; et voilà pourquoi Loutherbourg, eût-il un faire aussi beau, aussi spirituel, aussi ragoûtant que Vernet, lui serait encore fort inférieur, parce qu'il n'a pas vu la nature chez elle. Tout ce qu'il fait est de réminiscence ; il copie Wouvermans et Berghem.

DIDEROT.

Loutherbourg copie Wouvermans et Berghem!

NAIGEON.

Oui, oui, oui [1].

[1] Je dois avouer ici que cette conversation entre Diderot et moi n'est point supposée : elle a eu lieu en effet telle qu'il la rapporte ; et son imagination vive et forte, qui se représente quelquefois les phénomènes les plus simples, non pas tels qu'ils sont en nature, mais tels qu'ils se passent dans sa tête, n'a rien ajouté ici à la vérité historique. Critiques justes ou injustes, sarcasmes, bonnes ou mauvaises plaisanteries ; tout cela a été fait et dit avec la même liberté, la même confiance, la même étourderie, et dans les mêmes termes. Le lieu de la scène n'est pas même changé. Mais, en convenant d'ailleurs que, sans blesser la vérité, sans être même un juge moins sévère, j'aurais pu employer des expressions plus modérées, moins dédaigneuses, et tempérant avec art l'amertume de mes critiques par l'éloge du talent de l'artiste appliqué à d'autres sujets, porter dans son esprit une lumière plus douce, et l'éclairer sur ses défauts sans choquer son amour-propre ; en convenant,

Là-dessus, il part comme un éclair; il enfile la rue du Champ-Fleuri; et moi je m'en vais droit à la synagogue de la rue Royale (1), rêvant à part moi sur l'importance que nous mettons à des bagatelles, tandis que..... Rassurez-vous. Je crains la Bastille, et je m'arrêterai là tout court. Non, encore un mot sur La Grénée. Pourriez-vous me dire pourquoi, quand on a vu une fois les tableaux de La Grénée, on ne desire plus de les revoir? Quand vous aurez répondu à cette question, vous trouverez qu'avec quelque sévérité que Naigeon et moi l'ayons traité, nous avons été justes.

Mais quoi, me direz-vous, dans ce grand nombre de tableaux peints par La Grénée il n'y en a pas un beau? Non, mon ami; ils sont tous agréables pour moi; mais ils ne sont pas beaux. Il n'y

dis-je, de tous ces faits, je prie le lecteur d'observer que j'étais jeune alors, et qu'on doit avoir quelque indulgence pour les fautes d'un âge où, n'ayant la juste mesure de rien, on la passe en tout; où les passions les plus orageuses et les plus violentes, trouvant, pour ainsi dire, toutes les portes de notre ame ouvertes, la livrent successivement à toutes les sortes d'illusions; en un mot, où pour se conduire dans le sentier obscur et épineux de la vie, on n'a que la lueur faible et vacillante d'une raison qui, même dans l'homme le plus heureusement né, le plus réfléchi, ne se rectifie, ne s'étend et ne se perfectionne que par l'expérience et le malheur, deux précepteurs qui, sans doute, ne manqueront jamais à l'espèce humaine, mais dont les grandes et instructives leçons sont plus ou moins tardives pour chacun de nous. N.

(1) Demeure du baron d'Holbach. ÉDITS.

en a pas un où il n'y ait des choses de métier supérieurement faites ; pas un que je ne voulusse avoir ; mais s'il fallait ou les avoir tous ou n'en avoir aucun, j'aimerais mieux n'en avoir aucun. Jugerons-nous de l'art comme la multitude? En jugerons-nous comme d'un métier, comme d'un talent purement mécanique ? L'appellerons-nous la routine de bien faire des pieds et des mains, une bouche, un nez, un visage, une figure entière, même de faire sortir cette figure de la toile? Prendrons-nous les connaissances préliminaires de l'imitation de Nature, pour la véritable imitation de Nature? ou rapporterons-nous les productions du peintre à leur vrai but, à leur vraie raison? Y a-t-il pour les peintres une indulgence, qui n'est ni pour les poètes ni pour les musiciens? En un mot, la peinture est-elle l'art de parler aux yeux seulement? ou celui de s'adresser au cœur et à l'esprit, de charmer l'un, d'émouvoir l'autre, par l'entremise des yeux? O mon ami! la plate chose que des vers bien faits! la plate chose que de la musique bien faite! la plate chose qu'un morceau de peinture bien fait, bien peint! Concluez..... concluez que La Grénée n'est pas le peintre, mais bien maître La Grénée.

DIDEROT.

Est-ce que vous n'êtes pás las de tourner autour de cet immense Salon? Pour moi, les jambes me rentrent dans le corps : passons sous la galerie d'Apollon, où il n'y a personne, nous nous reposerons là tout à notre aise, et je vous confierai quelques idées qui me sont venues sur une question assez importante.

GRIMM.

Et quelle est cette importante question?

DIDEROT.

L'influence du luxe sur les beaux-arts. Vous conviendrez qu'ils ont tous merveilleusement embrouillé cette question.

GRIMM.

Merveilleusement.

DIDEROT.

Ils ont vu que les beaux-arts devaient leur naissance à la richesse. Ils ont vu que la même cause qui les produisait, les fortifiait, les conduisait à la perfection, finissait par les dégrader, les abâtardir et les détruire; et ils se sont divisés en différents partis. Ceux-ci nous ont étalé les beaux-arts engendrés, perfectionnés, surprenants; et en ont fait la défense du luxe, que ceux-là ont attaqué par les beaux-arts abâtardis, dégradés, apauvris, avilis.

GRIMM.

Tandis que d'autres se sont servi du luxe et de ses suites, pour décrier les beaux-arts; et ce ne sont pas les moins absurdes.

DIDEROT.

Et dans cette nuit où ils s'entrebattaient....

GRIMM.

Les agresseurs et les défenseurs se sont porté des coups si égaux, qu'on ne sait de quel côté l'avantage est resté.

DIDEROT.

C'est qu'ils n'ont connu qu'une sorte de luxe.

GRIMM.

Ah! c'est de la politique que vous voulez faire.

DIDEROT.

Et pourquoi non? Supposons qu'un prince ait le bon esprit de sentir que tout vient de la terre et que tout y retourne; qu'il accorde sa faveur à l'agriculture, et qu'il cesse d'être le père et le fauteur des grands usuriers.

GRIMM.

J'entends; qu'il supprime les fermiers-généraux, pour avoir des peintres, des poètes, des sculpteurs, des musiciens. Est-ce cela?

DIDEROT.

Oui, monsieur, et pour en avoir de bons, et les avoir toujours bons. Si l'agriculture est la plus favorisée des conditions, les hommes seront entraînés où leur plus grand intérêt les poussera; et il n'y aura fantaisie, passion, préjugés, opinions qui tiennent. La terre sera la mieux cultivée qu'il est possible; ses productions diversifiées, abondantes, multipliées, amèneront la plus grande richesse, et la plus grande richesse engendrera le plus grand luxe : car si l'on ne mange pas l'or, à quoi servira-t-il, si ce n'est à multiplier les jouissances, ou les moyens infinis d'être heureux, la poésie, la peinture, la sculpture, la musique, les glaces, les tapisseries, les dorures, les porcelaines et les magots? Les peintres, les poètes, les sculpteurs, les musiciens et la foule des arts adjacents naissent de la terre. Ce sont aussi les enfants de la bonne Cérès; et je vous réponds que partout où ils tireront leur origine de cette sorte de luxe, ils fleuriront et fleuriront à jamais.

GRIMM.

Vous le croyez.

DIDEROT.

Je fais mieux, je le prouve; mais auparavant, permettez que je fasse une petite imprécation, et que je dise ici du fond de mon cœur : Maudit soit à jamais le premier qui rendit les charges vénales.

GRIMM.

Et celui qui éleva le premier l'industrie sur les ruines de l'agriculture.

DIDEROT.

Amen.

GRIMM.

Et celui qui, après avoir dégradé l'agriculture, embarrassa les échanges par toutes sortes d'entraves.

DIDEROT.

Amen.

GRIMM.

Et celui qui créa le premier les grands exacteurs et toute leur innombrable famille.

DIDEROT.

Amen.

GRIMM.

Et celui qui facilita aux souverains insensés et dissipateurs les emprunts ruineux.

DIDEROT.

Amen.

GRIMM.

Et celui qui leur suggéra les moyens de rompre les liens les plus sacrés qui les unissent, par l'appât irrésistible de doubler, tripler, décupler leurs fortunes.

DIDEROT.

Amen. Amen. Amen. Au même moment où la nation fut frappée de ces différents fléaux, les mamelles de la mère commune se desséchèrent, une petite portion de la nation regorgea de richesses, tandis que la portion nombreuse languit dans l'indigence.

GRIMM.

L'éducation fut sans vue, sans aiguillon, sans base solide, sans but général et public.

DIDEROT.

L'argent avec lequel on put se procurer tout,

devint la mesure commune de tout. Il fallut avoir de l'argent; et quoi encore? de l'argent. Quand on en manqua, il fallut en imposer par les apparences, et faire croire qu'on en avait.

GRIMM.

Et il naquit une ostentation insultante dans les uns, et une espèce d'hypocrisie épidémique de fortune dans les autres.

DIDEROT.

C'est-à-dire une autre sorte de luxe; et c'est celui-là qui dégrade et anéantit les beaux-arts, parce que les beaux-arts, leur progrès et leur durée demandent une opulence réelle, et que ce luxe-ci n'est que le masque fatal d'une misère presque générale, qu'il accélère et qu'il aggrave. C'est sous la tyrannie de ce luxe que les talents restent enfouis, ou sont égarés. C'est sous une pareille constitution que les beaux-arts n'ont que le rebut des conditions subalternes; c'est sous un ordre de choses aussi extraordinaire, aussi pervers, qu'ils sont ou subordonnés à la fantaisie et aux caprices d'une poignée d'hommes riches, ennuyés, fastidieux, dont le goût est aussi corrompu que les moeurs, ou abandonné à la merci de la multitude indigente, qui s'efforce, par de mauvaises productions en tout genre, de se donner le crédit et le relief de la richesse. C'est dans ce siècle et sous ce règne que la nation épuisée ne forme aucune grande entreprise, aucuns grands travaux, rien qui soutienne les esprits et élève les ames. C'est alors que les grands artistes ne naissent point, ou sont obligés de s'avilir sous peine de mourir de faim. C'est alors qu'il y a cent tableaux de chevalets pour une grande composition, mille portraits pour un morceau d'histoire, que les artistes médiocres pullulent, et que la nation en regorge.

GRIMM.

Que les Belle, les Bellanger, les Voiriot, les Brenet, sont assis à côté des Chardin, des Vien et des Vernet.

DIDEROT.

Et que leurs plats ouvrages couvrent les murs d'un Salon.

GRIMM.

Et bénis soient les Belle, les Bellanger, les Voiriot, les Brenet, les mauvais poètes, les mauvais peintres, les mauvais statuaires, les brocanteurs, les bijoutiers et les filles de joie.

DIDEROT.

Fort bien, mon ami, parce que ce sont ces gens-là qui nous vengent. C'est la vermine qui ronge et détruit nos vampires, et qui nous reverse goutte à goutte le sang dont ils nous ont épuisés.

GRIMM.

Et honni soit le ministre qui s'aviserait au centre d'un sol immense et fécond de créer des lois somptuaires; d'anéantir le luxe subsistant, au lieu d'en susciter un autre des entrailles de la terre.

DIDEROT.

Et d'arrêter aux barrières les productions des arts, au lieu d'engendrer des artistes. Ce n'est pas moi qui ai marché, c'est vous qui m'avez conduit; et s'il y a un peu de bonne logique dans ce qui précède, il s'en suit, comme je le disais au commencement, qu'il y a deux sortes de luxe, l'un qui naît de la richesse et de l'aisance générale, l'autre de l'ostentation et de la misère, et que le premier est aussi sûrement favorable à la naissance et au progrès des beaux-arts, que le second leur est nuisible; et là dessus rentrons dans le Salon; et revenons à nos Belle, à nos Bellanger, à nos Brenet et à nos Voiriot.

SATIRE CONTRE LE LUXE,

A la manière de Perse.

Vous jetez sur les diverses sociétés de l'espèce humaine un regard si chagrin, que je ne connais plus guère qu'un moyen de vous contenter; c'est de ramener l'âge d'or. — Vous vous trompez. Une vie consumée à soupirer aux pieds d'une bergère n'est point du tout mon fait. Je veux que l'homme travaille. Je veux qu'il souffre. Sous un état de nature qui irait au-devant de tous ses voeux, où la branche se courberait pour approcher le fruit de sa main, il serait fainéant; et, n'en déplaise aux poètes, qui dit fainéant, dit méchant. Et puis, des fleuves de miel et de lait! Le lait ne va pas aux bilieux comme moi, et le miel m'affadit. — Dépouillez-vous donc; suivez le conseil de Jean-Jacques, et faites-vous sauvage. — Ce serait bien le mieux. Là, du moins, il n'y a d'inégalité que celle qu'il a plu à la nature de mettre entre ses enfants; et les forêts ne retentissent pas de cette variété de plaintes, que des maux sans nombre arrachent à l'homme dans ce bienheureux état de société. — Mais quoi! ces mœurs si vantées de Lacédémone ne trouveront pas grâce auprès de vous? — Ne me parlez pas de ces moines armés. — Mais là cet or, ce luxe qui vous blesse, ces repas somptueux, ces meubles recherchés.... — Il n'y en a point, d'accord; mais ces pauvres, ces malheureux ilotes, n'en avez-vous point pitié? La tyrannie d'un colon d'Amérique est moins cruelle; la condition du nègre moins triste. — Qu'objecterez-vous au siècle de Rome pauvre, à ce siècle où des hommes à jamais célèbres cultivaient la terre de leurs mains, prirent leurs noms des fruits, des fonctions agrestes qu'ils avaient exercées, où le consul pressait le bœuf de son aiguillon, où le casque et la lance étaient déposés sur la borne du champ, et la couronne du triomphateur suspendue à la corne de la charrue?

O le beau temps! que celui où la femme déguenillée du dictateur pressait le pis de ses chèvres, tandis que ses robustes enfants, la cognée sur l'épaule, allaient dans la forêt voisine couper des fagots pour l'hiver..... Vous riez; mais, à votre avis, la chaumière de Quintus n'est-elle pas plus belle aux yeux de l'homme qui a quelque tact de la vertu, que ces immenses galeries où l'infâme Verrès exposait les dépouilles de dix provinces ravagées? Allez vous enivrer chez Lucullus. Applaudissez aux poèmes divins de Virgile; promenez-vous dans une ville immense, où les chefs-d'œuvre de la peinture, de la sculpture et de l'architecture suspendront à chaque pas vos regards d'admiration; assistez aux jeux du Cirque; suivez la marche des triomphes; voyez des rois enchaînés; jouissez du doux spectacle de l'univers qui gémit sous la tyrannie, et partagez tous les crimes, tous les désordres de son opulent oppresseur. Ce n'est point là ma demeure. — Je ne sais plus en quel temps, sous quel siècle, en quel coin de la terre vous placer. Mon ami, aimons notre patrie; aimons nos contemporains; soumettons-nous à un ordre de choses qui pourrait par hasard être meilleur ou plus mauvais; jouissons des avantages de notre condition. Si nous y voyons des défauts, et il y en a sans doute, attendons-en le remède de l'expérience et de la sagesse de nos maîtres; et restons ici. — Rester ici ! moi ! moi ! y reste celui qui peut voir avec patience un peuple qui se prétend civilisé, et le plus civilisé de la terre, mettre à l'encan l'exercice des fonctions civiles ; mon cœur se gonfle, et un jour de ma vie, non, un jour de ma vie, je ne le passe pas sans charger d'imprécations celui qui rendit les charges vénales. Car c'est de là, oui, c'est de là et de la création des grands exacteurs, que sont découlés tous nos maux. Au moment où l'on put arriver à tout avec de l'or, on voulut avoir de l'or ; et le mérite, qui ne conduisait à rien, ne fut rien. Il n'y eut plus aucune émulation honnête. L'éducation resta sans aucune base solide. Une mère, si elle l'osait, dirait à son fils : « Mon fils, pourquoi consumer vos yeux sur « des livres ? Pourquoi votre lampe a-t-elle brûlé « toute la nuit ? Conserve-toi, mon fils. Eh bien ! « tu veux aussi remuer un jour l'urne qui con- « tient le sort de tes concitoyens ; tu la remueras. « Cette urne est en argent comptant au fond du « coffre-fort de ton père. » Et où est l'enfant qui l'ignore? Au moment où une poignée de concussionnaires publics regorgèrent de richesses, habitèrent des palais, firent parade de leur honteuse opulence, toutes les conditions furent confondues ; il s'éleva une émulation funeste, une lutte insensée et cruelle entre tous les ordres de la société. L'éléphant se gonfla pour accroître sa taille, le bœuf imita l'éléphant ; la grenouille eut la même manie, qui remonta d'elle à l'éléphant; et, dans ce mouvement réciproque, les trois animaux périrent : triste, mais image réelle d'une nation abandonnée à un luxe, symbole de la richesse des uns, et masque de la misère générale du reste. Si vous n'avez pas une ame de bronze, dites donc avec moi; élevez votre voix, dites : Maudit soit le premier qui rendit les fonctions publiques vénales; maudit soit celui qui rendit l'or l'idole de la nation; maudit soit celui qui créa la race détestable des grands exacteurs; maudit soit celui qui engendra ce foyer d'où sortirent cette ostentation insolente de richesse dans les uns, et cette hypocrisie épidémique de fortune dans les autres; maudit soit celui qui condamna par contre-coup le mérite à l'obscurité, et qui dévoua la vertu et les moeurs au mépris. De ce jour, voici le mot, le mot funeste qui retentit d'un bout à l'autre de la société : Soyons, ou paraissons riches. De ce jour, la montre d'or pendit au côté de l'ouvrière, à qui son travail suffisait à peine pour avoir du pain. Et quel fut le prix de cette montre? quel fut le prix de ce vêtement de soie qui la couvre, et sous lequel je la méconnais? Sa vertu! sa vertu! ses moeurs! Et il en fut ainsi de toutes les autres conditions. On rampa, on s'avilit, on se prostitua dans toutes les conditions. Il n'y eut plus de distinction entre les moyens d'acquérir. Honnêtes, malhonnêtes, tous furent bons. Il n'y eut plus de mesure dans les dépenses. Le financier donna le ton, que le reste suivit. De là cette foule de mésalliances que je ne blâme pas. Il était juste que des hommes, ruinés par l'exemple des pères, allassent réparer chez eux leurs fortunes, et se venger par le mépris de leurs filles. Mais ces femmes méprisées, quelle fut leur conduite? Et ces époux, à qui portèrent-ils la dot de leurs femmes? D'où vient cette fureur générale de galanterie? Dites, dites, où a-t-elle pris sa source? Les grands se sont ruinés par l'émulation du faste financier. Le reste s'est perdu de débauche par l'imitation et l'influence du libertinage des grands. Le luxe ruine le riche, et redouble la misère des pauvres. De là la fausseté du crédit dans tous les états. Confiez votre fortune à cet homme qui se fait traîner dans un char doré, demain ses terres seront en décret; demain, cet homme si brillant, poursuivi par ses créanciers, ira mettre pied à terre au Fort-l'Évêque (1) — Mais ne vous réjouissez-vous pas de voir la débauche, la dissipation, le faste, écrouler ces masses énormes d'or? C'est par ce moyen qu'on nous restitue goutte à goutte ce sang dont nous sommes épuisés. Il nous revient par une foule de mains occupées. Ce luxe, contre lequel vous vous récriez, n'est-ce pas lui qui soutient le ciseau dans la main du statuaire, la palette au

(1) Prison destinée aux détenus pour dettes. Édit[s].

pouce du peintre, la navette?.... — Oui, beaucoup d'ouvrages, et beaucoup d'ouvrages médiocres. Si les mœurs sont corrompues, croyez-vous que le goût puisse rester pur? Non, non, cela ne se peut : et si vous le croyez, c'est que vous ignorez l'effet de la vertu sur les beaux-arts. Et, que m'importent vos Praxitèle et vos Phidias? que m'importent vos Apelle? que m'importent vos poèmes divins? que m'importent vos riches étoffes? si vous êtes méchants, si vous êtes indigents, si vous êtes corrompus. O richesse, mesure de tout mérite! ô luxe funeste, enfant de la richesse! tu détruis tout, et le goût, et les mœurs; tu arrêtes la pente la plus douce de la nature. Le riche craint de multiplier ses enfants. Le pauvre craint de multiplier les malheureux. Les villes se dépeuplent. On laisse languir sa fille dans le célibat. Il faudrait sacrifier à sa dot un équipage, une table somptueuse. On aliène sa fortune, pour doubler son revenu : on oublie ses proches. A-t-on crié dans les rues un édit qui promette un intérêt décuple à un capital; l'enfant de la maison pâlit; l'héritier frémit ou pleure; ces masses d'or qui lui étaient destinées, vont se perdre dans le fisc public, et avec elles l'espérance d'une opulence à venir. De là les hommes sont étrangers les uns aux autres dans la même famille. Eh! pourquoi des enfants aimeraient-ils, respecteraient-ils pendant leur vie, pleureraient-ils quand ils sont morts, des pères, des parents, des frères, des proches, des amis qui ont tout fait pour leur bien-être propre, rien pour le leur? C'est bien dans ce moment, ô mes amis, qu'il n'y a point d'amis; ô pères, qu'il n'y a plus de pères; ô frères et sœurs, qu'il n'y a ni frères ni sœurs! — Voilà, sans doute, un luxe pernicieux, et contre lequel je vous permets à vous et à nos philosophes de se récrier. Mais n'en est-il pas un autre qui se concilierait avec les mœurs, la richesse, l'aisance, la splendeur et la force d'une nation? — Peut-être. O Cérès, les peintres, les poètes, les statuaires, les tapisseries, les porcelaines, et ces magots même, goût ridicule, peuvent s'élever d'entre tes épis. Maîtres des nations, tendez la main à Cérès; relevez ses autels. Cérès est la mère commune de tout. Maîtres des nations, faites que vos campagnes soient fertiles; soulagez l'agriculteur du poids qui l'écrase. Que celui qui vous nourrit puisse vivre; que celui qui donne du lait à vos enfants ait du pain; que celui qui vous vêtit ne soit pas nu. L'agriculture, voilà le fleuve qui fertilisera votre Empire. Faites que les échanges se multiplient en cent manières diverses. Vous n'aurez plus une poignée de sujets riches, vous aurez une nation riche. — Mais, dites-moi, à quoi bon la richesse, sinon à multiplier nos jouissances? et ces jouissances multipliées ne donneront-elles pas naissance à tous les arts du luxe?

— Mais ce luxe sera le signe d'une opulence générale, et non le masque d'une misère commune. Maîtres des nations, ôtez à l'or son caractère représentatif de tout mérite. Abolissez la vénalité des charges. Que celui qui a de l'or puisse avoir des palais, des jardins, des tableaux, des statues, des vins délicieux, de belles femmes; mais qu'il ne puisse prétendre sans mérite à aucune fonction honorable dans l'État; et vous aurez des citoyens éclairés, des sujets vertueux. Vous avez attaché des peines aux crimes; attachez des récompenses à la vertu; et ne redoutez, pour la durée de vos Empires, que le laps des temps. Le destin qui règle le monde, veut que tout passe. La condition la plus heureuse d'un homme, d'un État, a son terme. Tout porte en soi un germe secret de destruction. L'agriculture, cette bienfaisante agriculture, engendre le commerce, l'industrie et la richesse. La richesse engendre la population; l'extrême population divise les fortunes; les fortunes divisées restreignent les sciences et les arts à l'utile. Tout ce qui n'est pas utile est dédaigné. L'emploi du temps est trop précieux pour le perdre à des spéculations oisives. Partout où vous verrez une poignée de terre recueillie dans la plaine, portée dans un panier d'osier, aller couvrir la pointe nue d'un rocher, et l'espérance d'un épi, l'arrêter là par une claie, soyez sûr que vous verrez peu de grands édifices, peu de statues, que vous trouverez peu d'Orphées, que vous entendrez peu de poèmes divins.... Et que m'importent ces monuments fastueux? Est-ce là le bonheur? La vertu, la vertu, la sagesse, les mœurs, l'amour des enfants pour les pères, l'amour des pères pour les enfants, la tendresse du souverain pour ses sujets, celle des sujets pour le souverain, les bonnes lois, la bonne éducation, l'aisance générale; voilà, voilà ce que j'ambitionne. — Enseignez-moi la contrée où l'on jouit de ces avantages, et j'y vais, fût-ce la Chine. — Mais là.... — Je vous entends. Astuce, mauvaise foi, nulle grande vertu, nul héroïsme, une foule de petits vices, enfants de l'esprit économique et de la vie contentieuse. Là, le ministère sans cesse occupé à prévenir la perfidie des saisons; là, le particulier à pourvoir de blé son grenier. Nulle chimère de point d'honneur. Il faut l'avouer. — Où irai-je donc? Où trouverai-je un état de bonheur constant? Ici, un luxe qui masque la misère; là, un luxe qui, né de l'abondance, ne produit qu'une félicité passagère. Où faut-il que je naisse ou que je vive? Où est la demeure qui me promette et à ma postérité un bonheur durable? — Allez où les maux portés à l'extrême vont amener un meilleur ordre de choses. Attendez que les choses soient bien, et jouissez de ce moment. — Et ma postérité? — Vous êtes un insensé. Vous voyez trop loin. Qu'étiez-vous il y a quatre siècles pour vos aïeux. Rien. Regardez avec le même œil des êtres à venir qui sont à la même distance de vous. Soyez heureux. Vos arrière-neveux deviendront ce qu'il plaira au destin, qui dispose de tout. Dans l'Empire, le ciel suscite un maître qui amende ou qui détruit; dans le siècle des races, un descendant qui relève ou qui renverse. Voilà l'arrêt immuable de la nature. Soumettez-vous-y.

BELLE.

36. L'ARCHANGE MICHEL, VAINQUEUR DES ANGES REBELLES.

Tableau de neuf pieds de haut sur six pieds de large.

Ce tableau n'y était pas, et tant mieux pour l'artiste et pour nous. L'artiste Belle n'était pas bastant pour une composition de cette nature, qui demande de la verve, de la chaleur, de l'imagination, de la poésie. Belle, peintre de batailles célestes, rival de Milton! Il n'a pas dans sa tête le premier trait de la figure de l'archange, ni son mouvement, ni le caractère angélique, ni l'indignation fondue avec la noblesse, ni la grâce, l'élégance et la force. Il y a long-temps qu'il n'est plus, celui qui savait réunir toutes ces choses. C'est Raphaël. Et les anges rebelles, comment les aurait-il désignés? surtout s'il n'avait pas voulu en faire, à l'imitation de Rubens, des espèces de monstres, moitié hommes, moitié serpents, vilains, absurdes, hideux, dégoûtants. L'artiste ou le comité académique, en excluant du Salon la composition de Belle, a fait sagement. Il y avait déjà un assez bon nombre de mauvais tableaux sans celui-là. Ceux qui ont été assez bêtes pour aller demander à Belle un morceau de cette importance, seront vraisemblablement assez bêtes pour admirer sa besogne. Laissons-les s'extasier en paix. Ils sont heureux, peut-être plus heureux devant le barbouillage de Belle, que vous et moi devant le chef-d'œuvre du Guide et du Titien. C'est un mauvais rôle que celui d'ouvrir les yeux à un amant sur les défauts de sa maîtresse. Jouissons plutôt du ridicule de son ivresse. Le comte de Creutz, notre ami, se met tous les matins à genoux devant l'*Adonis* de Taraval, et Denis Diderot, votre ami, devant une *Cléopâtre* de madame Therbouche. Il faut en rire. — En rire, et pourquoi? Ma Cléopâtre est vraiment fort belle, et je pense bien que le comte de Creutz en dit autant de son Adonis ; tous les deux amusants pour vous, nous le sommes encore, le comte et moi, l'un pour l'autre. Si nous pouvions, par un tour de tête original, voir les hommes en scène, prendre le monde pour ce qu'il est, un théâtre, nous nous épargnerions bien des moments d'humeur.

BACHELIER.

37. PSYCHÉ ENLEVÉE DU ROCHER PAR LES ZÉPHIRS.

Tableau de quatre pieds sur trois.

Ce tableau n'y était pas non plus ; et je répéterai, tant mieux pour l'artiste et pour nous.

Voilà un assez bon artiste perdu sans ressource. Il a déposé le titre et les fonctions d'académicien, pour se faire maître d'école ; il a préféré l'argent à l'honneur ; il a dédaigné la chose pour laquelle il avait du talent, et s'est entêté de celle pour laquelle il n'en avait point. Ensuite il a dit : Je veux boire, manger, dormir, avoir d'excellents vins, des vêtements de luxe, de jolies femmes ; je méprise la considération publique... Mais, M. Bachelier, le sentiment de l'immortalité? — Qu'est-ce que cela? je ne vous entends pas. — Le respect de la postérité ? — Le respect de ce qui n'est pas? je ne vous entends pas davantage. — M. Bachelier, vous avez raison, c'est moi qui suis un sot. On ne donne pas ces idées à ceux qui ne les ont pas. C'est une manie qui n'est pas trop rare, que celle de repousser la gloire qui se présente, pour courir après celle qui nous fuit. Le philosophe veut faire des vers, et il en fait de mauvais. Le poëte veut trancher du philosophe, et il fait hausser les épaules à celui-ci. Le géomètre ambitionne la réputation de littérateur, et il reste médiocre. L'homme de lettres s'occupe de la quadrature du cercle, et il sent lui-même son ridicule. Falconet veut savoir le latin comme moi. Je veux me connaître en peinture comme lui; et de tous côtés on ne voit que l'adage *asinus ad lyram*, ou des Bachelier à l'histoire.

CHARDIN.

38. DEUX TABLEAUX REPRÉSENTANT DIVERS INSTRUMENTS DE MUSIQUE.

Ils ont environ quatre pieds six pouces de large, sur trois pieds de haut. Ils sont destinés pour les appartements de Bellevue.

Commençons par dire le secret de celui-ci. Cette indiscrétion sera sans conséquence. Il place son tableau devant la Nature, et il le juge mauvais, tant qu'il n'en soutient pas la présence.

Ces deux tableaux sont très-bien composés. Les instruments y sont disposés avec goût. Il y a, dans ce désordre qui les entasse, une sorte de verve. Les effets de l'art y sont préparés à ravir. Tout y est, pour la forme et pour la couleur, de la plus grande vérité. C'est là qu'on apprend comment on peut allier la vigueur avec l'harmonie. Je préfère celui où l'on voit des timbales; soit que ces objets y forment de plus grandes masses, soit que la disposition en soit plus piquante. L'autre passerait pour un chef-d'œuvre, sans son pendant.

Je suis sûr que, lorsque le temps aura éteint l'éclat un peu dur et cru des couleurs fraîches, ceux qui pensent que Chardin faisait encore mieux autrefois, changeront d'avis. Qu'ils aillent revoir ces ouvrages, lorsque le temps les aura peints. J'en dis autant de Vernet, et de ceux qui préfèrent ses premiers tableaux à ceux qui sortent de dessus sa palette.

Chardin et Vernet voient leurs ouvrages à douze ans du moment où ils peignent; et ceux qui les jugent ont aussi peu de raison que ces jeunes artistes, qui s'en vont copier servilement à Rome des tableaux faits il y a cent cinquante ans. Ne soupçonnant pas l'altération que le temps a faite à la couleur, ils ne soupçonnent pas davantage qu'ils ne verraient pas les morceaux des Carraches, tels qu'ils les ont sous les yeux, s'ils avaient été sur le chevalet des Carraches, tels qu'ils les voient. Mais qui est-ce qui leur apprendra à apprécier les effets du temps? Qui est-ce qui les garantira de la tentation de faire demain de vieux tableaux, de la peinture du siècle passé? Le bon sens et l'expérience.

Je n'ignore pas que les modèles de Chardin, les natures inanimées qu'il imite, ne changent ni de place, ni de couleur, ni de formes; et qu'à perfection égale, un portrait de La Tour (1) a plus de mérite qu'un morceau du genre de Char-

(1) Peintre au pastel. ÉDITˢ.

din. Mais un coup de l'aile du temps ne laissera rien qui justifie la réputation du premier. La poussière précieuse s'en ira de dessus la toile, moitié dispersée dans les airs, moitié attachée aux longues plumes du vieux Saturne. On parlera de La Tour, mais on verra Chardin. O La Tour!

Memento, homo, quia pulvis es et in pulverem reverteris (1).

On dit de celui-ci, qu'il a un technique qui lui est propre, et qu'il se sert autant de son pouce que de son pinceau. Je ne sais ce qui en est. Ce qu'il y a de sûr, c'est que je n'ai jamais connu personne qui l'ait vu travailler; quoiqu'il en soit, ses compositions appellent indistinctement l'ignorant et le connaisseur. C'est une vigueur de couleur incroyable, une harmonie générale, un effet piquant et vrai, de belles masses, une magie de faire à désespérer, un ragoût dans l'assortiment et l'ordonnance. Éloignez-vous, approchez-vous, même illusion, point de confusion, point de symétrie non plus, parce qu'il y a calme et repos. On s'arrête devant un Chardin, comme d'instinct, comme un voyageur fatigué de sa route va s'asseoir sans presque s'en apercevoir, dans l'endroit qui lui offre un siége de verdure, du silence, des eaux, de l'ombre et du frais.

(1) *Genèse*, chap. III, ℣. 19. ÉDIT[s].

VERNET.

J'avais écrit le nom de cet artiste au haut de ma page, et j'allais vous entretenir de ses ouvrages, lorsque je suis parti pour une campagne voisine de la mer, et renommée par la beauté de ses sites. Là, tandis que les uns perdaient autour d'un tapis vert les plus belles heures du jour, les plus belles journées, leur argent et leur gaîté; que d'autres, le fusil sur l'épaule, s'excédaient de fatigue à suivre leurs chiens à travers champs; que quelques uns allaient s'égarer dans les détours d'un parc, dont, heureusement pour les jeunes compagnes de leurs erreurs, les arbres sont fort discrets; que les graves personnages faisaient encore retentir à sept heures du soir la salle à manger de leurs cris tumultueux, sur les nouveaux principes des économistes, l'utilité ou l'inutilité de la philosophie, la religion, les mœurs, les acteurs, les actrices, le gouvernement, la préférence des deux musiques, les beaux-arts, les lettres et autres questions importantes, dont ils cherchaient toujours la solution au fond des bouteilles, et regagnaient, enroués, chancelants, le fond de leur appartement, dont ils avaient peine à retrouver la porte, et se remettaient, dans un fauteuil, de la chaleur et du zèle avec lesquels ils avaient sacrifié leurs poumons, leur estomac et leur raison, pour introduire le plus bel ordre possible dans toutes les branches de l'administration; j'allais, accompagné de l'instituteur des enfants de la maison, de ses deux élèves, de mon bâton et de mes tablettes, visiter les plus beaux sites du monde. Mon projet est de vous les décrire; et j'espère que ces tableaux en vaudront bien d'autres. Mon compagnon de promenades connaissait supérieurement la topographie du pays, les heures favorables à chaque scène champêtre, l'endroit qu'il fallait voir le matin; celui qui recevait son intérêt et ses charmes, ou du soleil levant ou du soleil couchant; l'asyle qui nous prêterait de la fraîcheur et de l'ombre pendant les heures brûlantes de la journée. C'était le *Cicerone* de la contrée. Il en faisait les honneurs aux nouveaux venus; et personne ne s'entendait mieux à ménager à son spectateur la surprise du premier coup d'œil. Nous voilà partis. Nous causons. Nous marchons. J'allais la tête baissée, selon mon usage, lorsque je me sens arrêté brusquement, et présenté au site que voici.

Premier site. A ma droite, dans le lointain, une montagne élevait son sommet vers la nue. Dans cet instant, le hasard y avait arrêté un voyageur debout et tranquille. Le bas de cette montagne nous était dérobé par la masse interposée d'un rocher. Le pied de ce rocher s'étendait en s'abaissant et en se relevant, et séparait en deux la profondeur de la scène. Tout-à-fait vers la droite, sur une saillie de ce rocher j'observai deux figures que l'art n'aurait pas mieux placées pour l'effet. C'étaient deux pêcheurs; l'un assis et les jambes pendantes vers le bas du rocher, tenait sa ligne qu'il avait jetée dans des eaux qui baignaient cet endroit; l'autre, les épaules chargées de son filet, et courbé vers le premier, s'entretenait avec lui. Sur l'espèce de chaussée rocailleuse que le pied du rocher formait en se prolongeant, dans un lieu où cette chaussée s'inclinait vers le fond, une voiture couverte et conduite par un paysan, descendait vers un village situé au-dessous de cette chaussée. C'était encore un incident que l'art aurait suggéré; mes regards rasant la crête de cette langue de rocaille, rencontraient le sommet des maisons du village, et allaient s'enfoncer et se perdre dans une campagne qui confinait avec le ciel.

Quel est celui de vos artistes, me disait mon *Cicerone*, qui eût imaginé de rompre la continuité de cette chaussée rocailleuse par une touffe d'arbres? — Vernet, peut-être. — A la bonne heure; mais votre Vernet en aurait-il imaginé l'élégance et le charme? Aurait-il pu rendre l'effet chaud et piquant de cette lumière qui joue entre leurs troncs et leurs branches? — Pourquoi, non? — Rendre l'espace immense que votre œil découvre au-delà? — C'est ce qu'il a fait quelquefois. Vous ne connaissez pas cet homme; jusqu'où les phénomènes de la nature lui sont familiers..... Je répondais de distraction; car mon attention était arrêtée sur une masse de rochers couverte d'arbustes sauvages, que la nature avait placés à l'autre extrémité du tertre rocailleux. Cette masse était pareillement masquée par un rocher antérieur, qui, se séparant du premier, formait un canal d'où se précipitaient en torrent des eaux qui venaient, sur la fin de leur chute, se briser en écumant contre des pierres détachées.... Eh bien! dis-je à mon *Cicerone*, allez-vous-en au Salon, et vous verrez qu'une imagination féconde, aidée d'une étude profonde de la nature, a inspiré à un de nos artistes, précisément ces rochers, cette cascade et ce coin de paysage. — Et peut-être avec ce gros quartier de roche brute, et le pêcheur assis qui relève son filet, et les instruments de son métier épars à terre autour de lui, et sa femme debout, et cette femme vue par le dos. — Vous ne savez pas, l'abbé, combien vous êtes un mauvais plaisant..... — L'espace compris entre les rochers au torrent, la chaussée rocailleuse et les montagnes de la gauche, formaient un lac sur les bords duquel nous nous promenions; c'est de là que nous contemplions toute cette scène merveilleuse; cependant il s'était élevé, vers la partie du ciel qu'on apercevait entre la touffe d'arbres de la partie rocailleuse et les rochers, aux deux pêcheurs, un nuage léger que le vent promenait à son gré..... — Lors me tournant vers l'abbé : en bonne foi, lui dis-je, croyez-vous qu'un artiste intelligent eût pu se dispenser de placer ce nuage précisément où il est? ne voyez-vous pas qu'il établit pour nos yeux un nouveau plan; qu'il annonce un espace en-deçà et au-delà; qu'il recule le ciel, et qu'il fait avancer les autres objets? Vernet aurait senti tout cela. Les autres, en obscurcissant leurs ciels de nuages, ne songent qu'à en rompre la monotonie. Vernet veut que les siens aient le mouvement et la magie de celui que nous voyons. — Vous avez beau dire Vernet, Vernet, je ne quitterai point la nature pour courir après son image. Quelque sublime que soit l'homme, ce n'est pas Dieu. — D'accord; mais, si vous aviez un peu plus fréquenté l'artiste, il vous aurait peut-être appris à voir dans la nature ce que vous n'y voyez pas. Combien de choses vous y trouveriez à reprendre! Combien l'art en supprimerait, qui gâtent l'ensemble et nuisent à l'effet; combien il en rapprocherait, qui doubleraient notre enchantement! — Quoi! sérieusement vous croyez que Vernet aurait mieux à faire que d'être le copiste rigoureux de cette scène? — Je le crois. — Dites-moi donc comment il s'y prendrait pour l'embellir. — Je l'ignore, et si je le savais je serais plus grand poète et plus grand peintre que lui; mais, si Vernet vous eût appris à mieux voir la nature, la nature, de son côté, vous eût appris à bien voir Vernet. — Mais Vernet ne sera toujours que Vernet, un homme. — Et, par cette raison, d'autant plus étonnant, et son ouvrage d'autant plus digne d'admiration; c'est sans contredit une grande chose que cet univers; mais, quand je le compare avec l'énergie de la cause productrice, si j'avais à m'émerveiller, c'est que son œuvre ne soit pas plus belle et plus parfaite encore. C'est tout le contraire, lorsque je pense à la faiblesse de l'homme, à ses pauvres moyens, aux embarras et à la courte durée de sa vie, et à certaines choses qu'il a entreprises et exécutées. L'abbé, pourrait-on vous faire une question? c'est d'une montagne dont le sommet paraît toucher et soutenir le ciel, et d'une pyramide seulement de quelques lieues de base, dont la cîme finirait dans les nues; laquelle vous frapperait le plus? Vous hésitez. C'est la pyramide, mon cher abbé; et la raison, c'est que rien n'étonne de la part de Dieu, auteur de la montagne, et que la pyramide est un phénomène incroyable de la part de l'homme.

Toute cette conversation se faisait d'une manière fort interrompue. La beauté du site nous tenait alternativement suspendus d'admiration. Je parlais sans trop m'entendre; j'étais écouté avec la même distraction. D'ailleurs, les jeunes disciples de l'abbé couraient de droite et de gauche, gravissaient sur les rochers, et leur instituteur craignait toujours, ou qu'ils ne s'égarassent, ou qu'ils ne se précipitassent, ou qu'ils n'allassent se noyer dans l'étang. Son avis était de les laisser la prochaine fois à la maison; mais ce n'était pas le mien.

J'inclinais à demeurer dans cet endroit, et à y passer le reste de la journée; mais l'abbé m'assurant que la contrée était assez riche en pareils sites, pour que nous pussions mettre un peu moins d'économie dans nos plaisirs, je me laissai conduire ailleurs; mais ce ne fut pas sans retourner la tête de temps en temps.

Les enfants précédaient leur instituteur, et moi je fermais la marche. Nous allions par des sentiers étroits et tortueux, et je m'en plaignais un peu à l'abbé; mais lui, se retournant, s'arrêtant subitement devant moi, et me regardant en face, me dit avec exclamation : Monsieur, l'ouvrage de l'homme est quelquefois plus admirable que l'ouvrage d'un Dieu? — Monsieur l'abbé, lui répondis-je, avez-vous vu l'*Antinoüs*, la *Vénus de Médicis*, la *Vénus aux Belles-fesses*, et quelques autres antiques? — Oui. — Avez-vous jamais rencontré dans la nature des figures aussi belles, aussi parfaites que celles-là? — Non, je l'avoue. — Vos petits élèves ne vous ont-ils jamais dit un mot qui vous ait causé plus d'admiration et de plaisir que la sentence la plus profonde de Tacite? — Cela est quelquefois arrivé. — Et pourquoi cela? — C'est que j'y prends un grand intérêt; c'est qu'ils m'annonçaient par ce mot une grande sensibilité d'ame, une sorte de pénétration, une justesse d'esprit au-dessus de leur âge. — L'abbé, à l'application. Si j'avais là un boisseau de dés, que je renversasse ce boisseau, et qu'ils se tournassent tous sur le même point, ce phénomène vous étonnerait-il beaucoup? — Beaucoup. — Et si tous ces dés étaient pipés, le phénomène vous étonnerait-il encore? — Non. — L'abbé, à l'application. Ce monde n'est qu'un amas de molécules pipées en une infinité de manières diverses. Il y a une loi de nécessité qui s'exécute sans dessein, sans effort, sans intelligence, sans progrès, sans résistance dans toutes les œuvres de Nature. Si l'on inventait une machine qui produisît des tableaux tels que ceux de Raphaël, ces tableaux continueraient-ils d'être beaux? — Non. — Et la machine? lorsqu'elle serait commune, elle ne serait pas plus belle que les tableaux. — Mais, d'après vos principes, Raphaël n'est-il pas lui-même cette machine à tableaux.... — Il est vrai. Mais la machine Raphaël n'a jamais été commune; mais les ouvrages de cette machine ne sont pas aussi communs que les feuilles de chêne; mais par une pente naturelle et presque invincible, nous supposons à cette machine une volonté, une intelligence, un dessein, une liberté. Supposez Raphaël éternel, immobile devant la toile, peignant nécessairement et sans cesse. Multipliez de toutes parts ces machines imitatives. Faites naître les tableaux dans la nature, comme les plantes, les arbres et les fruits qui leur serviraient de modèles; et dites-moi ce que deviendrait votre admiration. Ce bel ordre qui vous enchante dans l'univers ne peut être autre qu'il est. Vous n'en connaissez qu'un, et c'est celui que vous habitez; vous le trouvez alternativement beau ou laid, selon que vous coexistez avec lui d'une manière agréable ou pénible. Il serait tout autre, qu'il serait également beau ou laid pour ceux qui coexisteraient d'une manière agréable ou pénible avec lui. Un habitant de Saturne, transporté sur la terre, sentirait ses poumons déchirés, et périrait en maudissant la nature. Un habitant de la terre, transporté dans Saturne, se sentirait étouffé, suffoqué, et périrait en maudissant la nature..... J'en étais là, lorsqu'un vent d'ouest, balayant la campagne, nous enveloppa d'un épais tourbillon de poussière. L'abbé en demeura quelque temps aveuglé; tandis qu'il se frottait les paupières, j'ajoutai : Ce tourbillon qui ne vous semble qu'un chaos de molécules dispersées au hasard; eh bien! cher abbé, ce tourbillon est tout aussi parfaitement ordonné que le monde; et j'allais lui en donner des preuves, qu'il n'était pas trop en état de goûter, lorsqu'à l'aspect d'un nouveau site, non moins admirable que le premier, ma voix coupée, mes idées confondues, je restai stupéfait et muet.

DEUXIÈME SITE. C'était, à droite, des montagnes couvertes d'arbres et d'arbustes sauvages, dans l'ombre, comme disent les voyageurs; dans la demi-teinte, comme disent les artistes. Au pied de ces montagnes, un passant que nous ne voyions que par le dos, son bâton sur l'épaule, son sac suspendu à son bâton, se hâtait vers la route même qui nous avait conduits. Il fallait qu'il fût bien pressé d'arriver, car la beauté du lieu ne l'arrêtait pas. On avait pratiqué sur la rampe de ces montagnes une espèce de chemin assez large. Nous ordonnâmes à nos enfants de s'asseoir et de nous attendre. Le plus jeune eut pour tâche deux fables de Phèdre à apprendre par cœur, et l'aîné l'explication du premier livre des Géorgiques à préparer. Ensuite nous nous mîmes à grimper par ce chemin difficile; vers le sommet, nous aperçûmes un paysan avec une voiture couverte. Cette voiture était attelée de bœufs. Il descendait, et ses animaux se prêtaient, de crainte que la voiture ne s'accélérât sur eux. Nous les laissâmes derrière nous, pour nous enfoncer dans un lointain, fort au-delà des montagnes que nous avions grimpées et qui nous le dérobaient. Après une marche assez longue, nous nous trouvâmes sur une espèce de pont, une de ces fabriques de bois, hardies, et telles que le génie, l'intrépidité et le besoin des hommes en ont exécutées dans quelques pays montagneux. Arrêtés là, je promenai mes regards autour de moi, et j'éprouvai un plaisir accompagné de frémissement. Comme mon conducteur aurait joui de la violence de mon étonnement, sans la douleur d'un de ses yeux qui était resté rouge et larmoyant! Cependant il me dit d'un ton ironique : « Et Loutherbourg, et Vernet, et Claude Lorrain? » Devant moi, comme du sommet d'un précipice, j'apercevais les deux côtés, le milieu, toute la scène imposante que je n'avais qu'entrevue du bas des montagnes. J'avais à dos une campagne immense qui ne m'avait été annoncée que par l'habitude d'apprécier les distances entre des objets interposés. Ces arches, que j'avais en face il n'y a qu'un moment, je les avais sous mes pieds. Sous ces arches descendait à grand bruit un large torrent; ses eaux interrompues, accélérées, se hâtaient vers la plage du site la plus profonde. Je ne pouvais m'arracher à ce spectacle mêlé de plaisir et d'effroi. Cependant je traverse cette longue fabrique, et me voilà sur la cîme d'une chaîne de montagnes parallèles aux premières. Si j'ai le courage de descendre celles-là, elles me conduiront au côté gauche de la scène, dont j'aurai fait tout le tour. Il est vrai que j'ai peu d'espace à traverser, pour éviter l'ardeur du soleil et voyager dans l'ombre; car la lumière vient d'au-delà de la chaîne de montagnes dont j'occupe le sommet, et qui forment, avec celles que j'ai quittées, un amphithéâtre en entonnoir, dont le bord le plus éloigné, rompu, brisé, est remplacé par la fabrique de bois qui unit les cîmes des deux chaînes de montagnes. Je vais, je descends, et après une route longue et pénible à travers des ronces, des épines, des plantes et des arbustes touffus, me voilà au côté gauche de la scène. Je m'avance le long de la rive du lac formé par les eaux du torrent, jusqu'au milieu de la distance qui sépare les deux chaînes; je regarde, je vois le pont de bois à une hauteur et dans un éloignement prodigieux. Je vois depuis ce pont, les eaux du torrent arrêtées dans leur cours par des espèces de terrasses naturelles; je les vois tomber en autant de nappes qu'il y a de terrasses, et former une merveilleuse cascade. Je les vois arriver à mes pieds, s'étendre et remplir un vaste bassin. Un bruit éclatant me fait regarder à ma gauche, c'est celui d'une chute d'eaux qui s'échappent d'entre des plantes et des arbustes qui couvrent le haut d'une roche voisine, et qui se mêlent, en tombant, aux eaux stagnantes du torrent. Toutes ces masses de roches, hérissées de plantes vers leurs sommets, sont tapissées à leur penchant de la mousse la plus verte et la plus douce. Plus près de moi, presque au pied des montagnes de la gauche, s'ouvre une large caverne obscure. Mon imagination échauffée place à l'entrée de cette caverne une jeune fille qui en sort avec un jeune homme; elle a couvert ses yeux de sa main libre, comme si elle craignait de revoir la lumière, et de rencontrer les regards du jeune homme. Mais si ces personnages n'y étaient pas, il y avait proche de moi, sur la rive du grand bassin, une femme qui se reposait avec son chien à côté d'elle; en suivant la même rive, à gauche, sur une petite plage plus élevée, un groupe d'hommes et de femmes, tel qu'un peintre intelligent l'aurait imaginé; plus loin, un paysan debout. Je le voyais de face, et il me paraissait indiquer de la main la route à quelque habitant d'un canton éloigné. J'étais immobile, mes regards erraient sans s'arrêter sur aucun objet; mes bras tombaient à mes côtés. J'avais la bouche entr'ouverte. Mon conducteur respectait mon admiration et mon silence. Il était aussi heureux, aussi vain que s'il eût été le propriétaire ou même le créateur de ces merveilles. Je ne vous dirai point quelle fut la durée de mon enchantement. L'immobilité des êtres, la solitude d'un lieu, son silence profond, suspendent le temps; il n'y en a plus. Rien ne le mesure; l'homme devient comme éternel. Cependant par un tour de tête bizarre, comme j'en ai quelquefois, transformant tout à coup l'œuvre de Nature en une production de l'art, je m'écriai : que cela est beau, grand, varié, noble, sage, harmonieux, vigoureusement colorié ! Mille beautés éparses dans l'univers ont été rassemblées sur cette toile, sans confusion, sans effort, et liées par un goût exquis. C'est une vue romanesque, dont on suppose la réalité quelque part. Si l'on imagine un plan vertical élevé sur la cîme de ces deux chaînes de montagnes, et assis sur le milieu de cette fabrique de bois, on aura au-delà de ce plan, vers le fond, toute la partie éclairée de la composition; en deçà, vers le devant, toute sa partie obscure et de demi-teinte; on y voit les objets nets, distincts, bien terminés; ils ne sont privés quc de la grande lumière. Rien n'est perdu pour moi, parce qu'à mesure que les ombres croissent, les objets sont plus voisins de ma vue. Et ces nuages, interposés entre le ciel et la fabrique de bois, quelle profondeur ne donnent-ils pas à la scène ! Il est inoui, l'espace qu'on imagine au-delà de ce pont, l'objet le plus éloigné qu'on voie. Qu'il est doux de goûter ici la fraîcheur de ces eaux, après avoir éprouvé la chaleur qui brûle ce lointain ! Que ces roches sont majestueuses ! que ces eaux sont belles et vraies ! comment l'artiste en a-t-il obscurci la transparence !..... Jusque-là, le cher abbé avait eu la patience de me laisser dire ; mais à ce mot d'artiste, me tirant par la manche : — Est-ce que vous extravaguez, me dit-il ? —Non pas tout-à-fait.—Que parlez-vous de demi-teinte, de plan, de vigueur, de coloris? — Je substitue l'art à la nature, pour en bien juger. —Si vous vous exercez souvent à ces substitutions, vous aurez de la peine à trouver de beaux tableaux. —Cela se peut; mais convenez qu'après cette étude, le petit nombre de ceux que j'admirerai en vaudront la peine. — Il est vrai.

Tout en causant ainsi, et en suivant la rive du lac, nous arrivâmes où nous avions laissé nos deux petits disciples. Le jour commençait à tomber; nous ne laissions pas que d'avoir du chemin à faire jusqu'au château; nous gagnâmes de ce côté, l'abbé faisant réciter à l'un de ses élèves ses deux fables, et à l'autre son explication de Virgile; et moi, me rappelant les lieux dont je m'éloignais, et que je me proposais de vous décrire à mon retour. Ma tâche fut plus tôt expédiée que celle de l'abbé. A ces vers :

Vere novo, gelidus canis cum montibus humor
Liquitur, et Zephyro putris se gleba resolvit (1).

je rêvai à la différence des charmes de la peinture et de la poésie; à la difficulté de rendre d'une langue dans une autre les endroits qu'on entend le mieux. Sur ce, je racontais à l'abbé que Jupiter un jour fut attaqué d'un grand mal de tête.

(1) VIRGIL. *Georg.* lib. I, v. 43, 44. ÉDIT.

Le père des dieux et des hommes passait les jours et les nuits le front penché sur ses deux mains, et tirant de sa vaste poitrine un soupir profond. Les dieux et les hommes l'environnaient en silence, lorsque tout à coup il se releva, poussa un grand cri; et l'on vit sortir de sa tête entr'ouverte une déesse toute armée, toute vêtue. C'était Minerve. Tandis que les dieux dispersés dans l'Olympe célébraient la délivrance de Jupiter et la naissance de Minerve, les hommes s'occupaient à l'admirer. Tous d'accord sur sa beauté, chacun trouvait à redire à son vêtement. Le sauvage lui arrachait son casque et sa cuirasse, et lui ceignait les reins d'un léger cordon de verdure. L'habitant de l'Archipel la voulait toute nue; celui de l'Ausonie, plus décente et plus couverte. L'Asiatique prétendait que les longs plis d'une tunique qui moulerait ses membres, en descendant mollement jusqu'à ses pieds, auraient infiniment plus de grâce. Le bon, l'indulgent Jupiter fit essayer à sa fille ces différents vêtements; et les hommes reconnurent qu'aucun ne lui allait aussi bien que celui sous lequel elle se montra au sortir de la tête de son père. L'abbé n'eut pas grand peine à saisir le sens de ma fable. Quelques endroits de différents poètes anciens nous donnèrent la torture à l'un et à l'autre; et nous convînmes, de dépit, que la traduction de Tacite était infiniment plus aisée que celle de Virgile. L'abbé de La Bletrie ne sera pas de cet avis; quoi qu'il en soit, son Tacite n'en sera pas moins mauvais, ni le Virgile de Desfontaines meilleur.

Nous allions. L'abbé, son œil malade couvert d'un mouchoir, et l'ame pleine de scandale de la témérité avec laquelle j'avais avancé qu'un tourbillon de poussière, que le vent élève et qui nous aveugle, était tout aussi parfaitement ordonné que l'univers. Le tourbillon lui paraissait une image passagère du chaos, suscitée fortuitement au milieu de l'œuvre merveilleux de la création. C'est ainsi qu'il s'en expliqua. Mon très-cher abbé, lui dis-je, oubliez pour un moment le petit gravier qui picote votre cornée, et écoutez-moi. Pourquoi l'univers vous paraît-il si bien ordonné? c'est que tout y est enchaîné, à sa place, et qu'il n'y a pas un seul être qui n'ait dans sa position, sa production, son effet, une raison suffisante, ignorée ou connue. Est-ce qu'il y a une exception pour le vent d'ouest? est-ce qu'il y a une exception pour les grains de sable? une autre pour les tourbillons? Si toutes les forces qui animaient chacune des molécules qui formaient celui qui nous a enveloppés, étaient données, un géomètre vous démontrerait que celle qui est engagée entre votre œil et sa paupière est précisément à sa place. — Mais, dit l'abbé, je l'aimerais tout autant ailleurs; je souffre, et le paysage que nous avons quitté me récréait la vue. — Et qu'est-ce que cela fait à la nature! est-ce qu'elle a ordonné le paysage pour vous? — Pourquoi non? — C'est que si elle a ordonné le paysage pour vous, elle aura aussi ordonné pour vous le tourbillon. Allons, mon ami, faisons un peu moins les importants. Nous sommes dans la nature; nous y sommes tantôt bien, tantôt mal; et croyez que ceux qui louent la nature d'avoir au printemps tapissé la terre de vert, couleur amie de nos yeux, sont des impertinents qui oublient que cette nature, dont ils veulent retrouver en tout et partout la bienfaisance, étend en hiver, sur nos campagnes, une grande couverture blanche qui blesse nos yeux, nous fait tournoyer la tête, et nous expose à mourir glacés. La nature est bonne et belle, quand elle nous favorise; elle est laide et méchante, quand elle nous afflige. C'est à nos efforts mêmes qu'elle doit souvent une partie de ses charmes. — Voilà des idées qui me mèneraient loin. — Cela se peut. — Et me conseilleriez-vous d'en faire le catéchisme de mes élèves? — Pourquoi non? je vous jure que je le crois plus vrai et moins dangereux qu'un autre. — Je consulterai là-dessus leurs parents. — Leurs parents pensent bien, et vous ordonneront d'apprendre à leurs enfants à penser mal. — Mais pourquoi? Quel intérêt ont-ils à ce qu'on remplisse la tête de ces pauvres petites créatures de sottises et de mensonges? — Aucun; mais ils sont inconséquents et pusillanimes.

TROISIÈME SITE. Je commençais à ressentir de la lassitude, lorsque je me trouvai sur la rive d'une espèce d'anse de mer. Cette anse était formée, à gauche, par une langue de terre, un terrain escarpé, des rochers couverts d'un paysage tout-à-fait agreste et touffu. Ce paysage touchait d'un bout au rivage, et de l'autre aux murs d'une terrasse qui s'élevait au-dessus des eaux. Cette longue terrasse était parallèle au rivage, et s'avançait fort loin dans la mer, qui, délivrée à son extrémité de cette digue, prenait toute son étendue. Ce site était encore embelli par un château de structure militaire et gothique. On l'apercevait au loin au bout de la terrasse. Ce château était terminé dans sa plus grande hauteur, par une esplanade environnée de machicoulis; une petite tourelle ronde occupait le centre de cette esplanade; et nous distinguions très-bien le long de la terrasse, et autour de l'espace compris entre la tourelle et les machicoulis, différentes personnes, les unes appuyées sur le parapet de la terrasse, d'autres sur le haut des machicoulis; ici, il y en avait qui se promenaient; là, d'arrêtées debout qui semblaient converser. — M'adressant à mon conducteur. Voilà, lui dis-je, encore un assez beau coup-d'œil. — Est-ce que vous ne reconnaissez pas ces lieux? me répondit-il. — Non. — C'est notre château. — Vous avez raison. — Et tous ces gens-là, qui prennent le frais, à la chute du jour, ce sont nos joueurs, nos joueuses, nos politiques et nos galants. — Cela se peut. — Tenez, voilà la vieille comtesse qui continue d'arracher les yeux à son partener, sur une invite qu'il n'a pas répondue. Proche le château, ce groupe pourrait bien être de nos politiques dont les vapeurs se sont apaisées, et qui commencent à s'entendre, et à raisonner plus sensément. Ceux qui tournent deux à deux sur l'esplanade, autour de la tourelle, sont infailliblement les jeunes gens; car il faut avoir leurs jambes pour grimper jusque-là. La jeune marquise et le petit comte en descendront les derniers; car ils ont toujours quelques caresses à se faire à la dérobée... — Nous nous étions assis, nous nous reposions de notre côté; et nos yeux suivant le rivage à droite, nous voyions par le dos deux personnes, je ne sais quelles, assises et se reposant aussi dans un endroit où le terrain s'enfonçait. Plus loin des gens de mer, occupés à charger ou décharger une nacelle. Dans le lointain, sur les eaux, un vaisseau à la voile; fort au-delà, des montagnes vaporeuses et très-éloignées. J'étais un peu inquiet comment nous regagnerions le château dont nous étions séparés par un espace d'eau assez considérable. — Si nous suivons le rivage vers la droite, dis-je à l'abbé, nous ferons le tour du globe, avant que d'arriver au château; et c'est bien du chemin pour ce soir. Si nous le suivons vers la gauche; arrivés à ce paysage, nous trouverons apparemment un sentier qui le traverse et qui conduit à quelque porte qui s'ouvre sur la terrasse. — Et vous voudriez bien, dit l'abbé, ne faire ni le tour du globe, ni celui de l'anse? — Il est vrai. Mais cela ne se peut. — Vous vous trompez. Nous irons à ces mariniers qui nous prendront dans leur nacelle, et qui nous déposeront au pied du château. Ce qui fut dit fut fait; nous voilà embarqués, et vingt lorgnettes d'opéra braquées sur nous, et notre arrivée saluée par des cris de joie qui partaient de la terrasse et du sommet du château: nous y répondîmes, selon l'usage. Le ciel était serein, le vent soufflait du rivage vers le château, et nous fîmes le trajet en un clin-d'œil. Je vous raconte simplement la chose. Dans un moment plus poétique j'aurais déchaîné les vents, soulevé les flots, montré la petite nacelle tantôt voisine des nues, tantôt précipitée au fond des abîmes; vous auriez frémi pour l'instituteur, ses jeunes élèves, et le vieux philosophe votre ami. J'aurais porté, de la terrasse à vos oreilles, les cris des femmes éplorées. Vous auriez vu sur l'esplanade du château des mains levées vers le ciel; mais il n'y aurait pas eu un mot de vrai. Le fait est, que nous n'éprouvâmes d'autre tempête que celle du premier livre de Virgile, que l'un des élèves de l'abbé nous récita par cœur; et telle fut la fin de notre première sortie ou promenade.

J'étais las; mais j'avais vu de belles choses, respiré l'air le plus pur, et fait un exercice très-sain. Je soupai d'appétit, et j'eus la nuit la plus douce et la plus tranquille. Le lendemain, en m'éveillant, je disais : Voilà la vraie vie, le vrai séjour de l'homme. Tous les prestiges de la société ne purent jamais en éteindre le goût. Enchaînés dans l'enceinte étroite des villes par des occupations ennuyeuses et de tristes devoirs, si nous ne pouvons retourner dans les forêts, notre premier asyle, nous sacrifions une portion de notre opulence à appeler les forêts autour de nos demeures. Mais là elles ont perdu sous la main symétrique de l'art, leur silence, leur innocence, leur liberté, leur majesté, leur repos. Là, nous allons contrefaire un moment le rôle du sauvage; esclaves des usages, des passions, jouer la pantomime de l'homme de Nature. Dans l'impossibilité de nous livrer aux fonctions et aux amusements de la vie champêtre, d'errer dans une campagne, de suivre un troupeau, d'habiter une chaumière, nous invitons, à prix d'or et d'argent, le pinceau de Wouvermans, de Berghem ou de Vernet, à nous retracer les mœurs et l'histoire de nos anciens aïeux. Et les murs de nos somptueuses et maussades demeures se couvrent des images d'un bonheur que nous regrettons; et les animaux de Berghem ou de Paul Potter paissent sous nos lambris, parqués dans une riche bordure; et les toiles d'araignée d'Ostade sont suspendues entre des crépines d'or, sur un damas cramoisi; et nous sommes dévorés par l'ambition, la haine, la jalousie et l'amour; et nous brûlons de la soif de l'honneur et de la richesse, au milieu des scènes de l'innocence et de la pauvreté, s'il est permis d'appeler pauvre celui à qui tout appartient. Nous sommes des malheureux autour desquels le bonheur est représenté sous mille formes diverses.

O rus! quando te aspiciam? (1)

disait le poète; et c'est un souhait qui s'élève cent fois au fond de notre cœur.

Quatrième site. J'en étais là de ma rêverie, nonchalamment étendu dans un fauteuil, laissant errer mon esprit à son gré, état délicieux, où l'ame est honnête sans réflexion, l'esprit juste et délicat sans effort; où l'idée, le sentiment semble naître en nous de lui-même comme d'un sol heureux. Mes yeux étaient attachés sur un paysage admirable, et je disais : L'abbé a raison; nos artistes n'y entendent rien, puisque le spectacle de leurs plus belles productions ne m'a jamais fait éprouver le délire que j'éprouve, le plaisir d'être à moi, le plaisir de me reconnaître aussi bon que je le suis, le plaisir de me voir et de me com-

(1) Horat. *Sermonum*, lib. II, *Sat.* VI, v. 60. Edits.

plaire, le plaisir plus doux encore de m'oublier. Où suis-je dans ce moment? qu'est-ce qui m'environne? Je ne le sais, je l'ignore. Que me manque-t-il? Rien. Que dirai-je? Rien. S'il est un Dieu, c'est ainsi qu'il est. Il jouit de lui-même. Un bruit entendu au loin, c'était le coup de battoir d'une blanchisseuse, frappa subitement mon oreille; et adieu mon existence divine. Mais s'il est doux d'exister à la façon de Dieu, il est aussi quelquefois assez doux d'exister à la façon des hommes. Qu'elle vienne ici seulement, qu'elle m'apparaisse, que je revoie ses grands yeux, qu'elle pose doucement sa main sur mon front, qu'elle me sourie..... Que ce bouquet d'arbres vigoureux et touffu fait bien à droite! Cette langue de terre ménagée en pointe au-devant de ces arbres, et descendant par une pente facile vers la surface de ces eaux, est tout-à-fait pittoresque. Que ces eaux qui rafraîchissent cette péninsule, en baignant sa rive, sont belles! Ami Vernet, prends tes crayons, et dépêche-toi d'enrichir ton porte-feuille de ce groupe de femmes. L'une, penchée vers la surface de l'eau, y trempe son linge; l'autre, accroupie, le tord; une troisième, debout, en a rempli le panier, qu'elle a posé sur sa tête. N'oublie pas ce jeune homme que tu vois par le dos proche d'elles, courbé vers le fond, et s'occupant du même travail. Hâte-toi, car ces figures prendront dans un instant une autre position moins heureuse peut-être. Plus ta copie sera fidèle, plus ton tableau sera beau. Je me trompe. Tu donneras à ces femmes un peu plus de légèreté, tu les toucheras moins lourdement, tu affaibliras le ton jaunâtre et sec de cette terrasse. Ce pêcheur, qui a jeté son filet vers la gauche, à l'endroit où les eaux prennent toute leur étendue, tu le laisseras tel qu'il est; tu n'imagineras rien de mieux. Vois son attitude; comme elle est vraie! Place aussi son chien à côté de lui. Quelle foule d'accessoires heureux à recueillir pour ton talent! Et ce bout de rocher qui est tout-à-fait à gauche; et proche de ce rocher, sur le fond, ces bâtiments et ces hameaux; et entre cette fabrique, ce hameau et la langue de terre aux blanchisseuses, ces eaux tranquilles et calmes dont la surface s'étend et se perd dans le lointain! Si sur un plan correspondant à ces femmes occupées, mais à une très-grande distance, tu places dans une de tes compositions, comme la nature te l'indique ici, des montagnes vaporeuses dont je n'aperçoive que le sommet, l'horizon de la toile en sera renvoyé aussi loin que tu le voudras. Mais comment feras-tu pour rendre, je ne dis pas la forme de ces objets divers, ni même leur vraie couleur, mais la magique harmonie qui les lie?.... Pourquoi suis-je seul ici? Pourquoi personne ne partage-t-il avec moi le charme, la beauté de ce site? Il me semble que si elle était là, dans son vêtement négligé, que je tînsse sa main, que son admiration se joignît à la mienne, j'admirerais bien davantage. Il me manque un sentiment que je cherche, et qu'elle seule peut m'inspirer. Que fait le propriétaire de ce beau lieu? Il dort. Je vous appelais, j'appelais mon amie, lorsque le cher abbé entra avec son mouchoir sur son œil. Vos tourbillons de poussière, me dit-il avec un peu d'humeur, qui sont aussi bien ordonnés que le monde, m'ont fait passer une mauvaise nuit. Ses bambins étaient à leurs devoirs, et il venait causer avec moi. L'émotion vive de l'ame laisse, même après qu'elle est passée, des traces sur le visage qu'il n'est pas difficile de reconnaître. L'abbé ne s'y méprit pas. Il devina quelque chose de ce qui s'était passé au fond de la mienne. — J'arrive à contre-temps, me dit-il. — Non, l'abbé. — Une autre compagnie vous rendrait peut-être, en ce moment, plus heureux que la mienne. — Cela se peut. — Je m'en vais donc. — Non, restez. Il resta. Il m'invita à prolonger mon séjour, et me promit autant de promenades telles que celles de la veille, de tableaux tels que celui que j'avais sous les yeux, que je lui accorderais de journées. Il était neuf heures du matin, et tout dormait encore autour de nous. Entre un assez grand nombre d'hommes aimables et de femmes charmantes que ce séjour rassemblait, et qui tous s'étaient sauvés de la ville, à ce qu'ils disaient, pour jouir des agréments, du bonheur de la campagne, aucun qui eût quitté son oreiller, qui voulût respirer la première fraîcheur de l'air, entendre le premier chant des oiseaux, sentir le charme de la nature ranimée par les vapeurs de la nuit, recevoir le premier parfum des fleurs, des plantes et des arbres. Ils semblaient ne s'être fait habitants des champs, que pour se livrer plus sûrement et plus continuement aux ennuis de la ville. Si la compagnie de l'abbé n'était pas tout-à-fait celle que j'aurais choisie, je m'aimais encore mieux avec lui que seul. Un plaisir, qui n'est que pour moi, me touche faiblement et dure peu. C'est pour moi et mes amis que je lis, que je réfléchis, que j'écris, que je médite, que j'entends, que je regarde, que je sens. Dans leur absence, ma dévotion rapporte tout à eux. Je songe sans cesse à leur bonheur. Une belle ligne me frappe-t-elle ? ils la sauront. Ai-je rencontré un beau trait ? je me promets de leur en faire part. Ai-je sous les yeux quelque spectacle enchanteur ? sans m'en apercevoir j'en médite le récit pour eux. Je leur ai consacré l'usage de tous mes sens et de toutes mes facultés ; et c'est peut-être la raison pour laquelle tout s'exagère, tout s'enrichit un peu dans mon imagination et dans mon discours ; ils m'en font quelquefois un reproche, les ingrats !

L'abbé, placé à côté de moi, s'extasiait à son ordinaire sur les charmes de la nature. Il avait répété cent fois l'épithète de beau, et je remarquais que cet éloge commun s'adressait à des objets tous divers. L'abbé, lui dis-je, cette roche escarpée, vous l'appelez belle; la forêt sourcilleuse qui la couvre, vous l'appelez belle; le torrent qui blanchit de son écume le rivage, et qui en fait frissonner le gravier, vous l'appelez beau; le nom de beau, vous l'accordez, à ce que je vois, à l'homme, à l'animal, à la plante, à la pierre, aux poissons, aux oiseaux, aux métaux. Cependant vous m'avouerez qu'il n'y a aucune qualité physique commune entre ces êtres. D'où vient donc le tribut commun? — Je ne sais, et vous m'y faites penser pour la première fois. — C'est une chose toute simple. La généralité de votre panégyrique vient, cher abbé, de quelques idées ou sensations communes excitées dans votre ame par des qualités physiques absolument différentes. — J'entends, l'admiration. — Ajoutez, et le plaisir. Si vous y regardez de près, vous trouverez que les objets qui causent de l'étonnement ou de l'admiration sans faire plaisir, ne sont pas beaux; et que ceux qui font plaisir, sans causer de la surprise ou de l'admiration, ne le sont pas davantage. Le spectacle de Paris en feu vous ferait horreur; au bout de quelque temps vous aimeriez à vous promener sur les cendres. Vous éprouveriez un violent supplice à voir expirer votre amie ; au bout de quelque temps votre mélancolie vous conduirait vers sa tombe, et vous vous y asseyeriez. Il y a des sensations composées ; et c'est la raison pour laquelle il n'y a de beaux que les objets de la vue et de l'ouïe. Écartez du son toute idée accessoire et morale ; et vous lui ôterez la beauté. Arrêtez à la surface de l'œil une image ; que l'impression n'en passe ni à l'esprit ni au cœur ; et elle n'aura plus rien de beau. Il y a encore une autre distinction ; c'est l'objet dans la nature, et le même objet dans l'art ou l'imitation. Le terrible incendie, au milieu duquel hommes, femmes, enfants, pères, mères, frères, sœurs, amis, étrangers, concitoyens, tout périt, vous plonge dans la consternation ; vous fuyez, vous détournez vos regards, vous fermez vos oreilles aux cris. Spectateur désespéré d'un malheur commun à tant d'être chéris, peut-être hasarderez-vous votre vie, vous chercherez à les sauver ou à trouver dans les flammes le même sort qu'eux. Qu'on vous montre sur la toile les incidents de cette calamité ; et vos yeux s'y arrêteront avec joie. Vous direz avec Énée,

En Priamus. Sunt hic etiam suâ prœmia laudi (1).

Et je verserai des larmes ? — Je n'en doute

(1) VIRGIL. *Æneid.* lib. 1, v. 465. ÉDIT[s].

pas. — Mais puisque j'ai du plaisir, qu'ai-je à pleurer? Et si je pleure, comment se fait-il que j'aie du plaisir? — Serait-il possible, l'abbé, que vous ne connussiez pas ces larmes-là? Vous n'avez donc jamais été vain, quand vous avez cessé d'être fort? Vous n'avez donc jamais arrêté vos regards sur celle qui venait de vous faire le plus grand sacrifice qu'une femme honnête puisse faire? Vous n'avez donc...—Pardonnez-moi, j'ai... j'ai éprouvé la chose; mais je n'en ai jamais su la raison, et je vous la demande.

Quelle question vous me faites là, cher abbé! Nous y serions encore demain; et tandis que nous passerions assez agréablement notre temps, vos disciples perdraient le leur. — Un mot seulement. — Je ne saurais. Allez à votre thême et à votre version. — Un mot. — Non, non, pas une syllabe; mais prenez mes tablettes, cherchez au verso du premier feuillet; et peut-être y trouverez-vous quelques lignes qui mettront votre esprit en train. L'abbé prend les tablettes, et tandis que je m'habillais, il lut:

« La Rochefoucauld a dit que, *dans les plus grands malheurs des personnes qui nous sont le plus chères, il y a toujours quelque chose qui ne nous déplaît pas* (1). » Est-ce cela, me dit l'abbé? — Oui..... mais cela ne vient guère à la chose. — Allez toujours. — Et il continua.

(1) La Rochefoucauld, *Max.* 241, édit. de P. Didot, 1815. ÉDIT[s].

N'y aurait-il pas à cette idée un côté vrai et moins affligeant pour l'espèce humaine ? Il est beau, il est doux de compatir aux malheureux; il est beau, il est doux de se sacrifier pour eux. C'est à leur infortune que nous devons la connaissance flatteuse de l'énergie de notre ame. Nous ne nous avouons pas aussi franchement à nous-mêmes qu'un certain chirurgien le disait à son ami : *Je voudrais que vous eussiez une jambe cassée ; et vous verriez ce que je sais faire.* Mais tout ridicule que ce souhait paraisse, il est caché au fond de tous les cœurs ; il est naturel ; il est général. Qui est-ce qui ne desirera pas sa maîtresse au milieu des flammes, s'il peut se promettre de s'y précipiter comme Alcibiade, et de la sauver entre ses bras ? Nous aimons mieux voir sur la scène l'homme de bien souffrant, que le méchant puni ; et sur le théâtre du monde, au contraire, le méchant puni que l'homme de bien souffrant. C'est un beau spectacle que celui de la vertu sous les grandes épreuves. Les efforts les plus terribles tournés contre elle ne nous déplaisent pas. Nous nous associons volontiers en idée au héros opprimé. L'homme le plus épris de la fureur, de la tyrannie, laisse là le tyran, et le voit tomber avec joie dans la coulisse, mort d'un coup de poignard. Le bel éloge de l'espèce humaine, que ce jugement impartial du cœur en faveur de l'innocence ! une seule chose peut nous rapprocher du méchant ; c'est la grandeur de ses vues, l'étendue de son génie, le péril de son entreprise. Alors, si nous oublions sa méchanceté pour courir son sort ; si nous conjurons contre Venise avec le comte de Bedmar, c'est la vertu qui nous subjugue encore sous une autre face. — Cher abbé, observez en passant combien l'historien éloquent peut être dangereux ; et continuez...— Nous allons au théâtre chercher de nous-mêmes une estime que nous ne méritons pas, prendre bonne opinion de nous ; partager l'orgueil des grandes actions que nous ne ferons jamais ; ombres vaines des fameux personnages qu'on nous montre. Là, prompts à embrasser, à serrer contre notre sein la vertu menacée, nous sommes bien sûrs de triompher avec elle, ou de la lâcher quand il en sera temps ; nous la suivons jusqu'au pied de l'échafaud, mais pas plus loin ; et personne n'a mis sa tête sur le billot, à côté de celle du comte d'Essex (1) ; aussi le parterre est-il plein, et les lieux de la misère réelle sont-ils vides. S'il fallait sérieusement subir la destinée du malheureux mis en scène, les loges seraient désertes. Le poète, le peintre, le statuaire, le comédien, sont des charlatans qui nous vendent à peu de frais la fermeté du vieil Horace, le patriotisme du vieux Caton, en un mot, le plus séduisant des flatteurs.

L'abbé en était là, lorsqu'un de ses élèves en-

(1) Dans la tragédie de Thomas Corneille. ÉDITS.

tra, sautant de joie, son cahier à la main. L'abbé, qui préférait de causer avec moi, à aller à son devoir, car le devoir est une des choses les plus déplaisantes de ce monde; c'est toujours caresser sa femme et payer ses dettes; l'abbé renvoya l'enfant, me demanda la lecture du paragraphe suivant. — Lisez, l'abbé; et l'abbé lut.

Un imitateur de Nature rapportera toujours son ouvrage à quelque but important. Je ne prétends point que ce soit en lui méthode, projet, réflexion; mais instinct, pente secrète, sensibilité naturelle, goût exquis et grand. Lorsqu'on présenta à Voltaire, *Denis le Tyran*, première et dernière tragédie de Marmontel (1), le vieux poète dit : Il ne fera jamais rien, il n'a pas le secret. — Le génie peut-être? — Oui, l'abbé, le génie, et puis le bon choix des sujets; l'homme de Nature opposé à l'homme civilisé; l'homme sous l'empire du despotisme; l'homme accablé sous le joug de la tyrannie des pères, des mères, des époux, les liens les plus sacrés, les plus doux, les plus violents, les plus généraux, les maux de la société, la loi inévitable de la fatalité, les suites des grandes passions; il est difficile d'être for-

(1) Lorsque Diderot écrivait ce passage, Marmontel avait cependant donné plusieurs autres tragédies, *Aristomène* en 1749, *Cléopâtre* en 1750, *les Héraclides* en 1752, et *Numitor* qui n'a point été représenté; toutes pièces médiocres, et telle est l'idée que veut exprimer le critique. ÉDIT[s].

tement ému d'un péril qu'on n'éprouvera peut-être jamais. Moins la distance du personnage à moi est grande, plus l'attraction est prompte ; plus l'adhésion est forte. On a dit,

> . . . . *Si vis me flere, dolendum est*
> *Primum ipsi tibi* (1).

Mais tu pleureras tout seul, sans que je sois tenté de mêler une larme aux tiennes, si je ne puis me substituer à ta place : il faut que je m'accroche à l'extrémité de la corde qui te tient suspendu dans les airs, ou je ne frémirai pas. — Ah ! j'entends à présent. — Quoi ! l'abbé. — Je fais deux rôles, je suis double ; je suis Le Couvreur, et je reste, moi. C'est le moi Couvreur qui frémis et qui souffre, et c'est le moi tout court qui a du plaisir. — Fort bien, l'abbé ; et voilà la limite de l'imitateur de la nature. Si je m'oublie trop et trop long-temps, la terreur est trop forte ; si je ne m'oublie point du tout, si je reste toujours un, elle est trop faible : c'est ce juste tempérament qui fait verser des larmes délicieuses.

On avait exposé deux tableaux qui concouraient pour un prix proposé ; c'était un Saint Barthélemi sous le couteau des bourreaux. Une paysanne âgée décida les juges incertains. Celui-ci, dit la bonne femme, me fait grand plaisir ; mais cet autre me fait grand'peine. Le premier la lais-

(1) HORAT. *de Art. poet.* v. 102 et 103. ÉDIT[r].

sait hors de la toile ; le second l'y faisait entrer. Nous aimons le plaisir en personne, et la douleur en peinture.

On prétend que la présence de la chose frappe plus que son imitation ; cependant on quittera Caton expirant sur la scène, pour courir au supplice de Lally (1). Affaire de curiosité. Si Lally était décapité tous les jours, on resterait à Caton ; le théâtre est le Mont Tarpéïen ; le parterre est le quai Pelletier des honnêtes gens.

Le peuple cependant ne se lasse point d'exécutions ; c'est un autre principe. L'homme du coin devient au retour le Démosthène de son quartier. Pendant huit jours il pérore, on l'écoute, *pendent ab ore loquentis*. Il est un personnage.

Si l'objet nous intéresse en nature, l'art réunira le charme de la chose au charme de l'imitation. Si l'objet vous répugne en nature, il ne restera sur la toile, dans le poème, sur le marbre, que le prestige de l'imitation. Celui donc qui se négligera sur le choix du sujet, se privera de la meilleure partie de son avantage ; c'est un magicien maladroit qui casse en deux sa baguette.

Tandis que l'abbé s'amusait à causer, ses enfants s'amusaient de leur côté à jouer. Le thême et la version avaient été faits à la hâte. Le thême

(1) Voyez sur son procès, sa condamnation et sa mort, les *OEuvres de Voltaire*, tome XXIII, Histoire du Parlement, page 331 à 426 ; édition Renouard, 1819. ÉDIT^s.

était rempli de solécismes ; la version, de contre-sens. L'abbé, en colère, prononçait qu'il n'y aurait point de promenade. En effet, il n'y en eut point; et, selon l'usage, les élèves et moi nous fûmes châtiés de la faute du maître; car les enfants ne manquent guère à leurs devoirs, que parce que les maîtres ne sont pas au leur. Je pris donc le parti, privé de mon *Cicerone* et de sa galerie, de me prêter aux amusements du reste de la maison. Je jouai, je jouai mal; je fus grondé, et je perdis mon argent. Je me mêlai à l'entretien de nos philosophes, qui devinrent à la fin si brouillés, si bruyants, que n'étant plus d'âge aux promenades du parc, je pris furtivement mon chapeau et mon bâton, et m'en allai seul à travers champ, rêvant à la très-belle et très-importante question qu'ils agitaient, et à laquelle ils étaient arrivés de fort loin.

Il s'agissait d'abord de l'acception des mots, de la difficulté de les circonscrire, et de l'impossibilité de s'entendre sans ce préliminaire.

Tous n'étant pas d'accord ni sur l'un ni sur l'autre point, on choisit un exemple, et ce fut le mot *vertu*. On demanda qu'est-ce que la vertu? et, chacun la définissant à sa mode, la dispute changea d'objet ; les uns prétendant que *la vertu était l'habitude de conformer sa conduite à la loi ;* les autres, que *c'était l'habitude de conformer sa conduite à l'utilité publique.*

Les premiers disaient que la vertu définie, l'habitude de conformer ses actions à l'utilité publique, était la vertu du législateur ou du souverain, et non celle du sujet, du citoyen, du peuple; car qui est-ce qui a des idées exactes de l'utilité publique? c'est une notion si compliquée, dépendante de tant d'expériences et de lumières, que les philosophes même en disputaient entre eux. Si l'on abandonne les actions des hommes à cette règle, le vicaire de Saint-Roch, qui croit son culte très-essentiel au maintien de la société, tuera le philosophe, s'il n'est prévenu par celui-ci, qui regarde toute institution religieuse comme contraire au bonheur de l'homme. L'ignorance et l'intérêt qui obscurcissent tout dans les têtes humaines, montreront l'intérêt général où il n'est pas. Chacun ayant sa vertu, la vie de l'homme se remplira de crimes. Le peuple, balotté par ses passions et par ses erreurs, n'aura point de mœurs: car il n'y a de mœurs que là où les lois bonnes ou mauvaises sont sacrées; car c'est là seulement que la conduite générale est uniforme. Pourquoi n'y a-t-il et ne peut-il y avoir de mœurs dans aucune contrée de l'Europe? c'est que la loi civile et la loi religieuse sont en contradiction avec la loi de Nature. Qu'en arrive-t-il? c'est que toutes trois enfreintes et observées alternativement, elles perdent toute sanction. On n'y est ni religieux, ni citoyen, ni homme; on n'y est que ce qui convient à l'intérêt du moment. D'ailleurs, si chacun s'institue juge compétent de la conformité de la loi avec l'utilité publique, l'effrénée liberté d'examiner, d'observer ou de fouler aux pieds les mauvaises lois, conduira bientôt à l'examen, au mépris et à l'infraction des bonnes.

CINQUIÈME SITE. J'allais devant moi, ruminant ces objections, qui me paraissaient fortes, lorsque je me trouvai entre des arbres et des rochers, lieu sacré par son silence et son obscurité. Je m'arrêtai là, et je m'assis. J'avais à ma droite un phare, qui s'élevait du sommet des rochers. Il allait se perdre dans la nue; et la mer, en mugissant, venait se briser à ses pieds. Au loin, des pêcheurs et des gens de mer étaient diversement occupés. Toute l'étendue des eaux agitées s'ouvrait devant moi; elle était couverte de bâtiments dispersés. J'en voyais s'élever au-dessus des vagues, tandis que d'autres se perdaient au-dessous, chacun, à l'aide de ses voiles et de sa manœuvre, suivant des routes contraires, quoique poussé par un même vent; image de l'homme et du bonheur, du philosophe et de la vérité.

Nos philosophes auraient été d'accord sur leur définition de la vertu, si la loi était toujours l'organe de l'utilité publique; mais il s'en manquait beaucoup que cela fût, et il était dur d'assujétir des hommes sensés, par le respect pour une mauvaise loi, mais bien évidemment mauvaise, à l'autoriser de leur exemple, et à se souiller d'actions contre lesquelles leur ame et leur conscience se révoltaient. Quoi donc! habitant de la côte du Malabar, égorgerais-je mon enfant, le pilerais-je, me frotterais-je de sa graisse pour me rendre invulnérable?.... me plierais-je à toutes les extravagances des nations? couperais-je ici les testicules à mon fils? là, foulerais-je aux pieds ma fille, pour la faire avorter? ailleurs, immolerais-je des hommes mutilés, une foule de femmes emprisonnées, à ma débauche et à ma jalousie?.... Pourquoi non? des usages aussi monstrueux ne peuvent durer; et puis, s'il faut opter, être méchant homme ou bon citoyen; puisque je suis membre d'une société, je serai bon citoyen si je puis. Mes bonnes actions seront à moi; c'est à la loi à répondre des mauvaises. Je me soumettrai à la loi, et je réclamerai contre elle. — Mais si cette réclamation, prohibée par la loi même, est un crime capital? — Je me tairai ou je m'éloignerai. — Socrate dira, lui : ou je parlerai, ou je périrai. L'apôtre de la vérité se montrera-t-il donc moins intrépide que l'apôtre du mensonge? Le mensonge aura-t-il seul le privilége de faire des martyrs? Pourquoi ne dirais-je pas : La loi l'ordonne, mais la loi est mauvaise. Je n'en ferai rien. Je n'en veux rien faire. J'aime mieux mourir. — Mais Aristippe lui répondra : Je sais tout aussi bien que toi, ô Socrate! que la loi est mauvaise; et je ne fais pas plus de cas de la vie qu'un autre. Cependant je me soumettrai à la loi, de peur qu'en discutant, de mon autorité privée, les mauvaises lois, je n'encourage par mon exemple la multitude insensée à discuter les bonnes. Je ne fuirai point les cours comme toi. Je saurai me vêtir de pourpre. Je ferai ma cour aux maîtres du monde; et peut-être en obtiendrai-je ou l'abolition de la loi mauvaise, ou la grâce de l'homme de bien qui l'aura enfreinte.

Je quittais cette question; je la reprenais pour la quitter encore. Le spectacle des eaux m'entraînait malgré moi. Je regardais, je sentais, j'admirais, je ne raisonnais plus, je m'écriais : O profondeur des mers! Et je demeurais absorbé dans diverses spéculations entre lesquelles mon esprit était balancé, sans trouver d'ancre qui me fixât. Pourquoi, me disais-je, les mots les plus généraux, les plus saints, les plus usités, loi, goût, beau, bon, vrai, usage, mœurs, vice, vertu, instinct, esprit, matière, grâce, beauté, laideur, si souvent prononcés, s'entendent-ils si peu, se définissent-ils si diversement?.... Pourquoi ces mots, si souvent prononcés, si peu entendus, si diversement définis, sont-ils employés avec la même précision par le philosophe, par le peuple et par les enfants? L'enfant se trompera sur la chose, mais non sur la valeur du mot. Il ne sait ce qui est vraiment beau ou laid, bon ou mauvais, vrai ou faux; mais il sait ce qu'il veut dire, tout aussi bien que moi. Il approuve et désapprouve comme moi. Il a son admiration et son dédain.... Est-ce réflexion en moi? Est-ce habitude machinale en lui?.... Mais de son habitude machinale, ou de ma réflexion, quel est le guide le plus sûr?.... Il dit: Voilà ma sœur. Moi, qui l'aime, j'ajoute: Petit, vous avez raison; c'est sa taille élégante, sa démarche légère, son vêtement simple et noble, le port de sa tête, le son de sa voix, de cette voix qui fait toujours tressaillir mon cœur... Y aurait-il dans les choses quelque analogie nécessaire à notre bonheur?.... Cette analogie se reconnaîtrait-elle par l'expérience? En aurais-je un pressentiment secret?.... Serait-ce à des expériences réitérées que je devrais cet attrait, cette répugnance, qui, réveillée subitement, forme la rapidité de mes jugements?.... Quel inépuisable fond de recherches!.... Dans cette recherche, quel est le premier objet à connaître?.... Moi.... Que suis-je? Qu'est-ce qu'un homme?.... Un animal?.... sans doute; mais le chien est un animal aussi; le loup est un animal aussi. Mais l'homme n'est ni un loup ni un chien.... Quelle notion précise peut-on avoir du bien et du mal, du beau et du laid, du bon et du mauvais, du vrai et du faux, sans une notion préliminaire de l'homme?... Mais si l'homme ne se peut définir... tout est perdu.... Combien de philosophes, faute de ces observations si simples, ont fait à l'homme la morale des loups, aussi bêtes en cela que s'ils avaient prescrit aux loups la morale de l'homme!.. Tout être tend à son bonheur; et le bonheur d'un être ne peut être le bonheur d'un autre.... La morale se renferme donc dans l'enceinte de l'espèce.... Qu'est-ce qu'une espèce?.... Une multitude d'individus organisés de la même manière.... Quoi! l'organisation serait la base de la morale!.... Je le crois.... Mais Polyphême, qui n'eut presque rien de commun dans son organisation avec les compagnons d'Ulysse, ne fut donc pas plus atroce, en mangeant les compagnons d'Ulysse, que les compagnons d'Ulysse en mangeant un lièvre ou un lapin?.... Mais les rois, mais Dieu, qui est le seul de son espèce!....

Le soleil, qui touchait à son horizon, disparut; la mer prit tout à coup un aspect plus sombre et plus solennel. Le crépuscule, qui n'est d'abord ni le jour ni la nuit, image de nos faibles pensées; image qui avertit le philosophe de s'arrêter dans ses spéculations, avertit aussi le voyageur de ramener ses pas vers son asyle. Je m'en revenais donc; et je pensais que s'il y avait une morale propre à une espèce d'animaux, et une morale propre à une autre espèce, peut-être dans la même espèce y avait-il une morale propre à différents individus, ou du moins à différentes conditions ou collections d'individus semblables; et pour ne pas vous scandaliser par un exemple trop sérieux, une morale propre aux artistes, ou à l'art, et que cette morale pourrait bien être au rebours de la morale usuelle. Oui, mon ami, j'ai bien peur que l'homme n'aille droit au malheur, par la voie qui conduit l'imitateur de la nature au sublime. Se jeter dans les extrêmes, voilà la règle du poète. Garder en tout un juste milieu, voilà la règle du bonheur. Il ne faut point faire de poésie dans la vie. Les héros, les amants romanesques, les grands patriotes, les magistrats inflexibles, les apôtres de religion, les philosophes à toute outrance, tous ces rares et divins insensés font de la poésie dans la vie, de là leur malheur. Ce sont eux qui fournissent après leur mort aux grands tableaux. Ils sont excellents à peindre. Il est d'expérience que la nature condamne au malheur celui à qui elle a départi le génie, et celle qu'elle a douée de la beauté; c'est que ce sont des êtres poétiques. Je me rappelais la foule des grands hommes et des belles femmes, dont la qualité qui les avait distingués de leur espèce avait fait le malheur. Je faisais en moi-même l'éloge de la médiocrité qui met également à l'abri du blâme et de l'envie; et je me demandais pourquoi, cependant, personne ne voudrait perdre de sa sensibilité, et devenir médiocre?

O vanité de l'homme! Je parcourais depuis les premiers personnages de la Grèce et de Rome, jusqu'à ce vieil abbé qu'on voit dans nos promenades, vêtu de noir, tête hérissée de cheveux blancs, l'œil hagard, la main appuyée sur une petite canne, rêvant, allant, clopinant. C'est l'abbé de Gua de Malves. C'est un profond géomètre, témoin son *Traité des Courbes du troisième et quatrième genre*, et sa *solution, ou plutôt démonstration de la règle de Descartes sur les signes d'une équation*. Cet homme, placé devant sa table, enfermé dans son cabinet, peut combiner une infinité de quantités; il n'a pas le sens commun dans la rue. Dans la même année, il embarrassera ses revenus de délégations; il perdra sa place de professeur au collège royal; il s'exclura de l'Académie, et achevera sa ruine par la construction d'une machine à cribler le sable, et n'en séparera pas une paillette d'or; il s'en reviendra pauvre et déshonoré; en s'en revenant il passera sur une planche étroite; il tombera et se cassera une jambe. Celui-ci est un imitateur sublime de Nature; voyez ce qu'il sait exécuter, soit avec l'ébauchoir, soit avec le crayon, soit avec le pinceau; admirez son ouvrage étonnant; eh bien! il n'a pas sitôt déposé l'instrument de son métier, qu'il est fou. Ce poète, que la sagesse paraît inspirer, et dont les écrits sont remplis de sentences à graver en lettres d'or, dans un instant il ne sait plus ce qu'il dit, ce qu'il fait; il est fou. Cet orateur, qui s'empare de nos ames et de nos esprits, qui en dispose à son gré, descendu de la chaire, il n'est plus maître de lui; il est fou. Quelle différence! m'écriai-je, du génie et du sens commun de l'homme tranquille et de l'homme passionné! Heureux, cent fois heureux, m'écriai-je encore, M. Baliveau (1), capitoul de Toulouse! c'est M. Baliveau, qui boit bien, qui mange bien, qui digère bien, qui dort bien. C'est lui qui prend son café le matin, qui fait la police au marché, qui pérore dans sa petite famille, qui arrondit sa fortune, qui prêche à ses enfants la fortune, qui vend à temps son avoine et son blé, qui garde dans son cellier ses vins, jusqu'à ce que la gelée des vignes en ait amené la cherté; qui sait placer sûrement ses fonds; qui se vante de n'avoir jamais été enveloppé dans aucune faillite; qui vit ignoré; et pour qui le bonheur inutilement envié d'Horace, le bonheur de mourir ignoré fut fait. M. Baliveau est un homme fait pour son bonheur, et pour le malheur des autres. Son neveu, M. de l'Empirée (2), tout au contraire. On veut être M. de l'Empirée à vingt ans, et M. Baliveau à cinquante. C'est tout juste mon âge.

(1) Personnage de la comédie de Piron, intitulée *la Métromanie*. Édit[s].

(2) *Damis* ou M. de *l'Empirée*, autre personnage de *la Métromanie*. Édit[s].

J'étais encore à quelque distance du château, lorsque j'entendis sonner le souper. Je ne m'en pressai pas davantage; je me mets quelquefois à table le soir, mais il est rare que je mange. J'arrivai à temps pour recevoir quelques plaisanteries sur mes courses, et faire la chouette à deux femmes qui jouèrent les cinq à six premiers rois, d'un bonheur extraordinaire. La galerie, qui cherchait encore à les amuser à mes dépens, trouvait qu'avec la ressource dont j'étais dans la société, il ne fallait pas supporter plus long-temps ce goût effréné pour les montagnes et les forêts; qu'on y perdrait trop. On calcula ce que je devais à la compagnie à tant par partie, et à tant de parties par jour. Cependant la chance tourna, et les plaisants changèrent de côté. Il y a plusieurs petites observations, que j'ai presque toujours faites; c'est que les spectateurs au jeu ne manquent guère de prendre parti pour le plus fort, de se liguer avec la fortune, et de quitter des joueurs excellents qui n'intéressaient pas leur jeu, pour s'attrouper autour de pitoyables joueurs qui risquaient des masses d'or. Je ne néglige point ces petits phénomènes lorsqu'ils sont constants, parce qu'alors ils éclairent sur la nature humaine, que le même ressort meut dans les grandes occasions et dans les frivoles. Rien ne ressemble tant à un homme qu'un enfant. Combien le silence est nécessaire, et combien il est rarement gardé autour d'une table de jeu! Combien la plaisanterie qui trouble et contriste le perdant y est déplacée, et combien je ne sais quelle sorte de plate commisération est plus insupportable encore! S'il est rare de trouver un homme qui sache perdre, combien il est plus rare d'en trouver un qui sache gagner! Pour des femmes, il n'y en a point. Je n'en ai jamais vu une qui contînt ni sa bonne humeur dans la prospérité, ni sa mauvaise humeur dans l'adversité. La bizarrerie de certains hommes sérieusement irrités de la prédilection aveugle du sort, joueurs infidèles ou fâcheux par cette unique raison! Un certain abbé de Maginville, qui dépensait fort bien vingt louis à nous donner un excellent dîner, nous volait au jeu un petit écu, qu'il abandonnait le soir à ses gens! L'homme ambitionne la supériorité, même dans les plus petites choses. Jean-Jacques Rousseau, qui me gagnait toujours aux échecs, me refusait un avantage qui rendît la partie plus égale. —Souffrez-vous à perdre, me disait-il? —Non, lui répondais-je; mais je me défendrais mieux, et vous en auriez plus de plaisir.—Cela se peut, répliquait-il; laissons pourtant les choses comme elles sont. Je ne doute point que le premier président ne voulût savoir tenir un fleuret et tirer des armes mieux que Motet; et l'abbesse de Chelles, mieux danser que la Guimard. On sauve la médiocrité ou son ignorance par du mépris.

Il était tard quand je me retirai ; mais l'abbé me laissa dormir la grasse matinée. Il ne m'apparut que sur les dix heures, avec son bâton d'aube-épine et son chapeau rabattu. Je l'attendais ; et nous voilà partis avec les deux petits compagnons de nos pèlerinages, et précédés de deux valets, qui se relayaient à porter un large panier. Il y avait près d'une heure que nous marchions en silence à travers les détours d'une longue forêt qui nous dérobait à l'ardeur du soleil, lorsque tout à coup je me trouvai placé en face du paysage qui suit. Je ne vous en dis rien ; vous en jugerez.

Sixième site. Imaginez à droite la cîme d'un rocher qui se perd dans la nue. Il était dans le lointain, à en juger par les objets interposés, et la manière terne et grisâtre dont il était éclairé. Proche de nous, toutes les couleurs se distinguent; au loin, elles se confondent en s'éteignant; et leur confusion produit un blanc mat. Imaginez, au devant de ce rocher, et beaucoup plus voisin, une fabrique de vieilles arcades, sur le ceintre de ces arcades une plate-forme qui conduisait à une espèce de phare, au-delà de ce phare, à une grande distance, des monticules. Proche des arcades, mais tout-à-fait à notre droite, un torrent qui se précipitait d'une énorme hauteur, et dont les eaux écumeuses étaient resserrées dans la crevasse profonde d'un rocher, et brisées dans leur chute par des masses informes de pierres ; vers ces masses, quelques barques à flot ; à notre gauche, une langue de terre où des pêcheurs et autres gens étaient occupés. Sur cette langue de terre un bout de forêt éclairé par la lumière qui venait d'au-delà ; entre ce paysage de la gauche, le rocher crevassé et la fabrique de pierres, une échappée de mer qui s'étendait à l'infini, et sur cette mer quelques bâtiments dispersés ; à droite, les eaux de la mer baignaient le pied du phare, et d'une autre longue fabrique adjacente, en retour d'équerre, qui s'enfuyait dans le lointain.

Si vous ne vous faites pas un effort pour vous bien représenter ce site, vous me prendrez pour un fou, lorsque je vous dirai que je poussai un cri d'admiration, et que je restai immobile et stupéfait. L'abbé jouit un moment de ma surprise; il m'avoua qu'il s'était usé sur les beautés de Nature, mais qu'il était toujours neuf pour la surprise qu'elles causaient aux autres, ce qui m'expliqua la chaleur avec laquelle les gens à cabinet y appelaient les curieux. Il me laissa pour aller à ses élèves qui étaient assis à terre, le dos appuyé contre des arbres, leurs livres épars sur l'herbe, et le couvercle du panier posé sur leurs genoux, et leur servant de pupître. A quelque distance, les valets fatigués se reposaient étendus, et moi, j'errais incertain sous quel point je m'arrêterais et verrais. O Nature ! que tu es grande ! O

Nature! que tu es imposante, majestueuse et belle! C'est tout ce que je disais au fond de mon ame; mais comment pourrais-je vous rendre la variété des sensations délicieuses dont ces mots répétés en cent manières diverses étaient accompagnés. On les aurait sans doute toutes lues sur mon visage; on les aurait distinguées aux accents de ma voix, tantôt faibles, tantôt véhéments, tantôt coupés, tantôt continus. Quelquefois mes yeux et mes bras s'élevaient vers le ciel; quelquefois ils retombaient à mes côtés, comme entraînés de lassitude. Je crois que je versai quelques larmes. Vous, mon ami, qui connaissez si bien l'enthousiasme et son ivresse, dites-moi quelle est la main qui s'était placée sur mon cœur, qui le serrait, qui le rendait alternativement à son ressort, et suscitait dans tout mon corps ce frémissement qui se fait sentir particulièrement à la racine des cheveux, qui semblent alors s'animer et se mouvoir!

Qui sait le temps que je passai dans cet état d'enchantement? Je crois que j'y serais encore, sans un bruit confus de voix qui m'appelaient: c'étaient celles de nos petits élèves et de leur instituteur. J'allai les rejoindre à regret, et j'eus tort. Il était tard; j'étais épuisé; car toute sensation violente épuise: et je trouvai sur l'herbe des carafons de cristal remplis d'eau et de vin, avec un énorme pâté qui, sans avoir l'aspect auguste et sublime du site dont je m'étais arraché, n'était pourtant pas déplaisant à voir. O rois de la terre! quelle différence de la gaîté, de l'innocence et de la douceur de ce repas frugal et sain, et de la triste magnificence de vos banquets! Les dieux, assis à leur table, regardent aussi du haut de leurs célestes demeures le même spectacle qui attache nos regards. Du moins, les poètes du paganisme n'auraient pas manqué de le dire. O sauvages habitants des forêts, hommes libres qui vivez encore dans l'état de Nature, et que notre approche n'a point corrompus, que vous êtes heureux, si l'habitude qui affaiblit toutes les jouissances, et qui rend les privations plus amères, n'a point altéré le bonheur de votre vie!

Nous abandonnâmes les débris de notre repas aux domestiques qui nous avaient servis; et tandis que nos jeunes élèves se livraient sans contrainte aux amusements de leur âge, leur instituteur et moi, sans cesse distraits par les beautés de la nature, nous conversions moins que nous ne jetions des propos décousus.

—Mais, pourquoi y a-t-il si peu d'hommes touchés des charmes de la nature?

—C'est que la société leur a fait un goût et des beautés factices.

— Il me semble que la logique de la raison a fait bien d'autres progrès que la logique du goût.

—Aussi celle-ci est-elle si fine, si subtile, si délicate, suppose une connaissance si profonde de l'esprit et du cœur humain, de ses passions, de ses préjugés, de ses erreurs, de ses goûts, de ses terreurs, que peu sont en état de l'entendre, bien moins encore en état de la trouver. Il est bien plus aisé de démêler le vice d'un raisonnement, que la raison d'une beauté. D'ailleurs, l'une est bien plus vieille que l'autre. La raison s'occupe des choses; le goût, de leur manière d'être. Il faut avoir, c'est le point important; puis il faut avoir d'une certaine manière; d'abord une caverne, un asyle, un toit, une chaumière, une maison; ensuite une certaine maison, un certain domicile; d'abord une femme, ensuite une certaine femme. La nature demande la chose nécessaire. Il est fâcheux d'en être privé. Le goût la demande avec des qualités accessoires qui la rendent agréable.

— Combien de bizarreries, de diversités dans la recherche et le choix raffiné de ces accessoires!

— De tout temps et partout le mal engendra le bien, le bien inspira le mieux, le mieux produisit l'excellent; à l'excellent succéda le bizarre, dont la famille fut innombrable.... C'est qu'il y a dans l'exercice de la raison, et même des sens, quelque chose de commun à tous, et quelque chose de propre à chacun. Cent têtes mal faites, pour une qui l'est bien. La chose commune à tous est de l'espèce. La chose propre à chacun distingue l'individu. S'il n'y avait rien de commun, les hommes disputeraient sans cesse, et n'en viendraient jamais aux mains. S'il n'y avait rien de divers, ce serait tout le contraire. La nature a distribué entre les individus de la même espèce assez de ressemblance, assez de diversité pour faire le charme de l'entretien, et aiguiser la pointe de l'émulation.

— Ce qui n'empêche pas qu'on ne s'injurie quelquefois, et qu'on ne se tue.

—L'imagination et le jugement sont deux qualités communes et presque opposées. L'imagination ne crée rien, elle imite, elle compose, combine, exagère, agrandit, rapetisse. Elle s'occupe sans cesse de ressemblances. Le jugement observe, compare, et ne cherche que des différences. Le jugement est la qualité dominante du philosophe; l'imagination, la qualité dominante du poète.

— L'esprit philosophique est-il favorable ou défavorable à la poésie? Grande question presque décidée par ce peu de mots.

—Il est vrai. Plus de verve chez les peuples barbares que chez les peuples policés; plus de verve chez les Hébreux que chez les Grecs; plus de verve chez les Grecs que chez les Romains; plus de verve chez les Romains que chez les Italiens et les Français; plus de verve chez les Anglais que chez ces derniers. Partout décadence de la verve et de la poésie, à mesure que l'esprit philosophique a fait des progrès : on cesse de cultiver ce qu'on méprise. Platon chasse les poètes de sa cité. L'esprit philosophique veut des comparaisons plus resserrées, plus strictes, plus rigoureuses; sa marche circonspecte est ennemie du mouvement et des figures. Le règne des images passe à mesure que celui des choses s'étend. Il s'introduit par la raison une exactitude, une précision, une méthode, pardonnez-moi le mot, une sorte de pédanterie qui tue tout. Tous les préjugés civils et religieux se dissipent; et il est incroyable combien l'incrédulité ôte de ressources à la poésie. Les mœurs se policent, les usages barbares, poétiques et pittoresques cessent; et il est incroyable le mal que cette monotone politesse fait à la poésie. L'esprit philosophique amène le style sentencieux et sec. Les expressions abstraites qui renferment un grand nombre de phénomènes se multiplient, et prennent la place des expressions figurées. Les maximes de Sénèque et de Tacite succédèrent partout aux descriptions animées, aux tableaux de Tite-Live et de Cicéron; Fontenelle et La Motte à Bossuet et Fénélon. Quel est, à votre avis, l'espèce de poésie qui exige le plus de verve? L'ode, sans contredit. Il y a long-temps qu'on ne fait plus d'odes. Les Hébreux en ont fait, et ce sont les plus fougueuses. Les Grecs en ont fait, mais déjà avec moins d'enthousiasme que les Hébreux. Le philosophe raisonne, l'enthousiaste sent. Le philosophe est sobre, l'enthousiaste est ivre. Les Romains ont imité les Grecs dans le poème dont il s'agit; mais leur délire n'est presque qu'une singerie. Allez à cinq heures sous les arbres des Tuileries; là, vous trouverez de froids discoureurs placés parallèlement les uns à côté des autres, mesurant d'un pas égal des allées parallèles; aussi compassés dans leurs propos que dans leur allure; étrangers au tourment de l'ame d'un poète, qu'ils n'éprouvèrent jamais; et vous entendrez le dithyrambe de Pindare traité d'extravagance; et cet aigle endormi sous le sceptre de Jupiter, qui se balance sur ses pieds, et dont les plumes frissonnent aux accents de l'harmonie, mis au rang des images puériles. Quand voit-on naître les critiques et les grammairiens? tout juste après le siècle du génie et des productions divines. Ce siècle s'éclipse, pour ne plus reparaître; ce n'est pas que Nature qui produit des chênes aussi grands que ceux d'autrefois, ne produise encore aujourd'hui des têtes antiques; mais ces têtes étonnantes se rétrécissent en subissant la loi générale d'un goût pusillanime et régnant. Il n'y a qu'un moment heureux; c'est celui où il y a assez de verve et de liberté pour être chaud, assez de jugement et de goût pour être sage. Le génie crée les beautés; la critique remarque les défauts. Il faut de l'imagination pour l'un, du jugement pour l'autre. Si j'avais l'imagination à peindre, je la montrerais arrachant les plumes à Pégase, et le pliant aux allures de l'Académie. Il n'est plus, cet animal fougueux, qui hennit, gratte la terre du pied, se cabre et déploie ses grandes ailes; c'est une bête de somme, la monture de l'abbé Morellet, prototype de la méthode. La discipline militaire naît quand il n'y a plus de généraux; la méthode, quand il n'y a plus de génie.

Cher abbé, il y a long-temps que nous conversons; vous m'avez entendu, compris, je crois? — Très-bien. — Et croyez-vous avoir entendu autre chose que des mots? — Assurément. — Eh bien! vous vous trompez; vous n'avez entendu que des mots, et rien que des mots. Il n'y a dans un discours que des expressions abstraites qui désignent des idées, des vues plus ou moins générales de l'esprit, et des expressions représentatives qui désignent des êtres physiques. Quoi! tandis que je parlais, vous vous occupiez de l'énumération des idées comprises sous les mots abstraits; votre imagination travaillait à se peindre la suite des images enchaînées de mon discours; vous n'y pensez pas, cher abbé; j'aurais été à la fin de mon oraison, que vous en seriez encore au premier mot; à la fin de ma description, que vous n'eussiez pas esquissé la première figure de mon tableau. — Ma foi, vous pourriez bien avoir raison. — Si je l'ai? j'en appelle à votre expérience. Écoutez-moi.

L'enfer s'émeut au bruit de Neptune en furie,
Pluton sort de son trône, il pâlit, il s'écrie;
Il a peur que le Dieu dans cet affreux séjour
D'un coup de son trident ne fasse entrer le jour,
Et par le centre ouvert de la terre ébranlée
Ne fasse voir du Styx la rive désolée;
Ne découvre aux vivants cet empire odieux,
Abhorré des mortels, et craint même des dieux (1).

Dites-moi; vous avez vu, tandis que je récitais, les enfers, le Styx, Neptune avec son trident, Pluton s'élançant d'effroi, le centre de la terre entr'ouvert, les mortels, les Dieux? il n'en est rien. — Voilà un mystère bien surprenant; car enfin, sans me rappeler d'idées, sans me peindre d'images, j'ai pourtant éprouvé toute l'impression de ce terrible et sublime morceau. — C'est le mystère de la conversation journalière. — Et vous m'expliquerez ce mystère? — Si je puis. — Nous avons été enfants, il y a malheureusement long-temps, cher abbé. Dans l'enfance on nous prononçait des mots; ces mots se fixaient dans notre mémoire, et le sens dans notre entendement, ou par une idée, ou par une image; et cette idée ou image était accompagnée d'aversion, de haine, de plaisir, de terreur, de desir, d'indignation, de mépris; pendant un assez grand

(1) BOILEAU, traduction du *Traité du Sublime* de Longin, chap. VII. — HOMÈRE, *Iliade*, livre XX, v. 61. ÉDIT.

nombre d'années, à chaque mot prononcé, l'idée ou l'image nous revenait avec la sensation qui lui était propre; mais à la longue nous en avons usé avec les mots, comme avec les pièces de monnaie: nous ne regardons plus à l'empreinte, à la légende, au cordon, pour en connaître la valeur; nous les donnons et nous les recevons à la forme et au poids: ainsi des mots, vous dis-je. Nous avons laissé là de côté l'idée ou l'image, pour nous en tenir au son et à la sensation. Un discours prononcé n'est plus qu'une longue suite de sons et de sentations primitivement excitées. Le cœur et les oreilles sont en jeu, l'esprit n'y est plus; c'est à l'effet successif de ces sensations, à leur violence, à leur somme, que nous nous entendons et jugeons. Sans cette abréviation nous ne pourrions converser; il nous faudrait une journée pour dire et apprécier une phrase un peu longue. Et que fait le philosophe qui pèse, s'arrête, analyse, décompose? il revient par le soupçon, le doute, à l'état de l'enfance. Pourquoi met-on si fortement l'imagination de l'enfant en jeu, si difficilement celle de l'homme fait? C'est que l'enfant, à chaque mot, recherche l'image, l'idée; il regarde dans sa tête. L'homme fait a l'habitude de cette monnaie; une longue période n'est plus pour lui qu'une série de vieilles impressions, un calcul d'additions, de soustractions, un art combinatoire, les comptes faits de Barême. De là vient la rapidité de la conversation où tout s'expédie par formule comme à l'Académie, ou comme à la Halle où l'on n'attache les yeux sur une pièce, que quand on en suspecte la valeur; cas rares de choses inouies, non vues, rarement aperçues, rapports subtils d'idées, images singulières et neuves. Il faut alors recourir à la nature, au premier modèle, à la première voie d'institution. De là, le plaisir des ouvrages originaux, la fatigue des livres qui font penser, la difficulté d'intéresser, soit en parlant, soit en écrivant. Si je vous parle du *Clair de lune* de Vernet, *dans les premiers jours de septembre*, je pense bien qu'à ces mots vous vous rappelerez quelques traits principaux de ce tableau, mais vous ne tarderez pas à vous dispenser de cette fatigue; et bientôt vous n'approuverez l'éloge ou la critique que j'en ferai, que d'après la mémoire de la sensation que vous en aurez primitivement éprouvée, et ainsi de tous les morceaux de peinture du Salon, et de tous les objets de la nature. Qui sont donc les hommes les plus faciles à émouvoir, à troubler, à tromper? Peut-être ce sont ceux qui sont restés enfants, et en qui l'habitude des signes n'a point ôté la facilité de se représenter les choses.

Après un instant de silence et de réflexion, saisissant l'abbé par le bras, je lui dis : L'abbé, l'étrange machine qu'une langue, et la machine plus étrange encore qu'une tête! Il n'y a rien dans aucune des deux qui ne tienne par quelque coin; point de signes si disparates qui ne confinent, point d'idées si bizarres qui ne se touchent. Combien de choses heureusement amenées par la rime dans nos poètes!

Après un second instant de silence et de réflexion, j'ajoutai : Les philosophes disent que deux causes diverses ne peuvent produire un effet identique; et s'il y a un axiome dans la science qui soit vrai, c'est celui-là; et deux causes diverses en nature, ce sont deux hommes..... Et l'abbé, dont la rêverie allait apparemment le même chemin que la mienne, continua en disant : Cependant deux hommes ont la même pensée, et la rendent par les mêmes expressions; et deux poètes ont quelquefois fait deux mêmes vers sur un même sujet. Que devient donc l'axiome? — Ce qu'il devient? il reste intact. — Et comment cela, s'il vous plaît? — Comment? C'est qu'il n'y a dans la même pensée rendue par les mêmes expressions, dans les deux vers faits sur un même sujet, qu'une identité de phénomène apparente; et c'est la pauvreté de la langue qui occasione cette apparence d'identité. — J'entrevois, dit l'abbé : à votre avis, les deux parleurs qui ont dit la même chose dans les mêmes mots; les deux poètes qui ont fait les deux mêmes vers sur le même sujet, n'ont eu aucune sensation commune; et si la langue avait été assez féconde pour répondre à toute la variété de leurs sensations, ils se seraient exprimés tout diversement. — Fort bien l'abbé. — Il n'y aurait pas eu un mot commun dans leurs discours. — A merveille. — Pas plus qu'il n'y a un accent commun dans leur manière de prononcer, une même lettre dans leur écriture. — C'est cela; et si vous n'y prenez garde, vous deviendrez philosophe. — C'est une maladie facile à gagner avec vous. — Vraie maladie, mon cher abbé. C'est cette variété d'accents que vous avez très-bien remarquée, qui supplée à la disette des mots, et qui détruit les identités si fréquentes d'effets produits par les mêmes causes. La quantité des mots est bornée; celle des accents est infinie; c'est ainsi que chacun a sa langue propre, individuelle, et parle comme il sent; est froid ou chaud, rapide ou tranquille; est lui et n'est que lui, tandis qu'à l'idée et à l'expression il paraît ressembler à un autre. — J'ai, dit l'abbé, souvent été frappé de la disparate de la chose et du ton. — Et moi aussi; quoique cette langue d'accents soit infinie, elle s'entend. C'est la langue de Nature; c'est le modèle du musicien; c'est la source vraie du grand symphoniste. Je ne sais quel auteur a dit : *Musices seminarium accentus*. — C'est Capella. Jamais aussi vous n'avez entendu chanter le même air, à peu près de la même manière, par deux chanteurs. Cependant, et les paroles et le chant, et la mesure et le ton, autant d'entraves données, semblaient devoir concourir à fortifier l'identité de l'effet. Il en arrive cependant tout le contraire; c'est qu'alors la langue du sentiment, la langue de Nature, l'idiome individuel était parlé en même temps que la langue pauvre et commune. C'est que la variété de la première de ces langues détruisait toutes les identités de la seconde, des paroles, du ton, de la mesure et du chant. Jamais, depuis que le monde est monde, deux amants n'ont dit identiquement, *je vous aime;* et dans l'éternité qui lui reste à durer, jamais deux femmes ne répondront identiquement, *vous êtes aimé.* Depuis que *Zaïre* est sur la scène, Orosmane n'a pas dit et ne dira pas deux fois identiquement : *Zaïre, vous pleurez.* Cela est dur à avancer. — Et à croire. — Cela n'en est pas moins vrai. C'est la thèse des deux grains de sable de Leibnitz.

— Et quel rapport, s'il vous plaît, entre cette bouffée de métaphysique, vraie ou fausse, et l'effet de l'esprit philosophique sur la poésie?

— C'est, cher abbé, ce que je vous laisse à chercher de vous-même. Il faut bien que vous vous occupiez encore un peu de moi, quand je n'y serai plus. Il y a dans la poésie toujours un peu de mensonge. L'esprit philosophique nous habitue à le discerner; et adieu l'illusion et l'effet.

Les premiers des sauvages qui virent à la proue d'un vaisseau une image peinte, la prirent pour un être réel et vivant; et ils y portèrent leurs mains. Pourquoi les contes des fées font-ils tant d'impression aux enfants? C'est qu'ils ont moins de raison et d'expérience. Attendez l'âge, et vous les verrez sourire de mépris à leur bonne. C'est le rôle du philosophe et du poète. Il n'y a plus moyen de faire des contes à nos gens.

On s'accorde plus aisément sur une ressemblance que sur une différence. On juge mieux d'une image que d'une idée. Le jeune homme passionné n'est pas difficile dans ses goûts; il veut avoir. Le vieillard est moins pressé; il attend, il choisit. Le jeune homme veut une femme, le sexe lui suffit : le vieillard la veut belle. Une nation est vieille quand elle a du goût.

— Et vous voilà, après une assez longue excursion, revenu au point d'où vous êtes parti.

— C'est que, dans la science, ainsi que dans la nature, tout tient; et qu'une idée stérile et un phénomène isolé sont deux impossibilités. —

Les ombres des montagnes commençaient à s'allonger, et la fumée à s'élever au loin au-dessus des hameaux; ou en langue moins poétique, il commençait à se faire tard, lorsque nous vîmes approcher une voiture. — C'est, dit l'abbé, le carrosse de la maison; il nous débarrassera de ces marmots, qui, d'ailleurs, sont trop las pour s'en retourner à pied. Nous reviendrons, nous, au clair de la lune; et peut-être trouverez-vous que la nuit a aussi sa beauté. — Je n'en doute pas, et je n'aurais pas grand'peine à vous en dire les raisons. — Cependant le carrosse s'éloignait avec les deux petits enfants, les ténèbres s'augmentaient, les bruits s'affaiblissaient dans la campagne, la lune s'élevait sur l'horizon; la nature prenait un aspect grave dans les lieux privés de la lumière, tendre dans les plaines éclairées. Nous allions en silence, l'abbé me précédant, moi le suivant, et m'attendant à chaque pas à quelque nouveau coup de théâtre. Je ne me trompais pas. Mais comment vous en rendre l'effet et la magie? Ce ciel orageux et obscur, ces nuées épaisses et noires, toute la profondeur, toute la terreur qu'elles donnaient à la scène; la teinte qu'elles jetaient sur les eaux, l'immensité de leur étendue; la distance infinie de l'astre à demi-voilé, dont les rayons tremblaient à leur surface; la vérité de cette nuit, la variété des objets et des scènes qu'on y discernait, le bruit et le silence, le mouvement et le repos, l'esprit des incidents, la grâce, l'élégance, l'action des figures; la vigueur de la couleur, la pureté du dessin, mais surtout l'harmonie et le sortilége de l'ensemble : rien de négligé, rien de confus; c'est la loi de la nature riche sans profusion, et produisant les plus grands phénomènes avec la moindre quantité de dépense. Il y a des nuées; mais un ciel, qui devient orageux ou qui va cesser de l'être, n'en assemble pas davantage. Elles s'étendent ou se ramassent et se meuvent; mais c'est le vrai mouvement, l'ondulation réelle qu'elles ont dans l'atmosphère : elles obscurcissent; mais la mesure de cette obscurité est juste. C'est ainsi que nous avons vu cent fois l'astre de la nuit en percer l'épaisseur. C'est ainsi que nous avons vu sa lumière affaiblie et pâle, trembler et vaciller sur les eaux. Ce n'est point un port de mer que l'artiste a voulu peindre. — L'artiste! — Oui, mon ami, l'*artiste*. Mon secret m'est échappé; et il n'est plus temps de recourir après : entraîné par le charme du *Clair de lune* de Vernet, j'ai oublié que je vous avais fait un conte jusqu'à présent, et que je m'étais supposé devant la nature (et l'illusion était bien facile), puis tout à coup je me suis retrouvé de la campagne au Salon. — Quoi! me direz-vous, l'instituteur, ces deux petits élèves, le déjeuner sur l'herbe, le pâté, sont imaginés?—*È vero.* —Ces différents sites sont des tableaux de Vernet?— *Tu l'hai detto.*—Et c'est pour rompre l'ennui et la monotonie des descriptions que vous en avez fait des paysages réels, et que vous avez encadré des paysages dans des entretiens? — *A maraviglia; bravo; ben sentito.* Ce n'est donc plus de la nature, c'est de l'art; ce n'est plus de Dieu, c'est de Vernet que je vais vous parler.

Ce n'est point, vous disais-je, un port de mer qu'il a voulu peindre. On ne voit pas ici plus de bâtiments qu'il n'en faut pour enrichir et animer la scène. C'est l'intelligence et le goût ; c'est l'art qui les a distribués pour l'effet; mais l'effet est produit sans que l'art s'aperçoive. Il y a des incidents, mais pas plus que l'espace et le moment de la composition n'en exigent. C'est, vous le répéterai-je, la richesse et la parcimonie de Nature toujours économe, et jamais avare ni pauvre. Tout est vrai. On le sent. On n'accuse, on ne desire rien, on jouit également de tout. J'ai ouï dire à des personnes qui avaient fréquenté long-temps les bords de la mer, qu'elles reconnaissaient sur cette toile, ce ciel, ces nuées, ce temps, toute cette composition.

Septième tableau. Ce n'est donc plus à l'abbé que je m'adresse, c'est à vous. La lune élevée sur l'horizon est à demi cachée dans des nuées épaisses et noires : un ciel tout-à-fait orageux et obscur occupe le centre de ce tableau, et teint de sa lumière pâle et faible, et le rideau qui l'offusque, et la surface de la mer qu'elle domine. On voit, à droite, une fabrique ; proche de cette fabrique, sur un plan plus avancé sur le devant, les débris d'un pilotis ; un peu plus vers la gauche et le fond, une nacelle, à la proue de laquelle un marinier tient une torche allumée; cette nacelle vogue vers le pilotis : plus encore sur le fond, et presque en pleine mer, un vaisseau à la voile, et faisant route vers la fabrique; puis, une étendue de mer obscure illimitée. Tout-à-fait à gauche, des rochers escarpés; au pied de ces rochers, un massif de pierre, une espèce d'esplanade d'où l'on descend de face et de côté, vers la mer; sur l'espace qu'elle enceint à gauche contre les rochers, une tente dressée; au dehors de cette tente, une tonne, sur laquelle deux matelots, l'un assis par devant, l'autre accoudé par derrière, et tous les deux regardant vers un brasier allumé à terre, sur le milieu de l'esplanade. Sur ce brasier, une marmite suspendue par des chaînes de fer, à une espèce de trépied. Devant cette marmite, un matelot, accroupi et vu par le dos; plus, vers sa gauche, une femme accroupie et vue de profil. Contre le mur vertical qui forme le derrière de la fontaine, debout, le dos appuyé contre ce mur, deux figures, charmantes pour la grâce, le naturel, le caractère, la position, la mollesse, l'une d'homme, l'autre de femme. C'est un époux, peut-être, et sa jeune épouse; ce sont deux amants; un frère et sa sœur. Voilà à peu près toute cette prodigieuse composition. Mais, que signifient mes expressions exagérées et froides, mes lignes sans chaleur et sans vie, ces lignes que je viens de tracer les unes au-dessous des autres? Rien, mais rien du tout; il faut voir la chose. Encore oubliais-je de dire que sur les degrés de l'esplanade il y a des commerçants, des marins occupés à rouler, à porter, agissants, de repos; et tout-à-fait sur la gauche et les derniers degrés, des pêcheurs à leurs filets.

Je ne sais ce que je louerai de préférence dans ce morceau. Est-ce le reflet de la lune sur ces eaux ondulantes? Sont-ce ces nuées sombres et chargées et leur mouvement? Est-ce ce vaisseau qui passe au-devant de l'astre de la nuit, et qui le renvoie et l'attache à son immense éloignement? Est-ce la réflexion dans le fluide de la petite torche que ce marin tient à l'extrémité de la nacelle? Sont-ce les deux figures adossées à la fontaine? Est-ce le brasier dont la lueur rougeâtre se propage sur tous les objets environnants, sans détruire l'harmonie? Est-ce l'effet total de cette nuit? Est-ce cette belle masse de lumière qui colore les prééminences de cette roche, et dont la vapeur se mêle à la partie des nuages auxquels elle se réunit?

On dit de ce tableau, que c'est le plus beau de Vernet, parce que c'est toujours le dernier ouvrage de ce grand maître qu'on appelle le plus beau; mais, encore une fois, il faut le voir. L'effet de ces deux lumières, ces lieux, ces nuées, ces ténèbres qui couvrent tout, et laissent discerner tout; la terreur et la vérité de cette scène auguste, tout cela se sent fortement, et ne se décrit point.

Ce qu'il y a d'étonnant, c'est que l'artiste se rappelle ces effets à deux cents lieues de la nature, et qu'il n'a de modèle présent que dans son imagination; c'est qu'il peint avec une vitesse incroyable; c'est qu'il dit: Que la lumière se fasse, et la lumière est faite; que la nuit succède au jour, et le jour aux ténèbres, et il fait nuit, et il fait jour; c'est que son imagination, aussi juste que féconde, lui fournit toutes ces vérités; c'est qu'elles sont telles, que celui qui en fut spectateur froid et tranquille au bord de la mer, en est émerveillé sur la toile; c'est qu'en effet ces compositions prêchent plus fortement la grandeur, la puissance, la majesté de la nature, que la nature même. Il est écrit: *Cœli enarrant gloriam Dei*. Mais ce sont les cieux de Vernet; c'est la gloire de Vernet. Que ne fait-il pas avec excellence! Figure humaine de tous les âges, de tous les états, de toutes les nations; arbres, animaux, paysages, marines, perspectives; toute sorte de poésie, rochers imposants, montagnes, eaux dormantes, agitées, précipitées; torrents, mers tranquilles, mers en fureur; sites variés à l'infini, fabriques grecques, romaines, gothiques; architectures civile, militaire, ancienne, moderne; ruines, palais, chaumières ; constructions, gréements, manœuvres, vaisseaux ; cieux, lointains, calme, temps orageux, temps serein ; ciel de diverses saisons, lumières de diverses heures du jour ; tempêtes, naufrages, situations déplorables, victimes et scènes pathétiques de toute espèce ; jour, nuit, lumières naturelles, artificielles, effets séparés ou confondus de ces lumières. Aucune de ses scènes accidentelles, qui ne fît seule un tableau précieux. Oubliez toute la droite de son *Clair de lune*, couvrez-la, et ne voyez que les rochers et l'esplanade de la gauche, et vous aurez un beau tableau. Séparez la partie de la mer et du ciel, d'où la lumière lunaire tombe sur les eaux, et vous aurez un beau tableau. Ne considérez sur la toile que le rocher de la gauche ; et vous aurez vu une belle chose. Contentez-vous de l'esplanade et de ce qui s'y passe ; ne regardez que les degrés avec les différentes manœuvres qui s'y exécutent ; et votre goût sera satisfait. Coupez seulement cette fontaine avec les deux figures qui y sont adossées ; et vous emporterez sous votre bras un morceau de prix. Mais, si chaque portion isolée vous affecte ainsi, quel ne doit pas être l'effet de l'ensemble ! le mérite du tout !

Voilà vraiment le tableau de Vernet que je voudrais posséder. Un père, qui a des enfants et une fortune modique, serait économe en l'acquérant. Il en jouirait toute sa vie ; et dans vingt à trente ans d'ici, lorsqu'il n'y aura plus de Vernet, il aurait encore placé son argent à un très-honnête intérêt; car lorsque la mort aura brisé la palette de cet artiste, qui est-ce qui en ramassera les débris? Qui est-ce qui le restituera à nos neveux? Qui est-ce qui paiera ses ouvrages?

Tout ce que je vous ai dit de la manière et du talent de Vernet, entendez-le des quatre premiers tableaux que je vous ai décrits, comme des sites naturels.

Le cinquième est un de ses premiers ouvrages. Il le fit à Rome pour un habit, veste et culotte. Il est très-beau, très-harmonieux; et c'est aujourd'hui un morceau de prix.

En comparant les tableaux qui sortent tout frais de dessus son chevalet, avec ceux qu'il a peints autrefois, on l'accuse d'avoir outré sa couleur. Vernet dit qu'il laisse au temps le soin de répondre à ce reproche, et de montrer à ses critiques combien ils jugent mal. Il observait, à cette occasion, que la plupart des jeunes élèves qui allaient à Rome copier d'après les anciens maîtres, y apprenaient l'art de faire de vieux tableaux : ils ne songeaient pas que, pour que leurs compositions gardassent au bout de cent ans la vigueur de celles qu'ils prenaient pour modèles, il fallait savoir apprécier l'effet d'un ou de deux siècles, et se précautionner contre l'action des causes qui détruisent.

Le sixième est bien un Vernet, mais un Vernet faible, faible :

. . . . *Aliquando bonus dormitat....* (1).

Ce n'est pas un grand ouvrage, mais c'est l'ouvrage d'un grand peintre ; ce qu'on peut dire toujours des feuilles volantes de Voltaire. On y trouve le signe caractéristique, l'ongle du lion.

Mais comment, me direz-vous, le poète, l'orateur, le peintre, le sculpteur, peuvent-ils être si inégaux, si différents d'eux-mêmes ? C'est l'affaire du moment, de l'état du corps, de l'état de l'ame ; une petite querelle domestique, une caresse faite le matin à sa femme, avant que d'aller à l'atelier, deux gouttes de fluide perdues et qui renfermaient tout le feu, toute la chaleur, tout le génie ; un enfant qui a dit ou fait une sottise, un ami qui a manqué de délicatesse, une maîtresse qui aura accueilli trop familièrement un indifférent ; que sais-je ? un lit trop froid ou trop chaud, une couverture qui tombe la nuit, un oreiller mal mis sur son chevet, un demi-verre de vin pris de trop, un embarras d'estomac, des cheveux ébouriffés sous le bonnet ; et adieu la verve. Il y a du hasard aux échecs ; et à tous les autres jeux de l'esprit. Et pourquoi n'y en aurait-il pas ? L'idée sublime qui se présente, où était-elle l'instant précédent ? A quoi tient-il

(1) HORAT. *de Art. Poet.* v. 287. ÉDIT.

qu'elle soit ou ne soit pas venue? Ce que je sais, c'est qu'elle est tellement liée à l'ordre fatal de la vie du poète et de l'artiste, qu'elle n'a pas pu venir ni plus tôt ni plus tard, et qu'il est absurde de la supposer précisément la même dans un autre être, dans une autre vie, dans un autre ordre de choses.

Le septième est un tableau de l'effet le plus piquant et le plus grand. Il semblerait que de concert Vernet et Loutherbourg se seraient proposé de lutter, tant il y a de ressemblance entre cette composition de l'un et une autre composition du second; même ordonnance, même sujet, presque même fabrique, mais il n'y a pas à s'y tromper. De toute la scène de Vernet, ne laissez apercevoir que les pêcheurs placés sur la langue de terre, ou que la touffe d'arbres à gauche, plongés dans la demi-teinte ou éclairés de la lumière du soleil couchant qui vient du fond, et vous direz : Voilà Vernet; Loutherbourg n'en sait pas encore jusque-là.

Ce Vernet, ce terrible Vernet, joint la plus grande modestie au plus grand talent. Il me disait un jour : Me demandez-vous si je fais les ciels comme tel maître, je vous répondrai que non; les figures comme tel autre, je vous répondrai que non; les arbres et le paysage comme celui-ci, même réponse; les brouillards, les eaux, les vapeurs comme celui-là, même réponse encore. Inférieur à chacun d'eux dans une partie, je les surpasse tous dans toutes les autres : et cela est vrai.

Bon soir, mon ami, en voilà bien suffisamment sur Vernet. Demain matin, si je me rappelle quelque chose que j'aie omis, et qui vaille la peine de vous être dit, vous le saurez.

J'ai passé la nuit la plus agitée. C'est un état bien singulier que celui du rêve. Aucun philosophe que je connaisse n'a encore assigné la vraie différence de la veille et du rêve. Veillai-je, quand je crois rêver? rêvai-je, quand je crois veiller? Qui m'a dit que le voile ne se déchirerait pas un jour, et que je ne resterai pas convaincu que j'ai rêvé tout ce que j'ai fait, et fait réellement tout ce que j'ai rêvé? Les eaux, les arbres, les forêts que j'ai vus en nature, m'ont certainement fait une impression moins forte que les mêmes objets en rêve. J'ai vu, ou j'ai cru voir, tout comme il vous plaira, une vaste étendue de mer s'ouvrir devant moi. J'étais éperdu sur le rivage à l'aspect d'un navire enflammé. J'ai vu la chaloupe s'approcher du navire, se remplir d'hommes, et s'éloigner. J'ai vu les malheureux, que la chaloupe n'avait pu recevoir, s'agiter, courir sur le tillac du navire, pousser des cris. J'ai entendu leurs cris; je les ai vus se précipiter dans les eaux, nager vers la chaloupe, s'y attacher. J'ai vu la chaloupe prête à être submergée;

elle l'aurait été, si ceux qui l'occupaient, ô loi terrible de la nécessité! n'eussent coupé les mains, fendu la tête, enfoncé le glaive dans la gorge et dans la poitrine, tué, massacré impitoyablement leurs semblables, les compagnons de leur voyage, qui leur tendaient en vain, du milieu des flots, des bords de la chaloupe, des mains suppliantes, et leur adressaient des prières qui n'étaient point entendues. J'en vois encore un de ces malheureux, je le vois, il a reçu un coup mortel dans les flancs. Il est étendu à la surface de la mer, sa longue chevelure est éparse, son sang coule d'une large blessure; l'abîme va l'engloutir; je ne le vois plus. J'ai vu un autre matelot entraîner après lui sa femme qu'il avait ceinte d'un cable par le milieu du corps; ce même cable faisait plusieurs tours sur un de ses bras; il nageait, ses forces commençaient à défaillir, sa femme le conjurait de se sauver et de la laisser périr. Cependant la flamme du vaisseau éclairait les lieux circonvoisins, et ce spectacle terrible avait attiré sur le rivage et sur les rochers les habitants de la contrée, qui en détournaient leurs regards.

Une scène plus douce et plus pathétique succéda à celle-là. Un vaisseau avait été battu d'une affreuse tempête; je n'en pouvais douter à ses mâts brisés, à ses voiles déchirées, à ses flancs enfoncés, à la manœuvre des matelots qui ne cessaient de travailler à la pompe. Ils étaient incertains, malgré leurs efforts, s'ils ne couleraient point à fond, à la rive même qu'ils avaient touchée; cependant il régnait encore sur les flots un murmure sourd. L'eau blanchissait les rochers de son écume; les arbres qui les couvraient, avaient été brisés, déracinés. Je voyais de toutes parts les ravages de la tempête; mais le spectacle qui m'arrêta, ce fut celui des passagers qui, épars sur le rivage, frappés du péril auquel ils avaient échappé, pleuraient, s'embrassaient, levaient leurs mains au ciel, posaient leurs fronts à terre; je voyais des filles défaillantes entre les bras de leurs mères, de jeunes épouses transies sur le sein de leurs époux; et au milieu de ce tumulte, un enfant qui sommeillait paisiblement dans son maillot. Je voyais sur la planche qui descendait du navire au rivage, une mère qui tenait un petit enfant pressé sur son sein; elle en portait un second sur ses épaules; celui-ci lui baisait les joues. Cette femme était suivie de son mari, il était chargé de nippes et d'un troisième enfant qu'il conduisait par ses lisières. Sans doute ce père et cette mère avaient été les derniers à sortir du vaisseau, résolus à se sauver ou à périr avec leurs enfants. Je voyais toutes ces scènes touchantes, et j'en versais des larmes réelles. O mon ami! l'empire de la tête sur les intestins est violent, sans doute; mais celui des intestins sur la tête l'est-il moins? Je veille, je vois, j'entends, je regarde, je suis frappé de terreur. A l'instant la tête commande, agit, dispose des autres organes. Je dors, les organes conçoivent d'eux-mêmes la même agitation, le même mouvement, les mêmes spasmes que la terreur leur avait imprimés; et à l'instant ces organes commandent à la tête, en disposent; et je crois voir, regarder, entendre. Notre vie se partage ainsi en deux manières diverses, de veiller et de sommeiller. Il y a la veille de la tête, pendant laquelle les intestins obéissent, sont passifs; il y a la veille des intestins, où la tête est passive, obéissante, commandée : où l'action descend de la tête aux viscères, aux nerfs, aux intestins; et c'est ce que nous appelons veiller : où l'action remonte des viscères, des nerfs, des intestins à la tête; et c'est ce que nous appelons rêver. Il peut arriver que cette dernière action soit plus forte que la précédente ne l'a été et n'a pu l'être; alors le rêve nous affecte plus vivement que la réalité. Tel, peut-être, veille comme un sot, et rêve comme un homme d'esprit. La variété des spasmes, que les intestins peuvent concevoir d'eux-mêmes, correspond à toute la variété des rêves et à toute la variété des délires; à toute la variété des rêves de l'homme sain qui sommeille, à toute la variété des délires de l'homme malade qui veille et qui n'est pas plus à lui. Je suis au coin de mon foyer, tout prospère autour de moi; je suis dans une entière sécurité. Tout à coup il me semble que les murs de mon appartement chancèlent; je frissonne, je lève les yeux à mon plafond, comme s'il menaçait de s'écrouler sur ma tête. Je crois entendre la plainte de ma femme, les cris de ma fille. Je me tâte le pouls; c'est la fièvre que j'ai : c'est l'action qui remonte des intestins à la tête, et qui en dispose. Bientôt la cause de ces effets connue, la tête reprendra son sceptre et son autorité, et tous les fantômes disparaîtront. L'homme ne dort vraiment, que quand il dort tout entier. Vous voyez une belle femme; sa beauté vous frappe; vous êtes jeune; aussitôt l'organe propre du plaisir prend son élasticité; vous dormez, et cet organe indocile s'agite; aussitôt vous revoyez la belle femme, et vous en jouissez plus voluptueusement peut-être. Tout s'exécute dans un ordre contraire, si l'action des intestins sur la tête est plus forte que ne le peut être celle des objets mêmes : un imbécile dans la fièvre, une fille histérique ou vaporeuse, sera grande, fière, haute, éloquente,

Nec mortale sonans....... (1).

La fièvre tombe, l'histérisme cesse, et la sottise renaît. Vous concevez maintenant ce que c'est que le fromage mou qui remplit la capacité de votre crâne et du mien. C'est le corps d'une araignée

(1) Virgil., *Æneid.* lib. vi, vers. 50. Édit[s].

dont tous les filets nerveux sont les pattes ou la toile. Chaque sens a son langage. Lui, il n'a point d'idiome propre; il ne voit point, il n'entend point, il ne sent même pas; mais c'est un excellent truchement. Je mettrais à tout ce système plus de vraisemblance[1] et de clarté, si j'en avais le temps. Je vous montrerais tantôt les pattes de l'araignée agissant sur le corps de l'animal, tantôt le corps de l'animal mettant les pattes en mouvement. Il me faudrait aussi un peu de pratique de médecine; il me faudrait.... du repos, s'il vous plaît, car j'en ai besoin.

Mais je vous vois froncer le sourcil. De quoi s'agit-il encore; que me demandez-vous?.... J'entends; vous ne laissez rien en arrière. J'avais promis à l'abbé quelque radoterie sur les idées accessoires des ténèbres et de l'obscurité. Allons, tirons-nous vite cette dernière épine du pied; et qu'il n'en soit plus question.

Tout ce qui étonne l'ame, tout ce qui imprime un sentiment de terreur conduit au sublime. Une vaste plaine n'étonne pas comme l'océan, ni l'océan tranquille comme l'océan agité.

L'obscurité ajoute à la terreur. Les scènes de ténèbres sont rares dans les compositions tragi-

[1] C'est ce que Diderot a exécuté depuis avec succès dans ce beau et profond dialogue, dont j'ai donné une analyse raisonnée dans mes *Mémoires historiques et philosophiques sur la vie et les ouvrages de ce philosophe*. N.

ques. La difficulté du technique les rend encore plus rares dans la peinture, où d'ailleurs elles sont ingrates, et d'un effet qui n'a de vrai juge que parmi les maîtres. Allez à l'Académie, et proposez-y seulement ce sujet, tout simple qu'il est; demandez qu'on vous montre l'Amour volant au-dessus du globe pendant la nuit, tenant, secouant son flambeau, et faisant pleuvoir sur la terre, à travers le nuage qui le porte, une rosée de gouttes de feu entremêlées de flèches.

La nuit dérobe les formes, donne de l'horreur aux bruits; ne fût-ce que celui d'une feuille, au fond d'une forêt, il met l'imagination en jeu; l'imagination secoue vivement les entrailles; tout s'exagère. L'homme prudent entre en méfiance; le lâche s'arrête, frémit ou s'enfuit; le brave porte la main sur la garde de son épée.

Les temples sont obscurs. Les tyrans se montrent peu; on ne les voit point, et à leurs atrocités on les juge plus grands que nature. Le sanctuaire de l'homme civilisé et de l'homme sauvage est rempli de ténèbres. C'est de l'art de s'en imposer à soi-même qu'on peut dire :

Quod latet arcana non enarrabile fibra (1).

Prêtres, placez vos autels, élevez vos édifices au fond des forêts. Que les plaintes de vos victimes percent les ténèbres. Que vos scènes mystérieuses

(1) A. Persii Flacci, sat. v, vers. 29. Édits.

théurgiques, sanglantes, ne soient éclairées que de la lueur funeste des torches. La clarté est bonne pour convaincre; elle ne vaut rien pour émouvoir. La clarté, de quelque manière qu'on l'entende, nuit à l'enthousiasme. Poètes, parlez sans cesse d'éternité, d'infini, d'immensité, du temps, de l'espace, de la divinité, des tombeaux, des mânes, des enfers, d'un ciel obcur, des mers profondes, des forêts obscures, du tonnerre, des éclairs qui déchirent la nue. Soyez ténébreux. Les grands bruits ouïs au loin, la chute des eaux qu'on entend sans les voir, le silence, la solitude, le désert, les ruines, les cavernes, le bruit des tambours voilés, les coups de baguette séparés par des intervalles, les coups d'une cloche interrompus, et qui se font attendre, le cri des oiseaux nocturnes, celui des bêtes féroces en hiver, pendant la nuit, surtout s'il se mêle au murmure des vents. La plainte d'une femme qui accouche; toute plainte qui cesse et qui reprend, qui reprend avec éclat, et qui finit en s'éteignant; il y a, dans toutes ces choses, je ne sais quoi de terrible, de grand et d'obscur.

Ce sont ces idées accessoires, nécessairement liées à la nuit et aux ténèbres, qui achèvent de porter la terreur dans le cœur d'une jeune fille qui s'achemine vers le bosquet obscur où elle est attendue. Son cœur palpite; elle s'arrête. La frayeur se joint au trouble de sa passion; elle succombe, ses genoux se dérobent sous elle. Elle est trop heureuse de rencontrer les bras de son amant, pour la recevoir et la soutenir; et ses premiers mots, sont : Est-ce vous?

Je crois que les Nègres sont moins beaux pour les Nègres mêmes, que les blancs pour les Nègres et pour les blancs. Il n'est pas en notre pouvoir de séparer des idées que Nature associe. Je changerai d'avis, si l'on me dit que les Nègres sont plus touchés des ténèbres que de l'éclat d'un beau jour.

Les idées de puissance ont aussi leur sublimité; mais la puissance qui menace émeut plus que celle qui protège. Le taureau est plus beau que le bœuf; le taureau écorné qui mugit, plus beau que le taureau qui se promène et qui paît; le cheval en liberté, dont la crinière flotte aux vents, que le cheval sous son cavalier; l'onagre, que l'âne; le tyran, que le roi; le crime, peut-être, que la vertu; les dieux cruels, que les dieux bons; et les législateurs sacrés le savaient bien.

La saison du printemps ne convient point à une scène auguste.

La magnificence n'est belle que dans le désordre. Entassez des vases précieux; enveloppez ces vases entassés, renversés, d'étoffes aussi précieuses : l'artiste ne voit là qu'un beau groupe, de belles formes. Le philosophe remonte à un principe plus secret. Quel est l'homme puissant, à qui ces choses appartiennent, et qui les abandonne à la merci du premier venu?

Les dimensions pures et abstraites de la matière ne sont pas sans quelque expression. La ligne perpendiculaire, image de la stabilité, mesure de la profondeur, frappe plus que la ligne oblique.

Adieu, mon ami. Bon soir et bonne nuit. Et songez-y bien, soit en vous endormant, soit en vous réveillant; et vous m'avouerez que le traité du beau dans les arts est à faire, après tout ce que j'en ai dit dans les Salons précédents, et tout ce que j'en dirai dans celui-ci (1).

40, 41. MILLET-FRANCISQUE.

Celui-ci, et la kyrielle d'artistes médiocres qui vont suivre, ne vous ruineront pas. On regrette le coup-d'œil qu'on a jeté sur leurs ouvrages, et la ligne qu'on écrit d'eux.

La condition du mauvais peintre et du mauvais comédien est pire que celle du mauvais littérateur. Le peintre entend de ses propres oreilles le mépris de son talent; le bruit des sifflets va droit à celles de l'acteur : au lieu que l'auteur a la consolation de mourir sans presque s'en douter; et lorsque vous vous écriez de dépit : La bête, le sot,

(1) Voyez aussi dans le *Dictionnaire encyclopédique*, l'article Beau; et l'ouvrage que vient de publier M. Kératry. *Paris*, Audot, 1822, Édit[s].

l'animal, et que vous jetez son livre loin de vous, il ne vous voit pas; peut-être, seul dans son cabinet, se relisant avec complaisance, se félicite-t-il d'être l'homme de tant de rares concepts.

Je ne me rappelle plus ce que M. Francisque a fait. C'est, je crois, *une fuite en Égypte;* ce sont *les disciples allant à Emmaüs;* c'est l'aventure de *la Samaritaine*, cette femme dont le fils de Dieu lisait, dans les décrets éternels de son père, qu'elle avait fait sept fois son mari cocu. *O altitudo divitiarum et sapientiæ Dei!* c'est tout ce qu'il vous plaira d'imaginer de froid, de maussade, de mal peint, couleur, lumières, figures, arbres, eaux, montagnes, terrasses, tout est détestable. Mais est-ce que ces gens-là n'ont jamais comparé leurs ouvrages à ceux de Loutherbourg ou de Vernet? Est-ce qu'ils auraient la bonté de faire sortir le mérite de ces derniers artistes par le contraste de leur platitude? Est-ce pour servir de repoussoirs qu'ils envoient au comité, et que le comité les admet au Salon? Auraient-ils la bêtise de se croire quelque chose? Est-ce qu'ils n'ont pas entendu dire à leurs côtés : Fi! cela est infâme. Il y a pourtant quinze à vingt ans qu'on leur fait cette avanie, et qu'ils la digèrent. S'ils continuent de barbouiller de la toile (comme la plupart de nos littérateurs continuent de barbouiller du papier), sous peine de mourir de faim, je leur pardonne aujourd'hui cette manie, comme je la leur pardonnais par le passé; car enfin, il vaut encore mieux faire de sots tableaux et de sots livres, que de mourir : mais je ne le pardonnerai pas à leurs parents, à leurs maîtres. Que n'en faisaient-ils autre chose? S'il y a une autre vie, ils y seront certainement châtiés pour cela; ils y seront condamnés à voir ces tableaux, à les regarder sans cesse, et à les trouver de plus en plus mauvais. La mère de Jean Marie Fréron lira ses feuilles (1) à toute éternité. Quel supplice! cette idée des peines de l'autre monde m'amuse. Savez-vous quelles seront celles d'une coquette? Elle sera seule dans les ténèbres; elle entendra autour d'elle les soupirs de cent amants heureux; son cœur et ses sens s'enflammeront des plus ardents desirs : elle appellera les malheureux à qui elle a fait concevoir tant de fausses espérances; aucun d'eux ne viendra; et elle aura les mains liées sur le dos. Et cette mademoiselle de Sens, qui fait égorger, par son garde-chasse, un pauvre paysan qui chaumait dans les champs un jour avant la permission, elle verra à toute éternité couler sous ses yeux le sang de ce malheureux. — A toute éternité, c'est bien long-temps. — Vous avez raison. Les protestants furent des sots, lorsqu'ils se défirent du purgatoire, et qu'ils gardèrent l'enfer. Ils calomnièrent leur dieu, et renversèrent leur marmite.

(1) *L'Année littéraire*. ÉDIT[s].

Tous ces tableaux de Millet-Francisque passeront du cabinet chez le brocanteur; et ils resteront suspendus au coin de la rue, jusqu'à ce que les éclaboussures des voitures les aient couverts.

LUNDBERG.

42. PORTRAIT DU BARON DE BRETEUIL EN PASTEL.

Ma foi je ne connais ni le baron ni son portrait. Tout ce que je sais, c'est qu'il y avait cette année, au Salon, beaucoup de portraits, peu de bons, comme cela doit être, et pas un pastel qu'on pût regarder, si vous en exceptez l'ébauche d'une tête de femme dont on pouvait dire : *ex ungue leonem; le portrait de l'oculiste Demours*, figure hideuse, beau morceau de peinture; et la figure crapuleuse et basse de ce vilain *abbé de l'Attaignant*. C'était lui-même passant sa tête à travers un petit cadre de bois noir. C'est, certes, un grand mérite aux portraits de La Tour de ressembler; mais ce n'est ni leur principal, ni leur seul mérite. Toutes les parties de la peinture y sont encore. Le savant, l'ignorant, les admire sans avoir jamais vu les personnes; c'est que la chair et la vie y sont : mais pourquoi juge-t-on que ce sont des portraits, et cela sans s'y méprendre? Quelle différence y a-t-il entre une tête de fantaisie et une tête réelle? Comment dit-on d'une tête réelle qu'elle est bien dessinée, tandis qu'un des coins de la bouche relève; tandis que l'autre tombe; qu'un des yeux est plus petit et plus bas que l'autre; et que toutes les règles conventionnelles du dessin y sont enfreintes dans la position, les longueurs, la forme et la proportion des parties? Dans les ouvrages de La Tour, c'est la nature même, c'est le système de ses incorrections telles qu'on les y voit tous les jours. Ce n'est pas de la poésie; ce n'est que de la peinture. J'ai vu peindre La Tour; il est tranquille et froid; il ne se tourmente point; il ne souffre point; il ne halète point; il ne fait aucune de ces contorsions du modeleur enthousiaste, sur le visage duquel on voit se succéder les ouvrages qu'il se propose de rendre, et qui semblent passer de son ame sur son front, et de son front sur sa terre ou sur sa toile. Il n'imite point les gestes du furieux; il n'a point le sourcil relevé de l'homme qui dédaigne le regard de sa femme qui s'attendrit; il ne s'extasie point; il ne sourit point à son travail; il reste froid: et cependant son imitation est chaude. Obtiendrait-on d'une étude opiniâtre et longue le mérite de La Tour? Ce peintre n'a jamais rien produit de verve; il a le génie du technique; c'est un machiniste merveilleux. Quand je dis de La Tour qu'il est machiniste, c'est comme je le dis de Vaucanson, et non comme je le dirais de Rubens. Voilà ma pensée pour le moment, sauf à revenir de mon erreur, si c'en est une. Lorsque le jeune Perronneau parut, La Tour en fut inquiet; il craignit que le public ne pût sentir autrement que par une comparaison directe l'intervalle qui les séparait. Que fit-il? Il proposa son portrait à peindre à son rival, qui s'y refusa par modestie; c'est celui où il a le devant du chapeau rabattu, la moitié du visage dans la demi-teinte, et le reste du corps éclairé. L'innocent artiste se laisse vaincre à force d'instances; et tandis qu'il travaillait, l'artiste jaloux exécutait le même ouvrage de son côté. Les deux tableaux furent achevés en même temps, et exposés au même Salon; ils montrèrent la différence du maître et de l'écolier. Le tour est fin, et me déplaît. Homme singulier, mais bon homme, mais galant homme, La Tour ne ferait pas cela aujourd'hui; et puis il faut avoir quelque indulgence pour un artiste piqué de se voir rabaissé sur la ligne d'un homme qui ne lui allait pas à la cheville du pied. Peut-être n'aperçut-il dans cette espiéglerie que la mortification du public, et non celle d'un confrère trop habile pour ne pas sentir son infériorité, et trop franc pour ne pas la reconnaître. Eh! ami La Tour, n'était-ce pas assez que Perronneau te dît: Tu es le plus fort; ne pouvais-tu être content, à moins que le public ne te le dît aussi. Eh bien! il fallait attendre un moment, et ta vanité aurait été satisfaite, et tu n'aurais point humilié ton confrère. A la longue, chacun a la place qu'il mérite. La société, c'est la maison de Bertin; un fat y prend le haut bout la première fois qu'il s'y présente; mais peu à peu il est repoussé par les survenants; il fait le tour de la table; et il se trouve à la dernière place au-dessus ou au-dessous de l'abbé de La Porte.

Encore un mot sur les portraits et portraitistes. Pourquoi un peintre d'histoire est-il communément un mauvais portraitiste? Pourquoi un barbouilleur du pont Notre-Dame fera-t-il plus ressemblant qu'un professeur de l'Académie? C'est que celui-ci ne s'est jamais occupé de l'imitation rigoureuse de la nature; c'est qu'il a l'habitude d'exagérer, d'affaiblir, de corriger son modèle; c'est qu'il a la tête pleine de règles qui l'assujétissent et qui dirigent son pinceau, sans qu'il s'en aperçoive; c'est qu'il a toujours altéré les formes d'après ces règles de goût, et qu'il continue de les altérer; c'est qu'il fond, avec les traits qu'il a sous les yeux et qu'il s'efforce en vain de copier rigoureusement, des traits empruntés des antiques qu'il a étudiés, des tableaux qu'il a vus et admirés, et de ceux qu'il a faits; c'est qu'il est savant; c'est qu'il est libre, et qu'il ne peut se réduire à la condition de l'esclave et de l'ignorant; c'est qu'il a son faire, son tic, sa couleur, auxquels il revient sans cesse; c'est qu'il exécute une caricature en beau, et que le barbouilleur, au contraire, exécute une caricature en laid. Le portrait ressemblant du barbouilleur meurt avec la personne; celui de l'habile homme reste à jamais. C'est d'après ce dernier, que nos neveux se forment les images des grands hommes qui les ont précédés. Lorsque le goût des beaux arts est général chez une nation, savez-vous ce qui arrive? C'est que l'œil du peuple se conforme à l'œil du grand artiste, et que l'exagération laisse pour lui la ressemblance entière. Il ne s'avise point de chicaner, il ne dit point : cet œil est trop petit, trop grand ; ce muscle est exagéré, ces formes ne sont pas justes; cette paupière est trop saillante ; ces os orbiculaires sont trop élevés : il fait abstraction de ce que la connaissance du beau a introduit dans la copie. Il voit le modèle, où il n'est pas à la rigueur; et il s'écrie d'admiration. Voltaire fait l'histoire comme les grands statuaires anciens faisaient le buste; comme les peintres savants de nos jours font le portrait. Il agrandit, il exagère, il corrige les formes ; a-t-il raison? a-t-il tort? Il a tort pour le pédant; il a raison pour l'homme de goût. Tort ou raison, c'est la figure qu'il a peinte qui restera dans la mémoire des hommes à venir.

LE BEL.

43. PLUSIEURS PAYSAGES, SOUS LE MÊME NUMÉRO.

Je les ai tous vus, mais je n'en ai regardé aucun; ou, si je les ai regardés, c'est comme l'homme du *Bal* à qui une femme disait :

M'a-t-il de ses gros yeux assez considérée ?

Madame, lui répondit-il, je vous regarde, mais je ne vous considère pas.

Dans l'un de ces paysages, ce sont des femmes qui lavent à la rivière; sur le fond, les arbres sont assez bien touchés, assez bien du moins par rapport au reste; car la misère générale d'une composition en relève quelquefois un coin, et lui donne un faux air d'excellence; cela est bon là, ailleurs ce serait mauvais. M. Le Bel, en bonne foi, sont-ce là des eaux? C'est un pré fanné, ras et nouvellement fauché. Ces monticules sont faibles et léchés : point de ciel. Au pied de ces vieux arbres, petits objets, fleurettes de parterre qui papillotent. Figures raides, mannequins de la foire Saint-Ovide, pantins à mouvoir avec une ficelle; sur le devant, un gueux assis sur un bout de roche. O le vilain gueux! il a le scorbut ou les humeurs froides; j'en appelle à Bouvard (1);

(1) Célèbre médecin. Édit[s].

mais vous me direz que Bouvard voit cette maladie partout.

L'autre est une belle plaque de cuivre rouge; terrasses, arbres, ciels, montagnes, lointain, campagne, tout est cuivre, beau cuivre; si cela s'était fait de hasard, en coulant du fourneau dans le catin, ce serait un prodige.

VENEVAULT.

44. APOTHÉOSE DU PRINCE DE CONDÉ.

Sujet immense, digne de l'imagination grande et féconde, et de la hardiesse de Rubens; et sujet fait en miniature par Venevault. C'est au centre une pyramide, dont la base est surchargée de trophées; c'est Minerve; c'est sur le bouclier de la déesse l'effigie du héros; ce sont des génies lourds et bêtes; c'est une campagne; c'est une montagne; c'est sur cette montagne le temple de la gloire; ce sont des savants et des artistes qui y grimpent, mais entre lesquels on ne voit pas M. Venevault. Froide et mauvaise miniature; mauvais salmis, qui n'en vaut pas un de bécasses. Cela est petitement fait, mal agencé, sec, dur, sans plan, sans liaison de lumières, platement peint, obscur, en dépit de la longue description du livret.

PERRONNEAU.

45. UN PORTRAIT DE FEMME.

On en voit la tête de face, et le corps de deux tiers.

La figure est un peu raide et droite, fichée comme elle l'aurait été par le maître à danser; position la plus maussade, la plus insipide pour l'art, à qui il faut un modèle simple, naturel, vrai, nullement maniéré; une tête qui s'incline un peu, des membres qui s'en aillent négligemment prendre la place ordonnée par la pensée ou l'action de la personne; le maître des grâces, le maître à danser détruisent le mouvement réel, cet enchaînement si précieux des parties qui se commandent et s'obéissent réciproquement les unes aux autres. Marcel cherche à pallier les défauts; Van-Loo cherche à rendre leur influence sur toute la personne. Il faut que la figure soit une. Un mot là-dessus suffit à qui sait entendre; une page de plus n'apprendrait rien aux autres. C'est une chose à sentir : mais revenons au portrait. L'épaule est prise si juste, qu'on la voit toute nue à travers le vêtement et ce vêtement est à tromper. C'est l'étoffe même pour la couleur, la lumière, les plis et le reste ; et la gorge, il est impossible de la faire mieux : c'est comme nous la voyons aux honnêtes femmes, ni trop cachée, ni trop montrée, placée à merveille, et peinte, il faut voir!

Le portrait de Marmontel pourrait bien être du même artiste. Il est ressemblant, mais il a l'air ivre, ivre de vin, s'entend : et l'on jurerait qu'il lit quelques chants de sa *Neuvaine* (1) à des filles. Le bleu fort de ce mouchoir de soie qui lui ceint la tête, est un peu dur, et nuit à l'harmonie.

La plupart des portraits de Perronneau sont faits avec esprit. Celui de Marmontel est de Roslin.

DROUAIS, ROSLIN, VALADE, etc.

46, 47. PORTRAITS, ÉTUDES, TABLEAUX.

Entre tous ces portraits, aucun qui arrête. Un seul excepté, qui est de Roslin, et que je viens d'attribuer à Perronneau, c'est celui de cette femme dont j'ai dit que la gorge était si vraie, qu'on ne la croirait pas peinte; c'est à inviter la main comme la chair : la tête est moins bien, quoique gracieuse et faisant bien la ronde bosse; les yeux étincèlent d'un feu humide; et puis une multitude de passages fins et bien entendus, un beau faire, une touche amoureuse.

Celui de *madame de Marigny* est assez bien

(1) *La Neuvaine de Cythère*, poème en IX chants, composé vers 1767, et resté inédit jusqu'en 1820, époque à laquelle il a été publié par M. Marmontel fils, *à Paris*, chez Verdière. Édit.

entendu pour l'effet, d'une couleur agréable; mais la touche en est molle; il y a de l'incertitude de dessin; la robe est bien faite; la tête est tourmentée; la figure s'affaisse, s'en va, ne se soutient pas; elle a l'air mannequiné; les bras sont livides et les mains sans forme; la gorge plate et grisâtre; et puis sur le visage un ennui, une maussaderie, un air maladif qui nous affligent.

Les études de ces artistes montrent combien ils ont encore besoin d'en faire.

Entre les tableaux, on ne voit que l'*allégorie en l'honneur du maréchal de Belle-Isle*. C'est Minerve, c'est une Victoire qui soutiennent le portrait du héros; c'est une Renommée joufflue qui trompette ses vertus.

Et toujours Mars, Vénus, Minerve, Jupiter, Hébé, Junon : sans les dieux du paganisme, ces gens-là ne sauraient rien faire. Je voudrais bien leur ôter ce maudit catéchisme payen.

Cette allégorie de Valade choque les yeux par le discordant. Elle est pesamment faite, sans aucune intelligence de lumière et d'effet. Figures détestables de couleur et de dessin; nuage dense à couper à la scie, femmes longues, maigres et raides, grand mannequin en petit, énorme Minerve, bien corpulée, bien lourde; et puis, il faut voir les draperies, l'agencement de tout ce fatras; les accessoires même ne sont pas faits.

54. MADAME VIEN.

Une poule hupée, veillant sur ses petits : très-beau petit tableau; bel oiseau, très-bel oiseau; belle hupe, belle cravate bien hérissée, bec entr'ouvert et menaçant, œil ardent, ouvert et saillant; caractère inquiet, querelleur et fier. J'entends son cri. Elle a son aile pendante, elle est accroupie; ses petits sont sous elle, à l'exception de quelques uns qui s'échappent ou vont s'échapper; elle est peinte d'une grande vigueur et vérité de couleur; ses petits très-moelleusement; c'est leur duvet, leur innocence, leur étourderie poussinière; tout est bien, jusqu'aux brins de paille dispersés autour de la poule. Il y a des détails de nature à faire illusion. L'artiste n'a pourtant pas remarqué qu'alors une poule, d'une grosseur commune, prend un volume énorme, par l'étendue qu'elle donne à toutes ses plumes ébouriffées. Madame Vien met dans ses animaux de la vie et du mouvement. Je suis surpris de sa poule; je ne croyais pas qu'elle en sût jusques-là.

COQ-FAISAN DORÉ DE LA CHINE.

Il s'en manque bien que ce coq soit de la force de la poule. Assez chaud de couleur, il est froid d'expression, sans vie; c'est presque un oiseau de bois, tant il est raide, lisse et monotone. J'aime mieux que l'oiseau ce petit massif de fleurs, de verdure et d'arbustes, placé sur le fond, quoique ce ne soit pas merveille.

Réparation à madame Vien. J'ai dit que ce coq était sans mouvement et sans vie; et je viens d'apprendre qu'elle l'a peint d'après un coq empaillé.

DES SERINS, DONT L'UN SORT DE SA CAGE POUR ATTRAPER DES PAPILLONS.

La poule hupée ne permet pas de regarder cela. *Ces serins* sont comme des petits morceaux de buis taillés en canaris, sans légèreté, sans gentillesse, sans variété de tons, sans vie. Madame Vien, vous avez fait ces serins-là toute seule; pour *votre poule*, votre mari pourrait bien l'avoir un peu coquetée.

BOUQUETS DE FLEURS.

Celui qui représente des fleurs dans une carafe est à merveille. Les racines filamenteuses des plantes sont parfaitement imitées, et le tout est bien réfléchi sur la table qui soutient le vase.

Les autres fleurs sont moins bien. *Les serins* sont ingrats par la monotonie de la couleur. Ah! *la belle poule!*

DE MACHY.

57. LE PÉRISTYLE DU LOUVRE, ET LA DÉMOLITION DE L'HOTEL DE ROUILLÉ.

Tableau de quatre pieds de large, sur deux pieds neuf pouces de haut.

Le péristyle est à droite; c'est sur cette partie que tombe la forte lumière qui vient de quelque point pris à gauche : dans l'intérieur du tableau, on ne voit que la colonnade. Des ruines en arcades, placées sur le devant, et occupant tout l'espace de la gauche à la droite, dérobent le massif lourd et sans goût sur lequel elle est élevée. Il y a de l'esprit à cela. La façade de ces arcades, et toute la partie antérieure est dans la demi-teinte; on a fait d'une pierre deux coups : on s'est ménagé des effets de lumières par le dessous de ces arcades; et l'on a masqué l'unique défaut d'un des plus beaux morceaux d'architecture qu'il y ait au monde.

Ce tableau n'est pas sans mérite. Cet assemblage d'architecture et de ruines produit de l'intérêt. Le devant est bien composé. Ce pan de mur, qu'on voit au coin gauche, fait un bon effet. La figure brisée avec l'ornement est d'excellent goût; ces eaux, ramassées sur le devant, ont de la transparence; mais le tout est gris; mais il est sec; mais il est dur; mais la lumière forte est trop égale; mais son effet blesse les yeux; mais les figures sont mal dessinées ; mais ce tableau, mis malignement à côté de la *Galerie antique* de Robert, fait sentir l'énorme différence d'une bonne chose ou d'une excellente. C'est notre ami Chardin qui institue ces parallèles-là, aux dépens de qui il appartiendra ; peu lui importe, pourvu que l'œil du public s'exerce, et que le mérite soit apprécié. Grand merci, M. Chardin ; sans vous, j'aurais peut-être admiré la *Colonnade* de Machy, et sans le voisinage de la *Galerie* de Robert. C'est un lambeau de Virgile mis à côté d'un lambeau de Lucain.

LE VESTIBULE NOUVEAU DU PALAIS-ROYAL. — LA DÉMOLITION DE L'ANCIEN. — LE PORTAIL DE SAINT-EUSTACHE, ET UNE PARTIE DE LA NOUVELLE-HALLE, A GOUACHE. — L'INTÉRIEUR DE LA NOUVELLE ÉGLISE DE LA MAGDELEINE DE LA VILLE-L'ÉVÊQUE.

Le premier morceau était faible de couleur, ces autres-ci sont encore pis. *Le vestibule nouveau du Palais-Royal et la démolition de l'ancien* sont très-fades.

La Magdeleine, belle perspective, lumière bien dégradée, grande précision.

En général, les morceaux de Machy sont gris, ou d'un jaune de paille ; ce sont des ruines toutes neuves. A parler rigoureusement, il ne peint pas ; c'est une estampe qu'il enlumine précieusement, avec un goût et une propreté exquise ; aussi, ses tableaux ont-ils toujours un oeil dur et sec. Pour la perspective, il en est rigoureux observateur. Les objets font bien l'effet qu'on en doit attendre. Je ne crois pas qu'il ait été bien content des ouvrages de Robert. Cet homme est venu d'Italie, pour dépouiller Machy de tous ses lauriers. Les ouvrages de Robert affligeront Machy, sans le corriger. Il ne changera pas son faire.

Son dessin de l'*Intérieur de la Magdeleine* est très-bien éclairé; c'est l'effet d'une lumière douce, rare, vague et blanchâtre, comme on la remarque aux édifices nouvellement bâtis, lorsqu'elle traverse des verres laiteux, ou qu'elle a été réfléchie par des murailles neuves. Il y a aussi la vapeur; mais la vapeur claire des lieux frais, renfermés et blancs.

DROUAIS FILS.

51. DES PORTRAITS.

A l'ordinaire. La plus belle craie possible; mais dites-moi ce que c'est que cette rage-là. Est-ce maladie d'esprit ou des yeux? Imaginez des visages, des cheveux de crême fouettée, de vieilles étoffes raides, retournées et remises à la calandre, un chien d'ébène avec des yeux de jayet; et vous aurez un de ses meilleurs morceaux.

JULLIART.

63. TROIS PAYSAGES, SOUS UN MÊME NUMÉRO.

M. Julliart, vous croyez donc que pour être un paysagiste, il ne s'agit que de jeter çà et là des arbres, faire une terrasse, élever une montagne, assembler des eaux, en interrompre le cours par quelques pierres brutes, étendre une campagne le plus que vous pourrez, l'éclairer de la lumière du soleil et de la lune, dessiner un pâtre, et autour de ce pâtre quelques animaux? et vous ne songez pas que ces arbres doivent êtres touchés fortement; qu'il y a une certaine poésie à les imaginer, selon la nature du sujet, sveltes et élégants, ou brisés, rompus, gercés, caducs, hideux; qu'ici, pressés et touffus, il faut que la masse en soit grande et belle; que là, rares et séparés, il faut que l'air et la lumière circulent entre leurs branches et leurs troncs; que cette terrasse veut être chaudement peinte; que ces eaux, imitant la limpidité des eaux naturelles, doivent me montrer, comme dans une glace, l'image affaiblie de la scène environnante; que la lumière doit trembler à leur surface; qu'elles doivent écumer et blanchir à la rencontre des obstacles; qu'il faut savoir rendre cette écume; donner aux montagnes un aspect imposant; les entr'ouvrir, en suspendre la cîme ruineuse au-dessus de ma tête, y creuser des cavernes; les dépouiller dans cet endroit; dans cet autre, les revêtir de mousse, hérisser leur sommet d'arbustes, y pratiquer des inégalités poétiques; me rappeler, par elles, les ravages du temps, l'instabilité des choses, et la vétusté du monde; que l'effet de vos lumières doit être piquant; que les campagnes non bornées doivent, en se dégradant, s'étendre jusqu'où l'horizon confine avec le ciel, et l'horizon s'enfoncer à une distance infinie; que les campagnes bornées ont aussi leur magie; que les ruines doivent être solennelles; les fabriques décéler une imagination pittoresque et féconde; les figures intéresser; les animaux être vrais; et que chacune de ces choses n'est rien, si l'ensemble n'est enchanteur; si, composé de plusieurs sites épars et charmants dans la nature, il ne m'offre une vue romanesque, telle qu'il y en a peut-être une possible sur la terre. Vous ne savez pas qu'un paysage est plat ou sublime; qu'un paysage, où l'intelligence de la lumière n'est pas supérieure, est un très-mauvais tableau; qu'un paysage faible de couleur, et par conséquent sans effet, est un très-mauvais tableau; qu'un paysage qui ne dit rien à mon ame, qui n'est pas, dans les détails, de la plus grande force, d'une vérité surprenante, est un très-mauvais tableau; qu'un paysage, où les animaux et les autres figures sont maltraités, est un très-mauvais tableau, si le reste, poussé au plus haut degré de perfection, ne rachète ces défauts; qu'il faut y avoir égard, pour la lumière, la couleur, les objets, les ciels, au moment du jour, au temps de la saison; qu'il faut s'entendre à peindre des ciels, à charger ces ciels de nuages, tantôt épais, tantôt légers; à couvrir l'atmosphère de brouillards; à y perdre les objets; à teindre sa masse de la lumière du soleil; à rendre tous les incidents de la nature, toutes les scènes champêtres; à susciter un orage; à inonder une campagne, à déraciner les arbres, à montrer la chaumière, le troupeau, le berger entraînés par les eaux; à imaginer les scènes de commisération analogues à ce ravage; à montrer les pertes, les périls, les secours sous des formes intéressantes et pathétiques. Voyez comme le Poussin est sublime et touchant, lorsqu'à côté d'une scène champêtre, riante, il attache mes yeux sur un tombeau où je lis : *Et in Arcadia ego !* (1) Voyez comme il est terrible, lorsqu'il me montre dans une autre une femme enveloppée d'un serpent, qui l'entraîne au fond des eaux ! Si je vous demandais une aurore, comment vous y prendriez-vous? Moi, M. Julliart, dont ce n'est pas le métier, je montrerais sur une colline les portes de Thèbes; on verrait au-devant de ces portes la statue de Memnon; autour de cette

(1) Ce tableau, connu sous le nom des *bergers d'Arcadie*, fait partie de la *collection du Musée* au Louvre. Il a été gravé par Ravenet et plusieurs autres. ÉDIT[s].

statue, des personnes de tout état, attirées par la curiosité d'entendre la statue résonner aux premiers rayons du soleil. Des philosophes assis traceraient sur le sable des figures astronomiques; des femmes, des enfants seraient étendus et endormis, d'autres auraient les yeux attachés sur le lieu du lever du soleil; on en verrait, dans le lointain, qui hâteraient leur marche, de crainte d'arriver trop tard. Voilà comment on caractérise historiquement un moment du jour. Si vous aimez mieux des incidents plus simples, plus communs et moins grands, envoyez le bûcheron à la forêt; embusquez le chasseur; ramenez les animaux sauvages des campagnes vers leurs demeures; arrêtez-les à l'entrée de la forêt; qu'ils retournent la tête vers les champs, dont l'approche du jour les chasse à regret; conduisez à la ville le paysan avec son cheval, chargé de denrées; faites tomber l'animal surchargé; occupez autour le paysan et sa femme à le relever. Animez votre scène comme il vous plaira. Je ne vous ai rien dit ni des fruits, ni des fleurs, ni des travaux rustiques. Je n'aurais point fini. A présent, M. Julliart, dites-moi si vous êtes un paysagiste. Un tableau que je décris n'est pas toujours un bon tableau. Celui que je ne décris pas en est à coup sûr un mauvais; pas un mot ici de ceux de M. Julliart... Mais, me dirait-il, est-ce que celui où j'ai mis sur le devant *une Fuite en Égypte* vous déplaît?..... Moins que les autres. Votre

Vierge est assez belle de draperie et de caractère; mais elle est raide; et si je connaissais mieux les anciens peintres, je vous dirais à qui vous l'avez prise. Votre Saint Joseph est commun; et de plus, long, long. Votre Enfant-Jésus a le ventre tendu comme un ballon; il est attaqué de la maladie que nos paysans appellent le carreau.

VOIRIOT.

64. UN TABLEAU DE FAMILLE, ET PLUSIEURS PORTRAITS.

A droite, le père et la mère à un balcon; au-dessous de ce balcon, leurs petits enfants déguisés en marmottes et en marmots. La mère leur jette de l'argent sans les regarder; elle tourne la tête vers son mari; et cette tête ne dit mot, non plus que celle du père; de plus, ces deux figures, muettes, sans caractère, sans expression, sont encore lourdes, courtes et grises. Si le balcon était percé en dessous, et qu'elles fussent achevées, leurs jambes passeraient de beaucoup à travers. Le reste ne vaut pas mieux. Mauvais tableau. C'est Voiriot; toujours Voiriot; autres pères, mères et maîtres à châtier dans l'autre monde. Est-ce qu'au bout de six mois ou d'un an, le maître n'a pas vu que l'art résistait à l'élève? Cependant la foule s'attroupait autour de cette ineptie. *O vulgus insipiens et inficetum!*

L'abbé de Pontigny est plat et sale.

Cet homme, assis à son bureau, devant sa bibliothèque, froid, gris, et misérable.

Cailleau, assez ressemblant, moins mauvais; mais mauvais encore; et quand il serait bon, comme je l'entends dire, ce serait un moment de hasard; l'ode de Chapelain, l'épigramme d'un sot, un couplet heureux, comme tout le monde en fait un.

Et voilà douze artistes expédiés en douze pages; cela est honnête. Et j'espère que vous ne vous plaindrez plus de la prolixité de l'article Vernet.

DOYEN.

. . . . *Multoque, in rebus acerbis,*
Acrius advertunt animos ad Relligionem [1].

67. LE MIRACLE DES ARDENTS.

Tableau de vingt-deux pieds de haut, sur douze pieds de large, pour la chapelle de Saint-Roch.

Voici le fait, ou plutôt le conte. L'an 1129, sous le règne de Louis VI, un feu du ciel tomba sur la ville de Paris; il dévorait les entrailles; et l'on périssait de la mort la plus cruelle. Ce fléau cessa tout à coup, par l'intercession de Sainte-Geneviève.

Il n'y a point de circonstances où les hommes soient plus exposés à faire le sophisme *Post hoc, ergo propter hoc*, que celles où les longues cala-

[1] LUCRET. *de rerum nat.* lib. III, vers. 53. ÉDIT.

mités et l'inutilité des secours humains les contraignent de recourir au ciel.

Dans le tableau de Doyen, tout au haut de la toile, à gauche, on voit la Sainte à genoux, portée sur des nuages; elle a les regards tournés vers un endroit du ciel éclairé au-dessus de sa tête; le geste des bras dirigé vers la terre, elle supplie, elle intercède. Je vous dirais bien le discours qu'elle tient à Dieu; mais cela est inutile ici.

Au-dessous de la gloire, dont l'éclat frappe le visage de la Sainte, dans des nuages rougeâtres, l'artiste a placé deux groupes d'anges et de chérubins, entre lesquels il y en a qui semblent se disputer l'honneur de porter la houlette de la bergère de Nanterre; petite idée gaie, qui va mal avec la tristesse du sujet.

Vers la droite, au-dessus de la Sainte, et proche d'elle, autre petit groupe de chérubins, autres nuages rougeâtres liés avec les premiers. Ces nuages s'obscurcissent, s'épaississent, descendent, et vont couvrir le haut d'une fabrique qui occupe le côté droit de la scène, s'enfonce dans le tableau, et fait face au côté gauche. C'est un hôpital, partie importante du local, dont il est difficile de se faire une idée nette, même en la voyant. Elle présente au spectateur, hors du tableau, la face latérale d'une coupe verticale, qui passe par le pied droit de la porte de cet édifice, laisse la porte entière, divise le parvis qui est au-devant, et l'escalier qui descend dans la rue; en sorte que ce parvis et cet escalier divisés forment un grand massif, à pic, au-dessus d'une terrasse qui règne sur toute la largeur du tableau.

Ainsi le spectateur qui se proposerait de sortir de sa place, d'aller à l'hôpital, monterait d'abord sur la terrasse; rencontrant ensuite la face verticale et à pic du massif, il tournerait à gauche, trouverait l'escalier, monterait l'escalier, traverserait le parvis, et entrerait dans l'hôpital, dont la porte a son seuil de niveau avec ce parvis. On conçoit qu'un autre spectateur, placé dans l'enfoncement du tableau, ferait le chemin opposé, et qu'on ne commencerait à l'apercevoir qu'à l'endroit où sa hauteur surpasserait la hauteur verticale de l'escalier, qui va toujours en diminuant.

Le premier incident dont on est frappé, c'est un frénétique qui s'élance hors de la porte de l'hôpital; sa tête ceinte d'un lambeau et ses bras nus sont portés vers la Sainte protectrice. Deux hommes vigoureux, et vus par le dos, l'arrêtent et le soutiennent.

A droite, sur le parvis, plus sur le devant, c'est un grand cadavre, qu'on ne voit que par le dos. Il est tout nu; ses deux longs bras livides, sa tête et sa chevelure pendent vers le pied du massif.

Au-dessous, au lieu le plus bas de la terrasse, à l'angle droit du massif, s'ouvre un égoût d'où sortent les deux pieds d'un mort et les deux bouts d'un brancard.

Sur le milieu du parvis, devant la porte de l'hôpital, une mère agenouillée, les bras et les regards tournés vers le ciel et la Sainte, la bouche entr'ouverte, l'air éploré, demande le salut de son enfant. Elle a trois de ses femmes autour d'elle; l'une vue par le dos la soutient sous les bras, et joint en même temps ses regards et sa prière aux cris douloureux de sa maîtresse. La seconde, plus sur le fond et vue de face, a la même action. La troisième, accroupie, tout-à-fait au bord du massif, les bras élevés, les mains jointes, implore de son côté.

Derrière celle-ci, debout, l'époux de cette mère désolée, tenant son fils entre ses bras. L'enfant est dévoré par la douleur. Le père affligé a les yeux tournés vers le ciel, *expectando si forte sit spes*. La mère a saisi une des mains de son enfant : ainsi la composition présente en cet endroit, au centre, sur le massif, à quelque hauteur au-dessus de la terrasse qui forme la partie antérieure et la plus basse du tableau, un groupe de six figures; la mère éplorée, soutenue par deux de ses femmes, son enfant qu'elle tient par la main, son époux entre les bras duquel l'enfant est tourmenté, et une troisième suivante agenouillée aux pieds de sa maîtresse et de son maître.

Derrière ce groupe, un peu plus vers la gauche, sur le fond, au pied du massif, à l'endroit où l'escalier descend et perd de sa hauteur, les têtes suppliantes d'une foule d'habitants.

Tout-à-fait à la gauche du tableau, sur la terrasse, au pied de l'escalier et du massif, un homme vigoureux qui soutient par dessous les bras un malade nu, un genou en terre, l'autre jambe étendue, le corps renversé en arrière, la tête souffrante, la face tournée vers le ciel, la bouche pleine de cris, se déchirant le flanc de sa main droite. Celui qui secourt ce malade convulsé est vu par le dos et le profil de sa tête; il a le cou découvert, les épaules et la tête nues; il implore de la main gauche et du regard.

Sur la terrasse encore, au pied du même massif, un peu plus sur le fond que le groupe précédent, une femme morte, les pieds étendus du côté de l'homme convulsé, la face tournée vers le ciel, toute la partie supérieure de son corps nue, son bras gauche étendu à terre et entouré d'un gros chapelet, ses cheveux épars, sa tête touchant au massif. Elle est couchée sur un traversin de coutil; de la paille, quelques draperies et un ustensile de ménage. On voit de profil, plus sur le fond, son enfant penché, et les regards attachés sur le visage de sa mère; il est frappé d'horreur, ses cheveux se sont dressés sur son front; il cherche si sa mère vit encore, ou s'il n'a plus de mère.

Au-delà de cette femme, la terrasse s'affaisse, se rompt, et va en descendant jusqu'à l'angle droit inférieur du massif, à l'égoût, à la caverne d'où l'on voit sortir les deux bouts du brancard et les deux jambes du mort qu'on y a jeté.

Voilà la composition de Doyen; reprenons-la; elle a assez de défauts et de beautés, pour mériter un examen détaillé et sévère.

J'oubliais de dire que la partie la plus enfoncée montre l'intérieur d'une ville et quelques édifices particuliers.

Au premier aspect, cette machine est grande, imposante, appelle, arrête; elle pourrait inspirer la terreur ensemble et la pitié. Elle n'inspire que la terreur; et c'est la faute de l'artiste, qui n'a pas su rendre les incidents pathétiques qu'il avait imaginés.

On a de la peine à se faire une idée nette de cet hôpital, de cette fabrique, de ce massif. On ne sait à quoi tient ce louche du local, si ce n'est peut-être au défaut de la perspective, à la bizarrerie occasionée par la difficulté d'agencer sur une même scène des événements disparates. Dans les catastrophes publiques, on voit des gueux aux environs des palais; mais on ne voit jamais les habitants des palais autour de la demeure des gueux.

De cent personnes, même intelligentes, il n'y en a pas quatre qui aient saisi le local. On aurait évité ce défaut, ou par les avis d'un bon architecte, ou par une composition mieux digérée, plus ensemble, plus une. Cette porte n'a point l'air d'une porte; c'est, en dépit de l'inscription, une fenêtre par laquelle on imagine au premier coup-d'œil que ce malade s'élance.

Et puis, encore une fois, pourquoi la scène se passe-t-elle à la porte d'un hôpital? Est-ce la place d'une femme importante, car elle paraît telle à son caractère, au luxe de son vêtement, à son cortège, aux marques d'honneurs de son mari. Je vous devine, M. Doyen; vous avez imaginé des scènes de terreur isolées, ensuite un local qui pût les réunir. Il vous fallait un massif à pic pour le cadavre que vous vouliez me montrer la tête, les bras et les cheveux pendants. Il vous fallait un égoût pour en faire sortir les deux jambes de votre autre cadavre. Je trouve fort bons, et l'hôpital, et le massif, et l'égoût; mais quand vous m'exposerez ensuite à la porte de cet hôpital, sur ce parvis, dans le voisinage de cet égoût, au milieu de la plus vile populace, parmi les gueux, le gouverneur de la ville richement vêtu, chamarré de cordons, sa femme en beau satin blanc; je ne pourrai m'empêcher de vous dire: M. Doyen, et les convenances, les convenances!

Votre Sainte-Geneviève est bien posée, bien dessinée, bien coloriée, bien drapée, bien en l'air; elle ne fatigue point ces nuages qui la soutiennent; mais je la trouve, moi et beaucoup d'autres, un peu maniérée. A son attitude contournée, à ses bras jetés d'un côté et sa tête de l'autre, elle a l'air de regarder Dieu en arrière, et de lui dire par-dessus son épaule : « Allons « donc, faites finir cela, puisque vous le pouvez. « C'est un assez plat passe-temps que vous vous « donnez là. » Il est certain qu'il n'y a pas le moindre vestige d'intérêt, de commisération sur son visage, et qu'on en fera, quand on voudra, une jolie Assomption, à la manière de Boucher.

Cette guirlande de têtes de chérubins qu'elle a derrière elle et sous ses pieds, forme un papillotage de ronds lumineux qui me blessent; et puis ces anges sont des espèces de cupidons soufflés et transparents. Tant qu'il sera de convention que ces natures idéales sont de chair et d'os, il faudra les faire de chair et d'os. C'était la même faute dans votre ancien tableau de *Diomède et Vénus*. La déesse ressemblait à une grande vessie, sur laquelle on n'aurait pu s'appliquer avec un peu d'action, sans l'exposer à crever avec explosion. Corrigez-vous de ce faire là; et songez que, quoique l'ambroisie dont les dieux du paganisme s'enivraient fût une boisson très-légère, et que la vision béatifique dont nos bienheureux se repaissent soit une viande fort creuse, il n'en vient pas moins des êtres dodus, charnus, gras, solides et potelés, et que les fesses de Ganymède et les tétons de la Vierge Marie doivent être aussi bons à prendre qu'à aucun Giton, qu'à aucune catin de ce monde pervers.

Du reste, le nuage épais qui s'étend sur le haut de vos bâtiments est très-vaporeux; et toute cette partie supérieure de votre composition est affaiblie, éteinte, avec beaucoup d'intelligence. Je ne saurais en conscience vous en dire autant des nuages qui portent votre Sainte. Les enfants enveloppés de ces nuages sont légers et minces comme des bulles de savon, et les nuages lourds comme des ballons serrés de laine, volants.

De ces deux anges qui sont immédiatement au-dessous de la Sainte, il y en a un qui regarde l'enfant qui souffre entre les bras de son père, et qui le regarde avec un intérêt très-naturel et très-ingénieusement imaginé. Cette idée est d'un homme d'esprit: et l'ange et l'enfant sont deux morveux du même âge. L'intérêt de l'ange est bien, parce que c'est un ange; mais en toute autre circonstance, n'oubliez pas que l'enfant dort au milieu de la tempête. J'ai vu au milieu de l'incendie d'un château, les enfants de la maison se rouler dans des tas de blé. Un palais qui s'embrâse est moins pour un enfant de quatre ans, que la chute d'un château de cartes. C'est un trait de nature que Saurin a bien saisi dans sa pièce *du Joueur* (1); et je lui en fais compliment.

(1) Ou plutôt *Beverley*, drame en cinq actes et en vers libres. ÉDITs.

L'action et la tête de cet homme livide et brûlé de la fièvre, qui s'élance par la fenêtre, ou, puisque vous le voulez, par la porte de l'hôpital, sont on ne peut pas mieux. Ce malade a je ne sais quoi d'égaré dans les yeux; il sourit d'une manière effrayante; c'est sur son visage un mélange d'espérance, de douleur et de joie qui me confond.

Ce malade donc, et les deux figures qui groupent avec lui, font une belle masse, bien sévère, bien vigoureuse. La tête du malade est du plus grand goût de dessin, de la plus rare expression. Les bras sont dessinés comme les Carraches; toute la figure, dans le style des premiers maîtres d'Italie. La touche en est mâle et spirituelle; c'est la vraie couleur de ces malades, que je n'ai jamais vu; mais n'importe. On prétend que c'est une imitation de Mignard. Qu'est-ce que cela me fait? *Quisque suos patimur manes*, dit Rameau le fou. Pour ces deux hommes qui le retiennent, je me trompe fort s'ils ne sont d'une telle proportion, que si vous les acheviez, leurs pieds descendraient au-dessous du massif sur lequel vous les avez posés. Du reste, ils font bien ce qu'ils font; ils sont sagement drapés, bien coloriés; seulement, je vous le répète, ils semblent moins empêcher un malade de sortir par une porte que de se jeter par une fenêtre : c'est l'effet d'un local bizarre.

J'en suis fâché, M. Doyen; mais la partie la plus intéressante de votre composition, cette mère éplorée, ces suivantes qui l'entourent, ce père qui tient son enfant, tout cela est manqué net.

Premièrement, ces trois femmes et leur maîtresse font un amas confus de têtes, de bras, de jambes, de corps, un chaos où l'on se perd, et qu'on ne saurait regarder long-temps. La tête de la mère qui implore pour son fils, bien coiffée, cheveux bien ajustés, est désagréable de physionomie, sa couleur n'a point assez de consistance; il n'y a point d'os sous cette peau; elle manque d'action, de mouvement, d'expression; elle a trop peu de douleur, en dépit de la larme que vous lui faites verser. Ses bras sont de verre colorié, ses jambes ne sont pas indiquées. La draperie de satin, dont elle est vêtue, forme une grande tache lumineuse. Vous avez eu beau l'éteindre après coup, elle n'en est pas restée moins discordante. Son éclat n'en éteint pas moins les chairs. Cette grande suivante que je vois par le dos, et qui la soutient, est tournée, contournée de la manière la plus déplaisante. Le bras dont elle embrasse sa maîtresse est gourd; on ne sait sur quoi elle pose; et puis c'est le plus énorme, le plus monstrueux cul de femme qu'on ait jamais vu; ces effrayants culs de Bacchantes, que vous avez faits pour M. Watelet, n'en approchent pas.

Cependant la draperie de cette maussade figure est bien jetée, et dessine bien le nu; ce bras gourd est de bonne couleur et bien empâté; il est seulement un peu équivoque, et semble appartenir à la figure verte qui est à côté. Celle-ci, qui aide la première dans ses fonctions, bien sur son plan, est belle, tout-à-fait belle de caractère et d'expression; mais il faut la restituer au Dominiquin. Pour celle qui est accroupie, elle est ignoble; il y a pis, elle ressemble en laid à sa maîtresse; et je gagerais qu'elles ont été prises d'après le même modèle: et puis la couleur de la tête en est aussi sans consistance. A la chute des reins, qu'est-ce que cette petite lumière? Ne voyez-vous pas qu'elle nuit à l'effet, et qu'il fallait l'éteindre ou l'étendre. Cet enfant est bien dans son maillot; il se tourmente bien, il crie bien; seulement il grimace un peu. Je ne demande pas à son père plus d'expression qu'il n'en a; pour un peu plus de dignité, c'est autre chose; on prétend qu'il a moins l'air de l'époux de cette femme que d'un de ses serviteurs: c'est l'avis général. Pour moi, je lui trouve la simplicité, l'espèce de rusticité, la bonhomie domestique des gens de son temps. J'aime ses cheveux crépus, et j'en suis content; sans compter qu'il a du caractère, et qu'il est on ne saurait plus vigoureusement colorié, trop peut-être, ainsi que l'enfant. Ce groupe, avançant excessivement, chasse la mère de son plan, de manière qu'on doute qu'elle puisse apercevoir la Sainte à laquelle elle s'adresse; et cette mère avec ses suivantes, chassées en avant, font paraître les figures d'en bas colossales.

Il n'y a qu'une voix sur votre malade qui se déchire le flanc; c'est une figure de l'école du Carrache, et pour la couleur, et pour le dessin, et pour l'expression. Sa tête et son action font frémir; mais sa tête est belle; c'est une douleur terrible, mais qui n'a rien de hideux. Il souffre, il souffre à l'excès, mais sans grimacer. L'homme qui le soutient est très-beau; seulement le sommet de sa tête, son chignon, son épaule, sont un peu de cuivre; vous l'avez voulu chaud, et vous l'avez fait de brique. Je crains encore que ce groupe ne vienne pas assez sur le devant, ou que les autres ne s'enfoncent pas autant qu'ils le devraient.

Pour cette femme étendue morte sur de la paille avec son chapelet autour du bras, plus je la vois, plus je la trouve belle. O la belle, la grande, l'intéressante figure! Comme elle est simple! comme elle est bien drapée! comme elle est bien morte! quel grand caractère elle a, quoique renversée en arrière, et son visage vu de raccourci! comme elle conserve ce grand caractère et sa beauté, et comme elle les conserve dans la position la plus défavorable! Si cette figure vous appartenait, et qu'il n'y eût que ce mérite dans tout votre tableau, vous ne seriez pas un artiste commun. Elle est d'une belle pâte, d'une bonne couleur; mais sa draperie verte et forte ne contribue pas peu à coller sa tête au pied du mur. On dit qu'elle est empruntée de *la Peste du Poussin* (1); qu'est-ce que cela me fait encore? Les pailles éparses autour d'elle, ces draperies, ce coussin de coutil, tout cela est large et bien peint. Je ne sais ce qu'ils entendent par une manière de faire lourde, qu'ils appellent allemande; *Faciuntne nimis intelligendo, ut nihil intelligant*?

On ne donne pas plus d'expression, on ne montre pas mieux l'incertitude et l'effroi, on ne peint pas avec plus de vigueur, on ne fait rien de mieux que cet enfant qui est dans la demi-teinte, penché sur elle. Ses cheveux hérissés sont beaux. Il est bien dessiné, bien touché.

Lorsque je dis à Cochin : Cette terrasse ne serait pas plus chaude, quand Loutherbourg ou quelque autre paysagiste de profession l'aurait faite, il me répond : il est vrai, mais c'est tant pis. Ami Cochin, vous pouvez avoir raison; mais je ne vous entends pas.

C'est une belle idée, bien poétique, que ces deux grands pieds nus qui sortent de la caverne ou de l'égoût; d'ailleurs ils sont beaux, bien dessinés, bien coloriés, bien vrais. Mais le haut de la ca-

(1) *Les Philistins frappés de la peste*; ce tableau se voit au *Musée*. Il a été gravé par Et. Picard. ÉDIT^{s}.

verne est vide; et si l'on voulait me faire concevoir qu'elle regorge de cadavres, il aurait fallu l'annoncer. Il n'en est pas de ces deux pieds comme des deux bras que le Rembrandt a élevés du fond de la tombe du Lazare. Les circonstances sont différentes. Rembrandt est sublime, en ne me montrant que deux bras; vous l'auriez été en me montrant plus de deux pieds. Je ne saurais imaginer plein un lieu que je vois vide.

C'est encore une belle idée et bien poétique, que cet homme dont la tête, les deux bras nus et la chevelure pendent le long du massif. Je sais que quelques spectateurs pusillanimes en ont détourné leurs regards d'horreur; mais qu'est-ce que cela me fait à moi, qui ne le suis point, et qui me suis plu à voir dans Homère des corneilles rassemblées autour d'un cadavre, lui arracher les yeux de la tête en battant les ailes de joie? Où attendrai-je des scènes d'horreur, des images effrayantes, si ce n'est dans une bataille, une famine, une peste, une épidémie! Si vous eussiez consulté ces gens à petit goût raffiné, qui craignent des sensations trop fortes, vous eussiez passé la brosse sur votre frénétique qui s'élance de l'hôpital, sur ce malade qui se déchire les flancs au pied de votre massif; et moi j'aurais brûlé le reste de votre composition; j'en excepte toutefois la femme au chapelet, à qui que ce soit qu'elle appartienne.

Mais, mon ami, quand nous laisserions là un moment le peintre Doyen, pour nous entretenir d'autre chose, croyez-vous qu'il y eût si grand mal? Tout en écrivant l'endroit du discours de Diomède que je viens de citer, je recherchais la cause des différents jugements que j'en ai entendu porter. Il présente à l'imagination des cadavres, des yeux arrachés de la tête, des corneilles qui battent leurs ailes de joie. Un cadavre n'a rien qui dégoûte; la peinture en expose dans ses compositions sans blesser la vue; la poésie emploie ce mot sans fin. Pourvu que les chairs ne se dissolvent point, que les parties putréfiées ne se séparent point, qu'il ne fourmille point de vers, et qu'il garde ses formes, le bon goût dans l'un et l'autre art ne rejetera point cette image. Il n'en est pas ainsi des yeux arrachés de la tête. Je ferme les miens, pour ne pas voir ces yeux tiraillés par le bec d'une corneille, ces fibres sanglantes, purulentes, moitié attachées à l'orbite de la tête du cadavre, moitié pendantes du bec de l'oiseau vorace. Cet oiseau cruel, battant les ailes de joie, est horriblement beau. Quel doit donc être l'effet de l'ensemble d'un pareil tableau? Divers, selon l'endroit auquel l'imagination s'arrêtera. Mais sur quel endroit ici l'imagination doit-elle se reposer de préférence? sera-ce sur le cadavre? Non; c'est une image commune. Sur les yeux arrachés hors de la tête du cadavre? Non, puisqu'il y a une image plus rare, celle de l'oiseau qui bat les ailes de joie. Aussi cette image est-elle présentée la dernière; aussi, présentée la dernière, sauve-t-elle le dégoût de l'image qui la précède; aussi y a-t-il bien de la différence entre ces images rangées dans l'ordre qui suit : *Je vois les corneilles qui battent les ailes autour de ton cadavre et qui t'arrachent les yeux de la tête;* ou rangées dans l'ordre du poète, *je vois les corneilles rassemblées autour de ton cadavre, t'arracher les yeux de la tête, en battant les ailes de joie.* Regardez bien, mon ami; et vous sentirez que c'est ce dernier phénomène qui vous occupe et qui vous dérobe l'horreur du reste. Il y a donc un art inspiré par le bon goût, dans la manière de distribuer les images, dans le discours, et de sauver leurs effets; un art de fixer l'œil de l'imagination à l'endroit où l'on veut. C'est celui de Timante, qui voile la tête d'Agamemnon. C'est celui de Téniers, qui ne vous laisse apercevoir que la tête d'un homme accroupi derrière une haie. C'était celui d'Homère dans le passage cité. Il ne consiste pas seulement dans la succession des idées. Le choix des expressions y fait beaucoup, d'expressions fortes ou faibles, simples ou figurées, lentes ou rapides. C'est là, surtout, que la magie de la prosodie, qui arrête ou précipite la déclamation, a son grand jeu. O les pauvres gens que la plupart de nos faiseurs de poétique, sans en excepter Marmontel!

Je trouve seulement le cadavre de Doyen d'un livide un peu monotone; la putréfaction ne se fait pas d'une manière aussi uniforme; elle est accompagnée d'une multitude d'accidents, de taches, variés à l'infini; il lui fallait plus de relief; il est un peu plat. C'est très-bien fait au peintre de l'avoir placé dans la demi-teinte.

Je reviens sur son frénétique qui se déchire les flancs; la convulsion y serpente de la tête aux pieds. On la voit et dans les muscles du visage, et dans ceux du cou et de la poitrine, et dans les bras, le ventre, le bas-ventre, les cuisses, les jambes, les pieds; c'est une très-belle, très-parfaite imitation. Ils accusent la jambe étendue et son pied d'être un peu trop forts. Je n'en sais pas assez, pour être ou n'être pas de leur avis. Le pied m'en paraît seulement informe.

Mais ce que j'estime surtout dans la composition de Doyen, c'est qu'à travers son fracas, tout y est dirigé à un seul et même but, avec une action et un mouvement propre à chaque figure; toutes ont un rapport commun à la Sainte, rapport dont on retrouve des vestiges, même dans les morts. Cette belle femme, qui vient d'expirer au pied du massif, a expiré en invoquant. Le cadavre effrayant, qui pend du massif, avait les bras élevés vers le ciel quand il est tombé mort, comme on le voit.

Malgré cela, je ne saurais me dissimuler que

l'ouvrage de Doyen n'ait l'air tourmenté, qu'il n'y ait ni naturel ni facilité dans la distribution des figures et des incidents; et qu'on n'y sente partout l'homme qui s'est battu les flancs. Je m'explique.

Il y a dans toute composition un chemin, une ligne qui passe par les sommités des masses ou des groupes, traversant différents plans, s'enfonçant ici dans la profondeur du tableau, là s'avançant sur le devant. Si cette ligne, que j'appellerai ligne de liaison, se plie, se replie, se tortille, se tourmente; si ses convulsions sont petites, multipliées, rectilinéaires, anguleuses, la composition sera louche, obscure; l'œil irrégulièrement promené, égaré dans un labyrinthe, saisira difficilement la liaison. Si au contraire elle ne serpente pas assez, si elle parcourt un long espace sans trouver aucun objet qui la rompe, la composition sera rare et décousue: si elle s'arrête, la composition laissera un vide, un trou. Si l'on sent ce défaut et qu'on remplisse le vide ou trou d'un accessoire inutile, on remédiera à un défaut par un autre.

Un exemple excellent à proposer aux élèves de la distribution la plus plate et la plus vicieuse, de la ligne de liaison la plus ridiculement rompue, c'est le tableau de *l'Agonie de Jésus-Christ au jardin des Oliviers*, que Parrocel a exposé cette année. Ses figures sont placées sur trois lignes parallèles, en sorte qu'on pourrait dépecer son tableau en trois autres mauvais tableaux.

Le miracle des Ardents de Doyen n'est pas irrépréhensible de ce côté. La ligne de liaison y est anfractueuse, pliée, repliée, tortillée. On a de la peine à la suivre; elle est quelquefois équivoque; ou elle s'arrête tout court, ou il faut bien de la complaisance à l'œil pour en poursuivre le chemin.

Une composition bien ordonnée n'aura jamais qu'une seule vraie, unique ligne de liaison; et cette ligne conduira, et celui qui la regarde, et celui qui tente de la décrire.

Autre défaut, et peut-être le plus considérable de tous; c'est qu'on y desire une meilleure connaissance de la perspective, des plans plus distincts, plus de profondeur; tout cela n'a pas assez d'air et de champ, ne recule pas, n'avance pas assez. Et le malade qui s'élance de l'hôpital, et la mère agenouillée qui supplie, et les trois suivantes qui la servent, et le mari qui tient l'enfant, tous ces objets forment un chaos, une masse compacte de figures. Si, sur le fond, derrière le père, vous imaginez un plan vertical, parallèle à la toile, et sur le devant un autre plan parallèle au premier, vous formerez une boîte qui n'aura pas six pieds de profondeur, dans laquelle toutes les scènes de Doyen se passeront, et où ses malades, plus entassés que dans nos hôpitaux, périront étouffés.

Ce qui achève d'augmenter la confusion, la discordance, la fatigue de l'œil, ce sont des tons jaunâtres trop voisins et trop répétés; les nuages sont jaunâtres ; la carnation des hommes jaunâtre; les draperies ou jaunes ou d'un rouge mêlé de teintes jaunes ; le manteau de la figure principale d'un beau jonquille ; les ornements en sont d'or ; il y a des écharpes tirant sur le jaune; la grande suivante au derrière énorme est jaune. En faisant tout participer de la même teinte, on évite la discordance, et l'on tombe dans la monotonie. Il faut être bien malheureux pour avoir ces deux défauts à la fois.

S'il est vrai, comme on le reproche à Doyen, et comme il aurait un peu de peine à s'en justifier, qu'il ait emprunté la distribution, la marche générale de sa machine, d'une composition de Rubens, où l'on prétend que l'ordonnance est la même, je ne suis plus surpris du défaut d'air et de plans; il est presque inséparable de cette sorte de plagiat. L'estampe vous donnera bien la position des masses, la distribution des groupes, elle vous indiquera même le lieu des ombres et des lumières, à peu près le moyen de séparer les objets ; mais ce moyen sera très-difficile à transporter sur la toile. C'est le secret de l'inventeur ; il n'a imaginé son ensemble, que d'après un technique qui est le sien, et qui ne sera jamais bien le vôtre. Il est difficile d'exécuter un tableau d'après une description donnée et détaillée; il l'est peut-être encore davantage de l'exécuter d'après une estampe; de là l'intelligence du clair-obscur manquée; rien qui s'éloigne, se rapproche, s'unisse, se sépare, s'avance, se recule, se lie, se fuie; plus d'harmonie, plus de netteté, plus d'effet, plus de magie. De là, des figures poussées trop en devant seront trop grandes, et d'autres repoussées trop en arrière seront trop petites; ou plus communément toutes s'entassant les unes sur les autres; plus d'étendue, plus d'air, plus de champ, nulle profondeur, confusion d'objets découpés et artistement collés les uns sur les autres, vingt scènes diverses se passant comme entre deux planches, entre deux boiseries qui ne seront séparées que de l'épaisseur de la toile et de la bordure. Ajoutez que, tandis que le défaut d'air et de perspective porte les figures du devant vers le fond et du fond vers le devant, par une seconde malédiction elles sembleront encore chassées de la gauche vers la droite et de la droite vers la gauche, ou retenues comme par force dans l'enceinte de la toile; en sorte que, cet obstacle levé, on craindrait que tout n'échappât, et n'allât se disperser dans l'espace environnant.

Il y a de la couleur; que dis-je: le tableau de Doyen est même très-vigoureusement colorié; mais il manque d'harmonie; et quoiqu'il soit chaud de toute part, on ne saurait le regarder long-temps sans être peiné; mais c'est principalement au groupe des six figures placées sur le massif que cette peine se fait sentir. C'est un grand papillotage insupportable; il n'en est pas ainsi de la partie inférieure ou de la terrasse, ni de la partie vaporeuse et supérieure.

Autre défaut, c'est que la fabrique est d'architecture grecque ou romaine, et que l'action se passe sous le règne de l'architecture gothique: licence inutile. Du reste, elle est d'un bon ton de couleur.

Avec tout ce que je viens de reprendre dans le tableau de Doyen, il est beau et très-beau; il est chaud, il est plein d'imagination et de verve. Il y a du dessin, de l'expression, du mouvement; beaucoup, mais beaucoup de couleur; et il produit un grand effet. L'artiste s'y montre un homme, et un homme qu'on n'attendait pas: c'est sans contredit la meilleure de ses productions; qu'on expose ce tableau en quelque endroit du monde que ce soit; qu'on lui oppose quelque maître ancien ou moderne qu'on voudra; la comparaison ne lui ôtera pas tout mérite. Vous en direz tout ce qu'il vous plaira, M. le chevalier Pierre. Si ce morceau n'est que d'un écolier, fort à la vérité, qu'êtes-vous? Est-ce que vous croyez que nous avons oublié la platitude de ce *Mercure* et de cette *Aglaure* que vous refaisiez sans cesse et qui était toujours à refaire ; et ce crucifiement médiocre, toujours médiocre, quoique copié d'une des plus sublimes compositions du Carrache. Il y a des hommes d'une jalousie bien impudente et bien basse. M. le chevalier Pierre, acquérez le droit d'être dédaigneux, et ne le soyez pas : c'est le mieux.

Mais savez-vous, mon ami, la raison de cette rage de Greuze, de ce déchaînement de Pierre, contre ce pauvre Doyen ? c'est que Michel qui tient l'école laissera bientôt vacante une place à laquelle ils prétendent tous. Doyen a été suffisamment vengé de ses critiques par le suffrage public, et le témoignage honorable de son académie qui, sur son tableau, l'a nommé adjoint à professeur.

Je crois avoir déjà remarqué dans quelques-uns de mes papiers, où je m'étais proposé de montrer qu'une nation ne pouvait avoir qu'un beau siècle, et que dans ce beau siècle un grand homme n'avait qu'un moment pour naître, que toute belle composition, tout véritable talent en peinture, en sculpture, en architecture, en éloquence, en poésie, supposait un certain tempérament de raison et d'enthousiasme, de jugement et de verve ; tempérament rare et momentané, équilibre sans lequel les compositions sont extravagantes ou froides. Il y a un écueil à craindre pour Doyen ; c'est qu'échauffé par son morceau du *miracle des Ardents*, dont la poésie a plutôt fait le succès que le technique (car à trancher le mot, en peinture, ce n'est qu'une très-magnifique ébauche), il ne passe la vraie mesure; que sa tête ne s'exalte trop, et qu'il ne se jette dans l'outré. Il est sur la ligne ; un pas de travers de plus ; et le voilà dans le fracas, dans le désordre. Vous aimez encore mieux, me direz-vous, l'extravagant que le plat ; et moi aussi. Mais il y a un milieu entre l'un et l'autre, qui nous convient à tous les deux davantage.

J'ai vu l'artiste : vous ne le croiriez pas, il joue la modestie à merveille ; il fait tout ce qu'il peut pour réprimer la bouffissure de l'orgueil qui le gagne ; il reçoit l'éloge avec plaisir, mais il a la force de le tempérer ; il regrette sincèrement le temps qu'il a perdu avec les grands et les femmes, ces deux pestes du talent ; il se propose d'étudier. Ce dont il aime surtout à s'entendre louer, c'est de son faire, qui n'est d'aucun atelier moderne. En effet, son style et son pinceau sont à lui ; il ne veut s'endetter qu'à Raphaël, le Guide, le Titien, le Dominiquain, Le Sueur, le Poussin, gens riches que nous lui permettrons d'interroger, de consulter, d'appeler à son secours, mais non de voler. Qu'il apprenne de l'un à dessiner ; de l'autre à colorier ; de celui-ci à ordonner sa scène, à établir ses plans, à lier ses incidents, la magie de la lumière et des ombres, l'effet de l'harmonie, la convenance, l'expression ; à la bonne heure.

Le public paraît avoir regardé le tableau de Doyen comme le plus beau morceau du Salon; et je n'en suis pas surpris. Une chose d'expression forte, un démoniaque qui se tord les bras, qui écume de la bouche, dont les yeux sont égarés, sera mieux senti de la multitude qu'une belle femme nue qui sommeille tranquillement, et qui vous livre ses épaules et ses reins. La multitude n'est pas faite pour recevoir toutes les chaînes imperceptibles qui émanent de cette figure, en saisir la mollesse, le naturel, la grâce, la volupté. C'est vous, c'est moi qui nous laissons blesser, envelopper dans ces filets; c'est nous qu'ils retiennent invinciblement :

. . . . . *Æterno devincti vulnere amoris* (1).

Mais est-il bien sûr qu'il n'y ait pas autant de verve dans la première scène de Térence et dans l'Antinoüs que dans aucune scène de Molière, dans aucun morceau de Michel-Ange? J'ai prononcé là-dessus autrefois un peu légèrement. A tout moment je donne dans l'erreur, parce que la langue ne me fournit pas à propos l'expression de la vérité. J'abandonne une thèse, faute de mots qui rendent bien mes raisons. J'ai au fond de mon cœur une chose, et j'en dis une autre. Voilà l'avantage de l'homme retiré dans la solitude. Il se parle, il s'interroge, il s'écoute, et s'écoute en silence. Sa sensation secrète se développe peu à peu; et il

(1) T. LUCRET. CARI, *de Rerum nat.* lib. I, v. 35. ÉDIT^{s}.

trouve les vraies voix qui dessillent les yeux des autres, et qui les entraînent.

O rus, quando ego te adspiciam?...... (1)

Vien et Doyen ont retouché leurs tableaux en place. Je ne les ai point vus; mais allez à Saint-Roch; et quoi qu'ait pu faire Doyen, je gage que son tableau, après vous avoir appelé par une bonne couleur générale, vous repoussera toujours par la discordance. Je gage que son effet vous fatiguera; qu'il n'y a point de plans, mais point; rien de décidé; qu'on ne sait toujours où posent les figures du parvis; que cette grosse suivante à énorme derrière rouge au lieu d'être large, continue d'être monstrueuse et mal assise; qu'il n'y a point de repos; que vous y ressentez partout la *furia francese;* qu'à juger de la figure qui tient le petit enfant, par le plan qu'on lui suppose, elle est d'une grandeur colossale, *et cætera, et cætera.* Ces vices ne se corrigent pas à la pointe du pinceau; *Ma comè ogni medaglia a il suo riverso,* le bas de son tableau sera toujours beau; la couleur en sera toujours chaude, vigoureuse et vraie. Le groupe des deux figures, dont l'une se déchire les flancs (quoiqu'il y ait peut-être dans Rubens, ou ailleurs, un possédé que Doyen ait regardé), sera toujours d'un grand maître; que s'il a pris cette figure, c'est *ut conditor et non ut interpres;* et que ce Greuze qui lui en fait le re-

(1) Horat. *Serm.* lib. II, *Sat.* VI, vers. 60. Édit[s].

proche n'a qu'à se taire, car il ne serait pas difficile de lui cogner le nez sur certains tableaux flamands, où l'on retrouve des attitudes, des incidents, des expressions, trente accessoires dont il a su profiter, sans que ses ouvrages en perdent rien de leur mérite.

Le bas du tableau de Doyen annonce vraiment un grand talent; qu'il mette un peu de plomb dans sa tête; que ses compositions deviennent plus sages, plus décidées; que les figures en soient mieux assises; qu'il n'entasse plus tête sur tête; qu'il étudie plus les grands maîtres; qu'il s'éprenne davantage de la simplicité; qu'il soit plus harmonieux, plus sévère, moins fougueux, moins éclatant; et vous verrez le coin qu'il tiendra dans l'école française. Il a du feu, mais trop de petits effets qui nuisent à l'ensemble. Il perd à être détaillé, mais il sent, mais il sent fortement. C'est un grand point. Laissez-le aller, vous dis-je.

Quoique la partie supérieure de son tableau n'aille pas de pair avec l'inférieure, la gloire cependant est soignée, contre l'usage, qui la néglige ordinairement, *Hic quoque sunt superis sua jura;* et le tout rappelle bien mon épigraphe :

. . . . *Multoque, in rebus acerbis,*
Acrius advertunt animos ad Relligionem (1).

Le besoin que Doyen et Vien ont senti de retoucher leurs tableaux en place, doit apprendre

(1) Lucret. *de Rerum nat.* lib. III, v. 53. Édit^s^.

aux artistes à se ménager dans l'atelier la même exposition, les mêmes lumières, le même local qu'ils doivent occuper.

Vien a moins perdu à Saint-Roch que Doyen : Vien y est resté simple, sage et harmonieux ; Doyen fatigant, papillotant, inégal, vigoureux. Les figures du bas vous y paraîtront beaucoup trop fortes pour les autres.

Donnez à Vien la verve de Doyen, qui lui manque; donnez à Doyen le faire de Vien, qu'il n'a pas; et vous aurez deux grands artistes. Mais cela est peut-être impossible, du moins cette alliance ne s'est point encore vue; et le premier de tous les peintres n'est que le second, dans toutes les parties de la peinture.

Allez voir le tableau de Doyen, le soir, en été, et voyez-le de loin. Allez voir celui de Vien, le matin, dans la même saison, et voyez-le de près ou de loin, comme il vous plaira; restez-y jusqu'à la nuit close; et vous verrez la dégradation de toutes les parties suivre exactement la dégradation de la lumière naturelle, et la scène entière s'affaiblir comme la scène de l'univers, lorsque l'astre qui l'éclairait a disparu; le crépuscule naît dans sa composition, comme dans la nature.

CASANOVE.

68. DES BATAILLES.

Bon peintre, autant qu'on peut l'être, sans en avoir vu. Les anciens Scandinaves conduisaient leur poètes à la guerre.

Ils les plaçaient au centre de leurs armées ; ils leur disaient : « Venez nous voir combattre et « mourir. Soyez les témoins oculaires de notre « valeur et de nos actions. Chantez de nous ce « que vous en aurez vu, que notre mémoire dure « éternellement dans notre patrie, et que ce soit « la récompense du sang que nous avons versé « pour elle. » Ces hommes sacrés étaient également respectés des deux partis. Après la bataille, ils montaient leurs lyres, et ils en tiraient des sons de joie ou de deuil, selon qu'elle avait été heureuse ou malheureuse. Leurs images étaient simples, fortes et vraies. On dit qu'un vainqueur féroce ayant fait égorger les Bardes ennemis, un seul, échappé au glaive, monta sur une haute montagne, chanta la défaite de ses malheureux compatriotes, chargea d'imprécations leur barbare vainqueur, lui prédit les malheurs qui l'attendaient, le dévoua, lui et les siens, à l'oubli, et se précipita du rocher. C'était, chez ces peuples, un devoir religieux, que de célébrer par des chants ceux qui avaient eu le bonheur de périr les armes à la main. Ossian, chef, guerrier, poète et musicien, entend frémir pendant la nuit les arbres qui environnent sa demeure; il se lève, il s'écrie : « Ames de mes amis, je vous entends; « vous me reprochez mon silence. » Il prend sa lyre, il chante; et lorsqu'il a chanté, il dit : « Ames de mes amis, vous voilà immortelles; « soyez donc satisfaites, et laissez-moi reposer. » Dans sa vieillesse, un Barde aveugle se fait conduire entre les tombeaux de ses enfants; il s'assied, il pose ses deux mains sur la pierre froide qui couvre leurs cendres, il les chante. Cependant l'air, ou plutôt les ames errantes de ses enfants caressaient son visage, et agitaient sa longue barbe. O les belles moeurs! ô la belle poésie! il faut avoir vu, soit qu'on peigne, soit qu'on écrive. Dites-moi, M. Casanove, avez-vous jamais été présent à une bataille? Non. Eh bien! quelque imagination que vous ayez, vous resterez médiocre. Suivez les armées, allez, voyez et peignez.

1. UN CAVALIER ESPAGNOL, VÊTU A L'ANCIENNE MODE.

Très-beau petit tableau; je me trompe : grand et beau tableau; belle composition, bien simple; mais quel goût il faut avoir pour l'apprécier! Il n'y a ici ni éclat, ni tumulte, ni fracas de couleur et de figure; rien de ce qui en impose à la multitude; mais du repos, de la tranquillité, un art sévère. On n'aperçoit qu'un cavalier sur son cheval, il vient à vous; et l'homme, et l'animal docile, sont de la plus grande vérité. Ils sont hors la toile, toute la lumière est rassemblée sur eux; le reste est dans la demi-teinte. L'homme est merveilleusement bien en selle. L'animal qui descend, se piette. A droite, sur le fond, ce sont des monticules; au-delà de ces monticules défile une troupe de soldats, dont on entrevoit les têtes par-dessous le ventre du cheval. *Hic equus non est omnium.* Il faut un faire, un naturel bien surprenant pour arrêter, pour intéresser avec si peu de chose.

2. BATAILLE.

Belle et grande masse au centre; sur le devant, un combattant sur un cheval blanc. Au-delà, plus sur le fond, un autre combattant, puis un énorme cheval roux abattu. Sous les pieds des premiers chevaux, soldats renversés, foulés, écrasés, étouffés. Sur les ailes, mêlées particulières dérobées par le feu, la poussière et la fumée, et s'enfonçant en s'éteignant dans la profondeur du tableau, donnant à la scène de l'étendue, et de la vigueur à la masse principale. Beau ciel, bien chaud, bien terrible, bien épais, bien enflammé d'une lumière rougeâtre. Grande variété d'incidents; beau et effrayant désordre avec harmonie. C'est tout ce que je puis dire. Mais quelle idée cela laisse-t-il?

Aucune. On composerait, d'après cette description, cent autres tableaux différents entre eux, et de celui de Casanove.

3. UNE PETITE BATAILLE, ET SON PENDANT.

C'est un choc de cavalerie très-vif d'action, savamment composé, figures d'hommes et de chevaux bien dessinées et pleines d'expression. Joli morceau, auquel on ne peut reprocher qu'une couleur un peu trop brillante, ce qui donne un ton de gaîté à un sujet qui doit remplir d'effroi. La vigueur et l'éclat du coloris sont deux choses diverses. On est éclatant sans vigueur, et vigoureux sans éclat; et peut-être est-on l'un ou l'autre sans harmonie.

Je juge ce sujet sans le décrire. On ne décrit point une bataille; il faut la voir.

Le pendant de ce morceau est un paysage avec figures, où la couleur éclatante est plus convenable qu'à la bataille.

4. DEUX PAYSAGES AVEC FIGURES.

De trois pieds et demi de large, sur trois pieds et demi de haut.

On voit au premier de ces paysages, à gauche, un grand rocher, dont le pied est baigné par des eaux traversées par des voyageurs, entre lesquels une femme portant un enfant sur son dos; autour de cette femme, quelques moutons, puis une autre femme à cheval, tenant un petit chien; ensuite son mari arrêté, et faisant boire son cheval. A droite des eaux, d'autres passagers et un lointain.

Les figures de la gauche, quoique très-agréables, sont un peu collées au rocher, dont la face est coupée à pic, et égale de forme et de ton. En changeant la forme et pratiquant à cette surface des enfoncements, des saillies, les figures seraient venues plus en devant; en laissant à cette masse son égalité plane, il eût fallu varier le ton, et faire passer de l'air entre les figures et le rocher.

Le second paysage dont je vais vous parler, est fort supérieur à celui-ci. C'est un très-beau tableau, du moins pour ceux qui savent le regarder. A droite, grande et large masse de rochers. Ces rochers sont dans la demi-teinte, et couronnés d'herbes, de plantes et d'arbustes sauvages. Ce ne sont pas d'énormes pierres pelées, sèches, raides, hideuses. Une mousse tendre, une verdure obscure, jaunâtre et chaude les revêt; ils sont prolongés de la droite vers la gauche, et semblent diviser le paysage en deux; des eaux en baignent le pied. A droite, sur la rive de ces eaux, on voit deux pâtres sur leurs chevaux; plus sur le devant, entre eux une chèvre; en s'avançant un peu vers la gauche, une bergère assise à terre; non loin d'elle, quelques moutons. Là, finissent les rochers, et s'ouvre une échappée au loin. Vous voyez le ciel et des nuées. Vous voyez ces nuées tourner autour de la masse des rochers, sur le fond, l'en détacher, et annoncer derrière elle une campagne dont elle dérobe l'aspect. Vis-à-vis de cette échappée, de l'espace le plus antérieur du tableau, on grimpe sur des éminences qui ne sont que la continuité des rochers.

L'artiste a placé sur l'une des éminences un paysan avec un cheval. Le côté gauche de cette scène champêtre est fermé par deux grands arbres qui s'élèvent en s'inclinant vers la gauche, d'entre de la rocaille et des quartiers de pierres brutes; ces deux arbres peints avec vigueur sont encore très-poétiques. Le ciel est si léger, qu'ayant pris ce morceau pour un ouvrage de Loutherbourg, cette qualité qui manque à celui-ci, me fit suspecter mon erreur. Ce paysage est beau, bien ordonné, bien vrai, d'un bel effet.

5. DEUX PETITS TABLEAUX, DONT L'UN REPRÉSENTE UN MARÉCHAL, L'AUTRE UN CABARET.

Le Maréchal. Arcade ruinée à droite, fermée par en bas d'une cloison à claire-voie, et couverte d'arbustes par en haut. Du même côté, sur le devant, un soldat assis sur des porte-manteaux. Plus vers la gauche, le fond et de face, un cavalier sur un cheval brun, tenant par la bride un cheval blanc qu'on ferre. Le pied de ce cheval est passé dans la boucle d'une corde qui le tient levé: le maréchal qui ferre. Autre maréchal accroupi derrière celui-ci, à gauche; la forge couverte d'une hotte de bois tout-à-fait pittoresque. Au bas de la forge, un panier à charbon et des outils du métier. Toute cette partie du tableau est dans la demi-teinte; ou plutôt il n'y a guère que la croupe du cheval qu'on ferre, qui soit frappée de la lumière qui tombe du ciel.

LE CABARET.

Autre petit Wouvermans, à préférer au précédent pour l'effet. A droite, le cabaret avec du bois, des bûches, des paniers, des tonneaux à la porte; à quelque distance de la porte, le cabaretier un verre plein dans une main, sa bouteille de l'autre. Plus sur la gauche et le fond, un valet qui vient de poser à terre deux seaux d'eau pour les chevaux. Un de ces chevaux est sans cavalier, il a un porte-manteau sur la croupe, une lanterne pendue à l'arçon de sa selle; il boit. L'autre cheval est monté de son cavalier, qui a le verre à la main. Au-delà du cabaret, sur le fond, petites fabriques ruinées. A gauche en retour, les mêmes fabriques continuées; autour de ces masures, poules, canards et autres volailles.

J'ai dit que c'étaient deux petits Wouvermans; et cela est vrai, pour les sujets, la manière, la couleur et l'effet. J'en croyais le technique perdu; Casanove le retrouverait. Il y a des connaisseurs d'un goût difficile, qui prétendent que ce faire est faux, sans aucun modèle approché dans la nature. Je ne saurais le nier ; car je ne me rappelle pas d'avoir jamais rien vu de ressemblant à cette magie ; mais elle est si douce, si harmonieuse, si durable, si vigoureuse, que je regarde, admire, et me tais. Mais la nature étant une, comment concevez-vous, mon ami, qu'il y ait tant de manières diverses de l'imiter, et qu'on les approuve toutes ? Cela ne viendrait-il pas de ce que, dans l'impossibilité reconnue et peut-être heureuse, de la rendre avec une précision absolue, il y a une lisière de convention sur laquelle on permet à l'art de se promener ; de ce que dans toute production poétique, il y a toujours un peu de mensonge dont la limite n'est et ne sera jamais déterminée ? Laissez à l'art la liberté d'un écart approuvé par les uns et proscrit par d'autres. Quand on a une fois avoué que le soleil du peintre n'est pas celui de l'univers et ne saurait l'être, ne s'est-on pas engagé dans un autre aveu dont il s'ensuit une infinité de conséquences ? la première, de ne pas demander à l'art au-delà de ses ressources ; la seconde, de prononcer avec une extrême circonspection de toute scène où tout est d'accord.

Au reste, voulez-vous bien sentir la différence de l'opaque, du compacte, du monotone, du manque de tons, de passages et de nuances, avec l'effet des qualités contraires à ces défauts ? Comparez la croupe du cheval blanc de Casanove, avec la croupe d'un cheval blanc d'une des batailles de Loutherbourg. Ces comparaisons multipliées vous rendraient bien difficile.

6. PETIT TABLEAU REPRÉSENTANT UN CAVALIER QUI RAJUSTE SA BOTTE.

A droite, un bout de rivière avec un lointain; deux cavaliers passent la rivière. Sur une terrasse assez élevée et assez large au bord de la rivière, un cavalier sur son cheval, tenant la bride de celui de son camarade, qu'on voit plus sur le fond et sur la gauche, descendu à terre et rajustant sa botte.

Autre petit morceau de la même école flamande; mais je suis bien fâché contre ce mot de pastiche qui marque du mépris, et qui peut décourager les artistes de l'imitation des meilleurs maîtres anciens. Quoi donc! s'il arrivait que l'on me présentât un morceau si bien fait de tout point dans la manière de Raphaël, de Rubens, du Titien, du Dominiquin, que moi et tout autre s'y trompât, l'artiste n'aurait-il pas exécuté une belle chose? Il me semble qu'un littérateur serait assez content de lui-même, s'il avait composé une page qu'on prît pour une citation d'Horace, de Virgile, d'Homère, de Cicéron ou de Démosthène; une vingtaine de vers qu'on fût tenté de restituer à Racine ou à Voltaire. N'avons-nous pas une infinité de pièces dans le style marotique ; et ces pièces, pour être de vrais pastiches en poésie, en sont-elles moins estimables?

Casanove est vraiment un peintre de batailles; mais, encore une fois, quelle est la description d'un tableau de bataille qui puisse servir à un autre que celui qui la fait, les yeux devant le tableau ? Plus vous détaillerez, chaque petit détail ayant toujours quelque chose de vague et d'indéterminé, plus vous compliquerez le problème pour l'imagination. Il en est d'une bataille, d'un paysage, ainsi que du portrait d'une femme absente ; plus vous donnerez de ses traits à l'artiste, plus vous le rendrez perplexe. Je dirai donc : à droite, des soldats renversés ; sur le devant, au centre, un cavalier qui s'élance à toutes jambes; par derrière celui-ci, plus sur le fond, un autre cavalier dont le cheval est renversé ; autour de cette masse, des morts et des mourants ; et j'ajouterai, sur les ailes, petites mêlées séparées ; très-beau, très-large ; et puis, que votre tête fasse de cela ce qui lui conviendra ; elle est d'autant plus à son aise, qu'elle sait moins du faire et de l'ordonnance. Un homme de lettres, qui n'est pas sans mérite, prétendait que les épithètes générales et communes, telles que grand, magnifique, beau, terrible, intéressant, hideux, captivant moins la pensée de chaque lecteur, à qui cela laisse, pour ainsi dire, carte blanche, étaient celles qu'il fallait toujours préférer. Je le laissai dire ; mais tout bas je lui répondais, au dedans de moi-même : Oui, quand on est un pauvre diable comme toi, quand on ne se peint que des images triviales. Mais quand on a de la verve, des concepts rares, une manière d'apercevoir et de sentir originale et forte, le grand tourment est de trouver l'expression singulière, individuelle, unique, qui caractérise, qui distingue, qui attache et qui frappe. Tu aurais dit d'un de tes combattants, qu'il avait reçu à la tête ou au cou une énorme blessure. Mais le poète dit : la flèche l'atteignit au-dessus de l'oreille, entra, traversa les os du palais, brisa les dents de la mâchoire inférieure, sortit par la bouche, et le sang qui coulait le long de son fer, tombait à terre en distillant par la pointe. Ces épithètes générales sont d'autant plus misérables dans le style français, que l'exagération nationale, les appliquant usuellement à de petites choses, les a presque toutes décriées.

BAUDOUIN.

Toujours petits tableaux, petites idées, compositions frivoles, propres au boudoir d'une petite-maîtresse, à la petite maison d'un petit-maître; faites pour de petits abbés, de petits robins, de gros financiers ou autres personnages sans mœurs et d'un petit goût.

1. LE COUCHER DE LA MARIÉE.

A gouache.

Entrons dans cet appartement, et voyons cette scène. A droite, cheminée et glace. Sur la cheminée et devant la glace, flambeaux à plusieurs branches et allumés. Devant le foyer, suivante accroupie qui couvre le feu. Derrière celle-ci, autre suivante accroupie qui, l'éteignoir à la main, se dispose à éteindre les bougies des bras attachés à la boiserie. Au côté de la cheminée, en s'avançant vers la gauche, troisième suivante debout, tenant sa maîtresse sous les bras, et la pressant d'entrer dans la couche nuptiale. Cette couche, à moitié ouverte, occupe le fond. La jeune mariée s'est laissée vaincre; elle a déjà un genou sur la couche; elle est en déshabillé de nuit. Elle pleure. Son époux, en robe de chambre, est à ses pieds, et la conjure. On ne le voit que par le dos. Il y a au chevet du lit une quatrième suivante qui a levé la couverture; tout-à-fait à gauche, sur un guéridon, un autre flambeau à branches; sur le devant, du même côté, une table de nuit avec des linges.

M. Baudouin, faites-moi le plaisir de me dire en quel lieu du monde cette scène s'est passée? Certes, ce n'est pas en France. Jamais on n'y a vu une jeune fille bien née, bien élevée, à moitié nue, un genou sur le lit, sollicitée par son époux en présence de ses femmes qui la tiraillent. Une innocente prolonge sans fin sa toilette de nuit; elle tremble, elle s'arrache avec peine des bras de son père et de sa mère; elle a les yeux baissés, elle n'ose les lever sur ses femmes. Elle verse une larme. Quand elle sort de sa toilette pour passer vers le lit nuptial, ses genoux se dérobent sous elle, ses femmes sont retirées; elle est seule, lorsqu'elle est abandonnée aux desirs, à l'impatience de son jeune époux. Ce moment est faux. Il serait vrai, qu'il serait d'un mauvais choix. Quel intérêt cet époux, cette épouse, ces femmes de chambre, toute cette scène peut-elle avoir? Feu notre ami Greuze n'eût pas manqué de prendre l'instant précédent, celui où un père, une mère, envoient leur fille à son époux. Quelle tendresse! quelle honnêteté! quelle délicatesse! quelle variété d'actions et d'expressions dans les frères, les sœurs, les parents, les amis, les amies! quel pathétique n'y aurait-il pas mis! Le pauvre homme, que celui qui n'imagine, dans cette circonstance, qu'un troupeau de femmes de chambre!

Le rôle de ces suivantes serait ici d'une indécence insupportable, sans les physionomies ignobles, basses et malhonnêtes que l'artiste leur a données. La petite mine chiffonnée de la mariée, l'action ardente et peu touchante du jeune époux vu par le dos, ces indignes créatures qui entourent la couche, tout me représente un mauvais lieu. Je ne vois qu'une courtisane qui s'est mal trouvée des caresses d'un petit libertin, et qui redoute le même péril, sur lequel quelques unes de ses malheureuses compagnes la rassurent. Il ne manque là qu'une vieille.

Rien ne prouve mieux, que l'exemple de Baudouin, combien les mœurs sont essentielles au bon goût. Ce peintre choisit mal ou son sujet ou son instant; il ne sait pas même être voluptueux. Croit-il que le moment où tout le monde s'est retiré, où la jeune épouse est seule avec son époux, n'eût pas fourni une scène plus intéressante que la sienne?

Artistes, si vous êtes jaloux de la durée de vos ouvrages, je vous conseille de vous en tenir aux sujets honnêtes. Tout ce qui prêche aux hommes la dépravation, est fait pour être détruit; et d'autant plus sûrement détruit, que l'ouvrage sera plus parfait. Il ne subsiste presque plus aucune de ces infâmes et belles estampes que le Jules Romain a composées d'après l'impur Arétin. La probité, la vertu, l'honnêteté, le scrupule, le petit esprit superstitieux, font tôt ou tard main-basse sur les productions déshonnêtes. En effet, quel est celui d'entre nous, qui, possesseur d'un chef-d'oeuvre de peinture ou de sculpture, capable d'inspirer la débauche, ne commence pas à en dérober la vue à sa femme, à sa fille, à son fils? Quel est celui qui ne pense que ce chef-d'œuvre ne puisse passer à un autre possesseur moins attentif à le serrer? Quel est celui qui ne prononce, au fond de son cœur, que le talent pouvait être mieux employé, un pareil ouvrage n'être pas fait, et qu'il y aurait quelque mérite à le supprimer? Quelle compensation y a-t-il entre un tableau, une statue, si parfaite qu'on la suppose, et la corruption d'un cœur innocent? Et si ces pensées, qui ne sont pas tout-à-fait ridicules, s'élèvent, je ne dis pas dans un bigot, mais dans un homme de bien; et dans un homme de bien, je ne dis pas religieux, mais esprit fort, mais athée, âgé, sur le point de descendre au tombeau, que deviennent le beau tableau, la belle statue, ce groupe du satyre qui jouit d'une chèvre, ce petit Priape qu'on a tiré des ruines d'Herculanum; ces deux morceaux les plus précieux que l'antiquité nous ait transmis, au jugement du baron de Gleichen et de l'abbé Galiani, qui s'y connaissent? Voilà donc, en un instant, le fruit des veilles du talent le plus rare, brisé, mis en pièces? Et qui de nous osera blâmer la main honnête et barbare, qui aura commis cette espèce de sacrilège? Ce n'est pas moi, qui cependant n'ignore pas ce qu'on peut m'objecter, le peu d'influence que les productions des beaux-arts ont sur les mœurs générales; leur indépendance même de la volonté et de l'exemple d'un souverain; des ressorts momentanés, tels que l'ambition, le péril, l'esprit patriotique; je sais que celui qui supprime un mauvais livre, ou qui détruit une statue voluptueuse, ressemble à un idiot, qui craindrait de pisser dans un fleuve, de peur qu'un homme ne s'y noyât : mais laissons là l'effet de ces productions sur les mœurs de la nation; restreignons-le aux mœurs particulières. Je ne puis me dissimuler qu'un mauvais livre, une estampe malhonnête que le hasard offrirait à ma fille, suffirait pour la faire rêver et la perdre. Ceux qui peuplent nos jardins publics des images de la prostitution, ne savent guère ce qu'ils font! Cependant tant d'inscriptions infâmes, dont la statue de la *Vénus aux belles fesses* est sans cesse barbouillée dans les bosquets de Versailles; tant d'actions dissolues avouées dans ces inscriptions, tant d'insultes faites par la débauche même à ses propres idoles; insultes qui marquent des imaginations perdues, un mélange inexplicable de corruption et de barbarie, instruisent assez de l'impression pernicieuse de ces sortes d'ouvrages. Croit-on que les bustes de ceux qui ont bien mérité de la patrie, les armes à la main, dans les tribunaux de la justice, aux conseils du souverain, dans la carrière des lettres ou des beaux-arts, ne donnassent pas une meilleure leçon? Pourquoi donc ne rencontrons-nous point les statues de Turenne et de Catinat? c'est que tout ce qui s'est fait de bien chez un peuple, se rapporte à un seul homme; c'est que cet homme, jaloux de toute gloire, ne souffre pas qu'un autre soit honoré. C'est qu'il n'y a que lui.

Encore, si le mauvais choix des tableaux de Baudouin était racheté par le dessin, l'expression des caractères, un faire merveilleux; mais non, toutes les parties de l'art y sont médiocres. Dans le morceau dont il s'agit ici, la mariée est d'un joli ensemble, la tête en est bien dessinée; mais le mari, vu par le dos, a l'air d'un sac, sous lequel on ne ressent rien; sa robe-de-chambre l'emmaillotte, la couleur en est terne. Point de nuit; scène de nuit, peinte de jour. La nuit, les ombres sont fortes, et par conséquent les clairs éclatants; et tout est gris. La suivante, qui lève la couverture, n'est pas mal ajustée.

PETIT DIALOGUE.

Mais, mon ami, à quoi pensez-vous? Il me semble que vous n'êtes pas trop à ce que vous lisez. — Il est vrai; comme votre Baudouin ne m'intéresse aucunement, je revenais malgré moi sur Casanove. — Eh bien! Casanove.... est donc un artiste bien merveilleux? — Bien merveilleux! qui vous dit cela? Il est aux bons peintres du siècle passé, comme nos bons littérateurs aux écrivains du même siècle. Il a du dessin, des idées, de la chaleur, de la couleur. — Son tableau du *cavalier espagnol*, dont vous faites tant de cas, a-t-il le mérite d'*un autre cavalier* du Salon précédent (1)? — Non. — N'est-il pas gris? — Il est vrai. — Même un peu sale? — Cela se peut. — Mollement dessiné? — Vous êtes difficile. — Et son cheval n'a-t-il pas l'air d'un cheval de louage? — Vous n'aimez pas Casanove. — Je ne l'aime ni ne le hais. Je ne le connais pas, et suis tout-à-fait disposé à lui rendre justice; et pour vous en convaincre, je trouve, par exemple, dans sa bataille et son pendant, le ciel de la plus grande beauté, les nuages légers et transparents. En ce point, ainsi que par la variété et la finesse des tons, comparable au Bourguignon, même plus vigoureux, et bien le maître de Loutherbourg, et celui-ci bien l'écolier. Il faut être juste; dans cette petite composition, où vous avez loué un certain cheval blanc, je conviens qu'il est d'une finesse de couleur étonnante; mais convenez que la tête en est fort mauvaise. Dans une de ces batailles, je me rappelle encore des soldats touchés avec force et délicatesse, quoique ce ne soit pas le mérite ordinaire de ce peintre; là, ou ailleurs (car, comme je compte sur vous, je parcours les choses un peu légèrement), sur le devant, un soldat mort, un étendard, un tambour, une terrasse, peints avec beaucoup de vigueur. Au *Gué*, qui fait le pendant, le ciel est joli, et les figures très-finies; mais il s'en manque un peu qu'au

(1) *Salon de* 1765, tom. VIII, pag. 228. ÉDIT^s.

Maréchal elles aient cet esprit-là. A *la botte rajustée*, la couleur est douce; mais n'est-elle pas un peu grise? voyez. — Je vois que vous seriez bien plus méchant que moi, si vous le vouliez; mais reprenons le Baudouin.

2. LE SENTIMENT DE L'AMOUR ET DE LA NATURE CÉDANT POUR UN TEMPS A LA NÉCESSITÉ.

A droite, sur le devant, l'extrémité du lit qu'on appelle le lit de misère. Plus sur le fond, un quidam, le nez enveloppé d'un manteau, et recevant un nouveau-né emmailloté. Un peu plus sur le fond, et vers la gauche, en coiffure noire, en mantelet, en mitaines, une sage-femme qui présente l'enfant au quidam, et prête à sortir. Au centre, sur le devant, une jeune fille assise sur une chaise, toute rajustée, dans la douleur, retenant d'une main son enfant, qu'on lui enlève, et serrant de l'autre la main du père. Placée un peu plus à gauche, sur un tabouret, et vue par le dos, une amie, penchée vers l'accouchée, et la déterminant au sacrifice; tout-à-fait à gauche, devant une petite table, un jeune talon rouge, vu par le dos, serrant la main qu'on lui a tendue, la tête penchée sur son autre main, ou renversée en arrière, je ne sais lequel des deux, et dans l'attitude du désespoir. Il est proche d'une porte vitrée qui éclaire la chambre de la sage-femme, où l'on voit des lits numérotés.

J'ai déjà dit, au Salon précédent (1), ce que je pensais de ce morceau; j'ai dit, que la scène placée dans un grenier où la misère aurait relégué un pauvre père, une pauvre mère nouvellement accouchée, et réduite à abandonner son enfant, serait infiniment plus favorable au technique. Ce ne sont pas des tuiles, des chevrons, des toiles d'araignées qui sont vils, c'est un mélange de luxe et de pauvreté. Un paysan en sabots, en guêtres, mouillé, crotté, vêtu de toile, un bâton à la main, la tête couverte d'un méchant feutre est bien. Un laquais, avec sa livrée usée, ses bas gris, sa culotte de chamois, son chapeau bordé, son vêtement taché, est dégoûtant. Quant aux mœurs de celui de Baudouin et de celui que j'imagine, c'est la différence des bonnes et des mauvaises. Composition froide, point de vérité, exécution faible de tout point; mais les figures ont de la proportion et du mouvement. —D'accord.—L'accouchée est bien ajustée.—Trop bien; est-ce qu'il ne devrait pas y avoir dans sa coiffure, dans le désordre de ses cheveux et de son vêtement, des vestiges de la scène qui a précédé?—Il y a de la douleur dans sa tête, et les bras en sont bien dessinés. — Mais ses pieds ne sont-ils pas trop petits, et décolorés par la vigueur du coussin qui les supporte; et la tête de cet enfant est-elle soutenue comme elle devrait

(1) Voyez *Salon de* 1765, tom. VIII, pag. 235, article Baudouin. ÉDIT[s].

l'être ? Est-ce ainsi qu'on porte et qu'on donne un nouveau-né ? et ce lit de misère est-il touché ? Pourquoi cette sage-femme hors de son état ? Je lui aimerais bien mieux des restes de la fatigue de son métier. C'est tout cet apprêt, qui fait le petit ; le mauvais, qui chasse la nature. C'est qu'il faut un goût plus original, un sentiment plus vif du vrai, pour tirer parti de ces sortes de sujets ; et puis le tout est gris. M. Baudouin, vous me rappelez l'abbé Cossart, curé de Saint-Remi, à Dieppe. Un jour qu'il était monté à l'orgue de son église, il mit par hasard le pied sur une pédale : l'instrument résonna ; et le curé Cossart s'écria : « Ah, ah ! je joue de l'orgue ! cela n'est « pas si difficile que je croyais. » M. Baudouin, vous avez mis le pied sur la pédale, et puis c'est tout.

3. HUIT PETITS MORCEAUX EN MINIATURE, REPRÉSENTANT LA VIE DE LA VIERGE.

Celui de la *Nativité* n'est pas mal ; il est bien composé, vigoureusement peint ; mais c'est une imitation, pour ne pas dire une copie réduite du même sujet, peint par notre beau-père (1), pour madame de Pompadour ; même Vierge coquette, mêmes anges libertins. Il y a là du beau-père ; ce n'est pas du Baudouin pur. — Maître Denis, de la douceur ; il y a de l'effet, la couleur est jolie.

(1) Baudouin était gendre de Boucher. ÉDIT[s].

La Vierge a de la candeur, de la finesse; elle est bien ajustée, l'enfant est lumineux et douillettement fait. Et ces bergers, est-ce qu'ils ne vénèrent pas bien? Regardez bien les autres morceaux; et vous les trouverez spirituellement touchés. — Je regarde, et tout cela ne me paraît que de beaux écrans. — Même *La chaumière* et *La mère qui surprend sa fille sur une botte de paille*. — J'en excepte celui-là. Il est à gouache; mais les tons en sont si lumineux, qu'on le croirait à l'huile. Je suis juste, comme vous voyez. Je ne demande pas mieux que d'avoir à louer, surtout Baudouin, bon garçon, que j'aime, et à qui je souhaite de la fortune et du succès.

Sa *Chaumière* est encore mieux peinte, et d'un meilleur effet que sa *Crèche;* peu s'en faut que ce ne soit une excellente chose, car c'en est une très-bonne.

4. LA CHAUMIÈRE.

A droite, grande porte de grange. Au-dessus, poutres, chevrons, espèce de fabrique, où voltigent des pigeons. Au bas, escalier, d'où l'on descend dans la chaumière; autour de cet escalier, sur le devant, une chèvre et des ustensiles de ménage champêtre. Au centre de la toile et du tableau, une vieille, le dos courbé, le visage allumé de colère, les poings sur les côtés, gourmandant sa fille, étendue sur une botte de paille, qu'elle partage avec un jeune paysan. Pauvre lit ! mais que je troquerais bien pour le mien, car la fille est jolie ; elle n'y gagnerait pas. Son ajustement n'a pas le sens commun ; son élégance jure avec le lieu et la condition des personnages. Les bottes de paille, ce rustique théâtre du plaisir, est au pied des murs de quelques étables, dont la couverture descend en pente. Du fond, vers le devant, tout-à-fait à gauche, espèce de retraite ou d'enfoncement, où l'on a placé des outils de laboureur.

Je reviens sur mon premier jugement. Tout ceci bien peint, mais très-bien peint, n'est qu'un amas de contradictions ; point de vérité, point de vrai goût. Je suis révolté de la bassesse de cette vieille, de ces bottes de paille, de cette écurie, et de cette élégante et de cet élégant qui la caresse. C'est du Fontenelle, brouillé avec du Théocrite. C'est la composition d'une tête faible, étroite et déréglée. Baudouin transportera la fausse gentillesse de son beau-père, dont il est épris, les grâces de Boucher, dans une grange, dans une cave, dans une prison, dans un cachot ; il fourrera partout la petite maison et le boudoir. Il n'entend rien à la convenance. Il ne sait pas qu'il faut que tout tienne. Il ignore ce que les autres savent sans l'avoir appris, et pratiquent de jugement naturel et d'instinct. Ce tact lui manque ; j'en suis fâché.

ROLAND DE LA PORTE.

78. UN CRUCIFIX DE BRONZE, SUR UN FOND DE VELOURS BLEU IMITANT LE RELIEF.

Tableau de deux pieds de haut, sur un pied trois quarts de large.

Je l'ai vu ce *Crucifix* tant vanté. Il est très-bien; mais ces sortes de morceaux ne sont pas la magie noire. C'est ce qu'ignorent ceux qu'ils attirent par l'illusion qu'ils font au sens de la vue. Ils n'ont jamais connu ce qu'Oudry exécutait dans ce genre; ils n'ont jamais vu des barbouillages d'Allemagne qui ont le même prestige. On a placé le tableau de Roland à une assez grande distance; et les bas-reliefs d'Oudry, placés parmi les sculptures, étaient si vrais, qu'il n'y avait que le tact qui pût détromper l'œil. Ce que je desirerais, c'est qu'on introduisît un bas-relief d'une grande force dans une composition historique, et qu'on s'imposât ainsi la nécessité d'achever l'ouvrage avec la même vérité et le même effet.

Ce peintre-ci ne manque pas de couleur, il peut aller loin; il faut s'y connaître pour concevoir cette espérance. Il a exposé des fruits, des portraits; les fruits sont beaux, les portraits sont mauvais.

BELLENGÉ.

UN TABLEAU DE FLEURS ET DE FRUITS.

Onze pieds et demi de haut, sur cinq pieds un tiers de large.

C'est un grand vase plein de fleurs, sur son piédestal; c'est un ramage de verdure qui rampe avec une profusion tout-à-fait pittoresque sur l'extérieur de ce vase et sur son piédestal; ce sont, autour de ce piédestal, des fleurs, des grenades, des raisins, des pêches, un grand bassin rempli de la même richesse; c'est, au centre et du côté droit, un grand rideau vert, partie replié, partie tombant.

Il m'a semblé qu'il y avait du goût, même de la poésie, dans cette composition, du luxe, de la couleur; qu'une urne, dont je n'ai pas parlé, et qui est parmi les fruits, et que le vase étaient bien peints; le vase de belle forme et de belle proportion; le ramage de verdure jeté avec élégance; et les fleurs et les fruits bien disposés pour l'effet. Maître Bachelier, voilà un homme qui vous grimpe sur les épaules. On monte vers ce vase par quelques degrés qui forment le devant du tableau.

Ces sortes de compositions, outre le technique général de l'art, ont une poétique qui leur est particulière : on peut rendre raison du profil élégant d'un vase, de la grâce d'une guirlande. L'art de dessiner une étoffe n'est pas plus arbitraire que celui de dessiner la figure ; j'en trouve seulement les règles plus cachées, plus secrètes. Pour les découvrir, il faudrait partir des phénomènes les plus grossiers ; par exemple, des serpents, des oiseaux, des arbres, des maisons, des papillons. Il est certain qu'un serpent, qu'un arbre, qu'une maison serait ridicule sur le dos d'une femme. On passerait de là au sexe, à l'âge, à la couleur de la peau, à l'état, à des convenances plus fines, d'où l'on parviendrait à démontrer qu'un dessin de robe est de mauvais goût, et cela aussi sûrement que le dessin de quelque autre objet que ce fût. Car enfin, les mots de tact, d'instinct ne sont pas moins vides de sens dans ce cas qu'en tout autre, si l'on fait abstraction de la raison, de l'usage des sens, des convenances et de l'expérience. Quoi qu'il en soit, rien n'est plus rare qu'un bon dessinateur d'étoffes.

Il y a, du même artiste, sur un buffet de marbre, à droite, *un vase de bronze*, beau, élégant, et bien peint; autour de ce vase, de gros raisins noirs et blancs, et d'autres fruits. Le cep, auquel ces raisins sont encore attachés, descend du haut d'un vase de terre cuite, à large panse. Il y a, autour de ce second vase, des pêches et des fruits. Chardin, oui, Chardin ne dédaignerait pas ce morceau. Il est fortement colorié ; les fruits sont vrais. Le vase, blanchâtre, est admirable par la variété des tons gris, rouges, noirs, jaunes, et autres accidents de la cuisson. Sur la panse de ce vase, des enfants, qu'on a groupés, sont très-bien; ils ont bien souffert du feu. Le tout imite à ravir la poterie mal cuite, et son coup d'œil rare et frêle.

Voilà des hommes qui n'étaient rien autrefois, et qu'on regarde aujourd'hui. Serait-ce que les bons ne sont plus? Deshays, Van-Loo, Boucher, Chardin, La Tour, Bachelier, Greuze, n'y sont plus. Je ne nomme pas Pierre; car il y a si long-temps que cet artiste ne nuisait plus à personne!

Les autres tableaux de fleurs et de fruits de Bellengé étaient au Salon incognito.

RÉPONSE A UNE LETTRE DE M. GRIMM.

Vous pensez donc que j'ai quelque tableau de Casanove. Je n'en ai aucun; et quand j'en aurais, de ceux même qui sont exposés au Salon, cela ne m'empêcherait pas d'en dire mon avis sans partialité. Que je suis son ami intime: je ne le connais point; et quand je le connaîtrais, je ne l'en jugerais pas moins sévèrement. Qu'il y a quelque raison pour l'avoir loué presque sans restriction: la raison, je vais vous la dire; c'est que je n'ai rien aperçu dans ses derniers ouvrages d'important à reprendre. Quoi! me demandez-vous, son *cavalier espagnol* n'est pas gris, même un peu sale, mollement dessiné, et son cheval une bête de somme? dans la *Petite bataille* et *son pendant*, la tête du cheval blanc n'est pas mauvaise? Les soldats qu'on voit à droite sur le fond ont la finesse de touche ordinaire à ce peintre? Au *Maréchal*, ses figures sont aussi spirituellement dessinées qu'au Berghem? A *la botte rajustée*, la couleur n'est pas un peu grise? Malgré ces observations, qui peuvent être justes, je persiste à croire que les tableaux que ce peintre nous a montrés cette année sont d'une grande beauté, et méritent mon éloge. La couleur, la finesse de touche, l'effet, l'harmonie, le ragoût, tout s'y trouve. Ses deux paysages avec figures sont de vrais Berghem pour le choix des sites; l'effet et le faire; sa *Petite bataille* et *son pendant* tout-à-fait dans le style de Wouvermans, fins comme les ouvrages de cet artiste. J'en dis autant du *Maréchal*, du *Cabaret*, de la *Botte rajustée*; ce sont tous morceaux vraiment précieux. L'effet en est si piquant, la couleur si vraie, la touche si vigoureuse, si spirituelle, l'harmonie totale si séduisante, qu'ils peuvent aller de pair avec les Wouvermans, dont on voit avec plaisir que le goût n'est pas perdu. Il ne manque au moderne que le cadre enfumé; la poussière, quelques gerçures, et les autres signes de vétusté, pour être estimé, recherché et payé sa valeur: car nos prétendus connaisseurs fixent le prix sur l'ancienneté et la rareté. Martial les a peints dans ces curieux de son temps, qui flairaient la pureté du cuivre de Corinthe.

Consuluit nares an olerent æra Corinthum (1).

Horace, dans l'insensé Damasippe, de brocanteur ruiné devenu philosophe, dont la première folie était de rechercher les vieilles cuvettes.

Quo vafer ille pedes lavisset Sisyphus ære (2).

Il y avait telle statue qu'il poussait à l'odorat jusqu'à cent mille sesterces.

Callidus huic signo ponebat millia centum (3).

Cela, deux cents talents? — Deux cents. — Vous me surfaites...

C'est vrai Corinthe au moins. Flairez-moi ces trépieds.
Son odorat subtil discernait les cuvettes,
Où le rusé Sisyphe avait lavé ses pieds.

C'était à Rome comme à Paris, et pour la friponnerie des brocanteurs, et pour la folie des hommes opulents.

Dans le *Cavalier espagnol* de Casanove, et le cheval, et la figure, tout est beau. Le cavalier est bien ajusté, bien assis. On lui remarque partout une aisance, une souplesse qui est tout-à-fait vraie. Sa mine est bien torchée (passez-moi ce

(1) MART. *Epigram.* lib. IX; *in Mamurram*, Epig. LX, vers. 11. ÉDIT[s].

(2) HORAT. *Sermon.* lib. II, *Sat.* III, v. 21. ÉDIT[s].

(3) *Id. ibid.* v. 23.

mot; il est de l'art), largement peinte, et d'un faire très-ragoûtant. Le cheval est un bon cheval de cavalerie, beau, bien dessiné, de belle couleur; et quoiqu'il n'y ait dans tout le morceau que deux figures, il est d'un effet grand et sévère. Je fais cas des huit tableaux de Casanove; et j'avoue bonnement que je n'ai que du bien à en dire. Il est plus fin, plus piquant, plus vrai, moins cru, plus naturel, plus fait que Loutherbourg, à qui toutefois on ne saurait refuser un grand talent : et, à tout prendre, je vois qu'il vaut encore mieux pour nos artistes qu'ils soient tombés entre mes mains qu'entre les vôtres. Vous êtes plus difficile, et vous seriez plus méchant que moi.

LE PRINCE.

C'est une assez bonne méthode, pour décrire des tableaux, surtout champêtres, que d'entrer sur le lieu de la scène par le côté droit ou par le côté gauche, et s'avançant sur la bordure d'en bas, décrire les objets à mesure qu'ils se présentent. Je suis bien fâché de ne m'en être pas avisé plus tôt.

Je vous dirai donc : Marchez jusqu'à ce que vous trouviez à votre droite de grandes roches; sous ces roches, une espèce de caverne, au-devant de laquelle on a laissé des légumes, une cage à poulets et d'autres instruments de la campagne : de là, vous apercevrez à quelque distance un berger assis, qui jouera d'une mandoline à long manche. Ce berger est gros, lourd, court, vêtu d'une étoffe toute bariollée; derrière lui, debout, une figure plus grosse encore, plus courte, embarrassée par le bas dans un si gros volume de vêtements, que vous la croirez tortue des cuisses et des jambes, ajustera des fleurs dans les cheveux du musicien rustique. Poursuivez votre chemin; et lorsque vous aurez perdu de vue ces enfants-là, vous vous trouverez parmi des moutons et des chèvres, et vous arriverez à un grand arbre, au pied duquel on a déposé un panier de fleurs. Donnez un coup d'œil à votre droite, et vous me direz ce que vous pensez du lointain et du paysage. Vous n'en êtes pas autrement récréé, ni moi non plus. Vous retournez la tête, et vous cherchez d'où vient le bruit qui vous frappe; c'est celui d'une large nappe d'eau qui tombe du sommet d'un des rochers que vous avez d'abord aperçus. On ne sait ce que deviennent ces eaux qui auraient dû inonder tout le devant de la scène, et vous arrêter dès le premier pas. Mais n'importe : voilà le premier morceau de Le Prince.

85. UNE FILLE COURONNE DE FLEURS SON BERGER, POUR PRIX DE SES CHANSONS.

Tableau de onze pieds de haut, sur sept pieds quatre pouces de large.

Dans cette composition, les objets sont si peu finis, si peu terminés, qu'on n'entend rien au fond. Si Le Prince n'y prend garde, s'il continue à se négliger sur le dessin, la couleur et les détails, comme il ne tentera jamais aucun de ces sujets qui attachent par l'action, les expressions et les caractères, il ne sera plus rien, mais rien du tout; et le mal est plus avancé qu'il ne croit. Ne valait-il pas mieux avoir fini un tableau, que d'en avoir croqué une douzaine. C'est dommage pourtant, car dans ces croquis coloriés tout est préparé pour l'effet. Le Prince n'est pas sans talent; et celui qui a su faire le *Baptême Russe* (1) est un artiste à regretter. Pourquoi sa couleur si chaude dans son morceau de réception, est-elle si sale et sans effet? On répond que ce tableau est destiné pour une manufacture en tapisserie. Il fallait attendre, serrer les tableaux, et exposer les tapisseries. On n'en aurait pas dit autant de ceux que de Troye et les Van-Loo ont peints pour les Gobelins, ni de la *Résurrection du Lazare* (2), ni du *repas du Pharisien*, par Jouvenet, ni du *Baptême de Jésus-Christ par Saint-Jean*, de Restout. Le moyen qu'une copie, de quelque manière qu'elle se fasse, soit de grand effet, c'est qu'il y en ait dans l'original plus que moins. Ainsi, plate excuse que celle qu'on a cru devoir imprimer dans le livret.

(1) Tableau du même peintre, exposé au Salon de 1765. Voyez tome VIII, des *Salons*, tome Ier., pag. 306. ÉDITS.

(2) Ce tableau fait partie de la collection du *Musée royal* au Louvre. ÉDITS.

86. ON NE SAURAIT PENSER A TOUT.

Il y paraît par ce tableau, très-bien ordonné, très-mal peint.

Autre grande composition de onze pieds de haut sur sept pieds quatre pouces de large.

Entrez, et vous verrez à droite, sur le fond, une espèce de chaumière très-pittoresque; elle est construite sur un terrain en pente; et du bas de son entrée, on descend sur le devant par un grand escalier de bois; au-dessous de cette habitation rustique, une vache qui paît, des moutons, des œufs, des légumes. Au côté de l'escalier, en allant vers la gauche, un gros pilier de pierre, puis un second, tous les deux servant de pieds droits à une espèce de fermeture de bois qui occupe l'intervalle qui les sépare. Au-devant de cette seconde fabrique, un tréteau sur lequel est un grand vaisseau de bois. Près de ce vaisseau, une grande paysanne assise, un bras appuyé sur les bords du vaisseau; tenant de cette main un instrument de laiterie, l'autre bras pendant, et dans la main un pot plein de lait qui se répand, tandis que la paysanne s'amuse à considérer les caresses de deux pigeons, qu'un pâtre, debout, à côté d'elle, lui montre sur une troisième fabrique de gros bois arrondis, et formant une espèce de réservoir d'eau, une auge où un petit courant est dirigé par un canal qu'on voit par derrière. A gauche, du même côté, sur le fond, c'est une espèce singulière de colombier imitant une grande cage en pain de sucre, avec des rebords et des ouvertures tout autour, et soutenue sur cinq ou six longues perches inclinées les unes vers les autres. Le reste est du paysage.

Tout est bien imaginé, bien ordonné, les figures bien placées, les objets bien distribués, les effets de lumière tout prêts à se produire; mais point de peinture, point de magie; il faut que l'artiste soit faible ou paresseux, et qu'il lui soit pénible de finir. Cependant qu'est-ce qu'un paysage, sans le travail et les ressources extrêmes de l'art? Otez à Téniers son faire; et qu'est-ce que Téniers? Il y a tel genre de littérature et tel genre de peinture où la couleur fait le principal mérite. Pourquoi le conte de *la Clochette* est-il charmant? c'est que le charme du style y est. Otez ce charme, vous verrez.

. . . . O belles! évitez
Le fond des bois, et leur vaste silence (1).

Poëtes, voilà ce qu'il faut savoir dire! Allez chez Gaignat; voyez *la foire* de Téniers, peintres de paysages; et dites-vous à vous-mêmes : Voilà ce qu'il faut savoir faire.

(1) La Fontaine, dans *la Clochette*. Édit.

87. LA BONNE AVENTURE.

Tableau de onze pieds de large, sur autant de haut.

L'artiste dit qu'il y a en Russie des hordes de prétendus sorciers qui vivent, comme ailleurs, de la crédulité des simples. Ils errent et prédisent. Ils campent dans les forêts, où l'on va acheter d'eux la connaissance de l'avenir, curiosité qui marque fortement le mécontentement du présent, aussi fortement que l'éloge du sommeil le mécontentement de la vie; préjugé des Russes qui n'est ni moins naturel, ni moins absurde qu'une infinité d'autres presque universellement établis chez des nations qui se glorifient d'être policées, et où des charlatans d'une autre espèce sont plus charlatans, plus honorés, plus crus et mieux payés que les sorciers russes.

La scène est au fond d'une forêt, sous une espèce de tente formée d'un grand voile soutenu par des branches d'arbres; on voit un grand berceau, un lit ambulant monté sur des roues, et propre à être traîné par des chevaux. Plus sur le fond, derrière le lit roulant et les chevaux, quelques-uns de nos sorciers. Hors de la tente, à droite, sur le devant et à terre, un collier de cheval, des moutons, une cage à poulets. Au centre de la toile, plus sur le fond, un Russe et sa femme debout. A côté d'eux, une vieille accroupie qui leur dit la bonne aventure. Derrière la vieille et plus sur le devant un enfant nu, étendu sur ses langes et sa couverture; puis des volailles, des ballots, du bagage. La scène se termine à gauche, par des arbres, un lointain, de la forêt, du paysage.

Mêmes qualités et mêmes défauts qu'aux précédents; et puis, où est l'intérêt de toute cette composition? il faut que je vous dédommage de cela par une aventure domestique. Ma mère, jeune fille encore, allait à l'église ou en revenait, sa servante la conduisant par le bras. Deux Bohémiennes l'accostent, lui prennent la main, lui prédisent des enfants, et charmants, comme vous le pensez bien; un jeune mari qui l'aimera à la folie, et qui n'aimera qu'elle comme il arrive toujours; de la fortune; il y avait une certaine ligne qui le disait et ne mentait jamais; une vie longue et heureuse, comme l'indiquait une autre ligne aussi véridique que la première. Ma mère écoutait ces belles choses avec un plaisir infini, et les croyait peut-être, lorsque la Pythonisse lui dit: Mademoiselle, approchez vos yeux; voyez-vous bien ce petit trait? là, celui qui coupe cet autre. — Je le vois. — Eh bien! ce trait annonce. — Quoi? — Que, si vous n'y prenez garde, un jour on vous volera. — Oh! pour cette prédiction elle fut accomplie. Ma bonne mère, de retour à la maison, trouva qu'on lui avait coupé ses poches.

Montrez-moi une vieille rusée qui attache l'attention d'une jeune innocente enchantée, tandis qu'une autre vieille lui vide ou lui coupe ses poches; et si chacune de ces figures a son expression, vous aurez fait un tableau. Non pas, s'il vous plaît; il y faudra encore bien d'autres choses. Ici, les têtes sont mal touchées, et les vêtements lourds; ici, ou dans un autre morceau dont le sujet est le même.

88. LE BERCEAU, OU LE RÉVEIL DES PETITS ENFANTS.

Tableau ovale de deux pieds trois pouces de haut sur un pied neuf pouces de large.

A droite, une chaumière assez pittoresque, faite de planches et de gros bois ronds serrés les uns contre les autres avec une espèce de petit balcon vers le haut, en saillie et soutenu en-dessous par deux chevrons et deux poutres debout. Sur ce balcon des domestiques occupés. Au pied de la chaumière, une mère assise, sa quenouille dressée contre son épaule gauche, et présentant de la main droite une pomme au plus petit de ses marmots, dont le maillot est suspendu par une corde à la branche d'un arbre élégant et léger. Derrière la mère, une esclave penchée offrant au marmot qui se réveille le chat de la maison. Le marmot sourit, laisse tomber la pomme que sa mère lui offre, et tend ses petits bras vers le chat qui lui est présenté. Sous ce hamac ou maillot, un autre enfant nu est étendu sur ses langes. Miracle! il y a de la chair, des passages, des tons à cet enfant; il est très-joliment peint; mais, M. Le Prince, puisque vous en savez jusque-là, pourquoi ne le pas montrer plus souvent? Tout-à-fait sur le devant, à plat ventre, la plante des pieds tournée vers la mère, la tête vers l'enfant nu, un garçonnet qui dort. De l'autre côté du même enfant, à l'opposite du petit dormeur, un autre garçonnet jouant de la flûte. Voilà une première éducation gaie. J'aime cette manière d'éveiller les enfants. Ce morceau est plus soigné que les autres. En dépit d'un œil blanc, rougeâtre et cuivreux, la touche en est moelleuse et spirituelle; il y règne un transparent, un suave de couleur, qui dépite contre un artiste qui se néglige. Cependant il est inférieur à celui que l'artiste exposa il y a deux ans, et dont le sujet est précisément le même (1). Mais une chose dont je suis bien curieux, et que je saurai peut-être un jour, c'est si ce luxe de vêtement est commun dans les campagnes de Russie. Si cela n'est pas, l'artiste est faux. Si cela est, il n'y a donc point de pauvres. S'il n'y a point de pauvres, et que les conditions les plus basses de la vie y soient aisées et heureuses, que manque-t-il à ce gouvernement? Rien. Et qu'importe qu'il n'y ait ni lettres ni artistes? Qu'importe qu'il soit ignorant et grossier?

(1) Voyez Salon de 1765, tome VIII, pag. 301. ÉDITS.

Plus instruit, plus civil, qu'y gagnerait-il? Ma foi, je n'en sais rien.

Je m'ennuie de faire, et vous apparemment de lire des descriptions de tableaux. Par pitié pour vous et pour moi, écoutez un conte.

A l'endroit où la Seine sépare les Invalides des villages de Chaillot et de Passy, il y avait autrefois deux peuples. Ceux du côté du Gros-Caillou étaient des brigands; ceux du côté de Chaillot, les uns étaient de bonnes gens qui cultivaient la terre, d'autres des paresseux qui vivaient aux dépens de leurs voisins; mais de temps en temps les brigands de l'autre rive passaient la rivière à la nage et en bateaux, tombaient sur nos pauvres agriculteurs, enlevaient leurs femmes, leurs enfants, leurs bestiaux, les troublaient dans leurs travaux, et faisaient souvent la récolte pour eux. Il y avait long-temps qu'ils souffraient sous ce fléau, lorsqu'une troupe de ces oisifs du village de Passy, leurs voisins, s'adressèrent à nos agriculteurs, et leur dirent: Donnez-nous ce que les habitants du Gros-Caillou vous prennent; et nous vous défendrons. L'accord fut fait, et tout alla bien. Voilà, mon ami, l'ennemi, le soldat, et le citoyen. Il vint avec le temps une seconde horde d'oisifs de Passy, qui dirent aux agriculteurs de Chaillot: Vos travaux sont pénibles, nous savons jouer de la flûte et danser; donnez-nous quelque chose, et nous vous amuserons; vos journées vous en paraîtront moins longues et moins dures. On accepta leur offre, et voilà les gens de lettres qui, dans la suite, firent respecter leur emploi, parce que, sous prétexte d'amuser et de délasser le peuple, ils l'instruisirent, ils chantèrent les lois, ils encouragèrent au travail et à l'amour de la patrie; ils célébrèrent les vertus, ils inspirèrent aux pères de la tendresse pour leurs enfants, aux enfants du respect pour leur père; et nos agriculteurs furent chargés de deux impôts, qu'ils supportèrent volontiers, parce qu'ils leur restituaient autant qu'ils leur prenaient. Sans les brigands du Gros-Caillou, les habitants de Chaillot se seraient passés de soldats; si ces soldats leur avaient demandé plus qu'ils ne leur économisaient, ils n'en auraient point voulu; et à la rigueur, les flûteurs leur auraient été superflus, et on les aurait envoyé jouer de la flûte et danser ailleurs, s'ils avaient mis à trop haut prix leurs chansons. Elles sont pourtant bien belles et bien utiles. Ce sont ces chansonniers qui distinguent un peuple barbare et féroce d'un peuple civilisé et doux.

89. L'OISEAU RETROUVÉ.

Tableau de deux pieds de haut, sur un pied deux pouces de large.

A droite, paysage, bout de roche, masse informe de pierres, dont la cime est couverte de plantes et d'arbustes. Sur ce massif, c'est une cuvette soutenue par des enfants debout, et dont les eaux sont reçues dans un bassin. Au devant du massif, jeune homme s'avançant bêtement vers une vieille qui le regarde et semble lui dire : C'est l'oiseau de ma fille. Au pied du bassin, vers la gauche, cette fille est étendue à terre, la tête et la partie supérieure du corps tournées vers le porteur d'oiseau, et le bras droit appuyé sur sa cage ouverte. On voit à ses pieds un mouton et un panier de fleurs. Tout cela est insignifiant. Ces enfants sont beaucoup trop grands pour une scène aussi puérile, si elle est réelle; si c'est une allégorie, elle est plate. La fille paraît avoir vingt ans passés, le jeune homme dix-huit à dix-neuf ans : scène froide et mauvaise, où la misère de l'idéal n'est point rachetée par le faire.

90. LE MUSICIEN CHAMPÊTRE.

Tableau de deux pieds de haut, sur un pied deux pouces de large.

Je m'établis sur la bordure, et je vais de la droite à la gauche. Ce sont d'abord de grands rochers assez près de moi. Je les laisse. Sur la saillie d'un de ces rochers, j'aperçois un paysan assis, et un peu au-dessous de ce paysan, une paysanne assise aussi. Ils regardent l'un et l'autre vers le même côté; ils semblent écouter, et ils écoutent en effet un jeune musicien qui joue, à quelque distance, d'une espèce de mandoline. Le paysan, la paysanne et le musicien ont quelques moutons autour d'eux. Je continue mon chemin; je quitte à regret le musicien, parce que j'aime la musique, et que celui-ci a un air d'enthousiasme qui attache. Il s'ouvre une percée, d'où mon œil s'égare dans le lointain. Si j'allais plus loin, j'entrerais dans un bocage; mais je suis arrêté par une large mare d'eaux qui me font sortir de la toile.

Cela est froid, sans couleur, sans effet. Tous ces tableaux de Le Prince n'offrent qu'un mélange désagréable d'ocre et de cuivre. On ne dira pas que l'éloge me coûte; car j'en vais faire un très-étendu du petit musicien. La tête en est charmante, d'un caractère particulier et d'une expression rare. C'est l'ingénuité des champs fondue avec la verve du talent. Cette belle tête est un peu portée en avant. Les cheveux blonds, frisés, ramenés sur son front, y forment une espèce de bourrelet ébouriffé, comme les Anciens l'ont fait au soleil et à quelques unes de leurs statues. Pour moi, qui ne retiens d'une composition musicale, qu'un beau passage, qu'un trait de chant ou d'harmonie qui m'a fait frissonner; d'un ouvrage de littérature, qu'une belle idée, grande, noble, profonde, tendre, fine, délicate ou forte et sublime, selon le genre et le sujet; d'un orateur, qu'un beau mouvement; d'un historien, qu'un fait que je ne réciterais pas sans que mes yeux s'humectent et que ma voix s'entrecoupe; et qui oublie tout le reste, parce que je cherche moins des exemples à éviter que des modèles à suivre ; parce que je jouis plus d'une belle ligne, que je ne suis dégoûté par deux mauvaises pages, que je ne lis que pour m'amuser ou m'instruire; que je rapporte tout à la perfection de mon cœur et de mon esprit; et que, soit que je parle, réfléchisse, lise, écrive ou agisse, mon but unique est de devenir meilleur. Je pardonne à Le Prince tout son barbouillage jaune, dont je n'ai plus d'idée, en faveur de la belle tête de ce *Musicien champêtre*. Je jure qu'elle est fixée pour jamais dans mon imagination, à côté de celle de *l'Amitié* de Falconet. Aussi cette tête est-elle celle qu'un habile sculpteur se serait félicité d'avoir donnée à un Hésiode, à un Orphée qui descendrait des monts de Thrace la lyre à la main, à un Apollon réfugié chez Admète; car je persiste toujours à croire qu'il faut à la sculpture quelque chose de plus un, de plus pur, de plus rare, de plus original qu'à la peinture. En effet, parmi tant de figures qui font si bien sur la toile, combien s'en rappelle-t-on qui puissent soutenir le marbre? Mais dites-moi, mon ami, où trouve-t-on ces caractères de tête-là? Quel est le travail de l'imagination qui les produit? Où en est l'idée? Viennent-elles tout entières à la fois, ou est-ce le résultat successif du tâtonnement et de plusieurs traits isolés? Comment l'artiste juge-t-il; comment jugeons-nous nous-même de leur convenance avec la chose?

Pourquoi nous étonnent-elles? Qu'est-ce qui fait dire à l'artiste : C'est cela? Entre tant de physionomies caractéristiques de la colère, de la fureur, de la tendresse, de l'innocence, de la frayeur, de la fermeté, de la grandeur, de la décence, des vices, des vertus, des passions, en un mot, de toutes les affections de l'ame, y en aurait-il quelques unes qui les désigneraient d'une manière plus évidente et plus forte? Dans ces dernières, y aurait-il certains traits fins, subtils et cachés, faciles à sentir quand on les a sous les yeux, infiniment difficiles à retenir quand on ne les voit plus, impossibles à rendre par le discours; ou serait-ce de ces physionomies rares, et des traits spécifiques et particuliers de ces physionomies, que seraient empruntées ces imitations qui nous confondent, et qui nous font appeler les poètes, les peintres, les musiciens, les statuaires du nom d'inspirés? Qu'est-ce donc que l'inspiration? L'art de lever un pan du voile, et de montrer aux hommes un coin ignoré, ou plutôt oublié du monde qu'ils habitent. L'inspiré est lui-même incertain quelquefois si la chose qu'il annonce est une réalité ou une chimère, si elle exista jamais hors de lui. Il est alors sur la dernière limite de l'énergie de la nature de l'homme, et à l'extrémité des ressources de l'art. Mais comment se fait-il que les esprits les plus communs sentent ces élans du génie, et conçoivent subitement ce que j'ai tant de peine à rendre? L'homme le plus sujet aux accès de l'inspiration pourrait lui-même ne rien concevoir à ce que j'écris du travail de son esprit et de l'effort de son ame, s'il était de sang-froid, j'entends ; car si son démon venait à le saisir subitement, peut-être trouverait-il les mêmes pensées que moi, peut-être les mêmes expressions ; il dirait, pour ainsi dire, ce qu'il n'a jamais su; et c'est de ce moment seulement qu'il commencerait à m'entendre. Malgré l'impulsion qui me presse, je n'ose me suivre plus loin, de peur de m'enivrer et de tomber dans des choses tout-à-fait inintelligibles. Si vous avez quelque soin de la réputation de votre ami, et que vous ne vouliez pas qu'on le prenne pour un fou, je vous prie de ne pas confier cette page à tout le monde. C'est pourtant une de ces pages du moment, qui tiennent à un certain tour de tête qu'on n'a qu'une fois.

91. UNE FILLE CHARGE UNE VIEILLE DE REMETTRE UNE LETTRE.

92. UN JEUNE HOMME RÉCOMPENSE LE ZÈLE DE LA VIEILLE.

Deux petits ovales faisant pendant.

Au premier, la jeune fille est assise à gauche sur des carreaux, et on la voit de face, selon l'usage de l'artiste, parfaitement bien agencée, quoiqu'extraordinairement chamarrée de perles et d'autres parures; mise tout-à-fait de goût, mais froide de visage. J'en dis autant de la vieille. Quant à l'action, elle est tout-à-fait équivoque. Est-ce la vieille qui apporte une lettre, ou à qui l'on donne une lettre à porter? Il n'y a que vous, M. Le Prince, qui le sachiez; car ces deux femmes tiennent la lettre, sans que je puisse deviner celle qui la lâchera. L'action, le mouvement, l'air empressé de la vieille pour partir, me l'aurait peut-être appris; mais cela n'y est pas. La jeune fille m'aurait tiré de perplexité en tenant sa lettre cachetée d'une main, et de l'autre faisant sa leçon à la vieille; mais cela n'y était pas. Vous avez pris le moment équivoque et le moment insipide. Et puis une tête de jeune fille est si belle à peindre; une tête de vieille prête tant à l'art; pourquoi ne s'en être pas occupé? Comme cela est faible et monotone! Si vous n'entendez que les étoffes et l'ajustement, quittez l'Académie, et faites-vous fille de boutique aux traits galants, ou maître tailleur à l'Opéra. A vous parler sans déguisement, tous vos grands tableaux de cette année sont à faire, et toutes vos petites compositions ne sont que de riches écrans, de précieux éventails. On n'a d'autre intérêt à les regarder, que celui qu'on prend à l'accoutrement bizarre d'un étranger qui passe dans la rue, ou qui se montre pour la première fois au Palais-Royal ou aux Tuileries. Quelque bien ajustées que soient vos figures, si elles l'étaient à la française, on les passerait avec dédain.

Au second, à droite et de face, le jeune homme assis, tenant sur ses genoux la lettre déployée, et donnant de l'autre main une pièce d'or à la vieille. Même richesse d'ajustement, même platitude de têtes qui voudraient être peintes, et qui ne le sont pas. Si un Tartare, un Cosaque, un Russe voyait cela, il dirait à l'artiste : Tu as pillé toutes nos garde-robes ; mais tu n'as pas connu une de nos passions. Autre moment mal choisi. Il me semble que celui où le jeune homme lit la lettre, où il s'attendrit, où le cœur lui bat, où il retient la vieille par le bras, où le trouble et la joie se confondent sur son visage, où la vieille, qui s'y connaît, l'observe malignement, valait beaucoup mieux à rendre. M. Le Prince, vous êtes sans idées, sans finesse et sans ame. Vous pouvez, M. La Grénée et vous, vous prendre par la main. Est-ce ainsi qu'on trace les passions? Est-ce que ces gens du Nord ont le cœur et les sens glacés? J'avais entendu dire que non. Il faut que l'artiste soit encore plus malade cette année qu'il y a deux ans. Cela est d'une négligence, d'une mollesse de pinceau, d'une paresse de tête qui fait pitié.

93. UNE JEUNE FILLE ENDORMIE, SURPRISE PAR SON PÈRE ET SA MÈRE.

La jeune fille est couchée; sa gorge est découverte; elle a des couleurs. Sa tête repose sur deux oreillers couverts d'une peau de mouton. Il paraît que ses cuisses sont séparées. Elle a le bras gauche dans ce lit, et le bras droit sur la couverture, qui se plisse beaucoup à la séparation des deux cuisses, et la main posée où la couverture se plisse. Son vieux père et sa vieille mère sont debout au pied du lit, tout-à-fait dans l'ombre; le père plus sur le fond; il impose silence à la mère qui veut parler. A droite, sur le devant, c'est un panier d'œufs renversés et cassés. Sur cette inscription qu'on lit dans le livret, *une jeune fille endormie, surprise par son père et sa mère*, on cherche des traces d'un amant qui s'échappe ou qui s'est échappé; et l'on n'en trouve point. On regarde l'impression du père et de la mère, pour en tirer quelque indice; et ils n'en révèlent rien. On s'arrête donc sur la petite fille. Que fait-elle? qu'a-t-elle fait? on n'en sait rien. Elle dort. Se repose-t-elle d'une fatigue voluptueuse? cela se peut. Le père et la mère, appelés par quelques soupirs aussi involontaires qu'indiscrets, reconnaîtraient-ils aux couleurs vives de leur fille, au mouvement de sa gorge, au désordre de sa couche, à la mollesse d'un de ses bras, à la position de l'autre, qu'il ne faut pas différer à la marier? cela est vraisemblable. Ce panier d'œufs renversés et cassés est-il hiéroglyphique? Quoi qu'il en soit, la dormeuse est sans grâce et sans intérêt. La peau de mouton sur laquelle sa tête repose est parfaitement traitée; le désordre des oreillers et des couvertures, on ne saurait mieux. Mais comment se fait-il que cette fille et son lit soient si fortement éclairés, et que les ténèbres les plus épaisses obscurcissent tout le reste de la composition. Lorsque Rembrandt oppose des clairs du plus grand éclat, à des noirs tout-à-fait noirs, il n'y a pas à s'y tromper; on voit que c'est l'effet nécessaire d'un local particulier et de choix. Mais ici la lumière est diffuse. D'où vient cette lumière? Comment se répand-elle sur certains objets, et s'éteint-elle sur les autres? Pourquoi n'en aperçoit-on pas le moindre reflet? D'où naît cette division du jour et de la nuit, telle que dans la nature même, au cercle terminateur de l'ombre et de la lumière, elle n'existe pas aussi tranchée? Il faut d'aussi bons yeux pour voir le fond, et découvrir le père et la mère, qui sont toutefois au pied du lit et sur le devant, que de pénétration pour deviner le sujet qui les amène! M. Le Prince, vous avez cherché un effet piquant; mais il faut d'abord être vrai dans son technique, et clair dans sa composition. Encore une fois, le père et la mère auraient-ils eu quelque suspicion de la conduite de leur fille?

Seraient-ils venus à dessein de la surprendre avec un amant? Reconnaîtraient-ils, au désordre de la couche, qu'ils étaient arrivés trop tard? le père espérerait-il s'y prendre mieux une autre fois; et serait-ce là le motif du geste qu'il fait à sa femme? Voilà ce qui me vient à l'esprit, parce que je ne suis plus malin. Mais d'autres ont d'autres idées. Tous ces plis; l'endroit où ils se pressent; eh bien! ces plis, cet endroit, cette main; après? est-ce qu'une fille de cet âge-là n'est pas maîtresse d'user dans son lit de toutes ses lumières secrètes, sans que ses parents doivent s'en inquiéter? Ce n'est donc pas cela. Qu'est-ce donc? Voyez, M. Le Prince, quand on est obscur, combien on fait imaginer et dire de sottises! J'ai dit que la tête de la fille était maussade; mais cela n'empêche pas qu'elle ne soit, ainsi que sa gorge, de très-bonne couleur. J'ai dit que le père et la mère étaient dans l'ombre, sans qu'on sût pourquoi; mais cela n'empêche pas qu'ils ne soient moelleusement touchés, et que ce morceau, à tout prendre, ne l'emporte sur les autres du même artiste. Il est certainement plus soigné, mieux peint et plus fini.

94. AUTRE BONNE AVENTURE.

Tableau de deux pieds deux pouces de haut, sur un pied dix pouces de large.

On voit la retraite d'un Russe, Tartare ou autre; à droite, le Tartare, debout, a la main appuyée sur une massue hérissée de pointes. Quel est ici l'usage de cette massue? Ce personnage est silencieux, grave et tranquille. Il a une physionomie sauvage, fière et imposante; figure supérieurement ajustée; draperies bien raides et bien lourdes; grands et longs plis bien droits, comme les affectent toutes les étoffes d'or et d'argent. Sa femme, vue de profil, est assise, en allant vers la gauche. C'est une assez jolie mine; elle a de l'ingénuité et de la finesse, avec des traits qui ne sont pas les nôtres. Elle regarde fixement la diseuse de bonne aventure, en qui pareillement la coiffure, les draperies, les vêtements sont à merveille. Celle-ci tient la main de la jeune femme. Elle lui parle; mais elle n'a point le caractère faux et rusé de son métier. C'est une vieille comme une autre. Sur le fond, entre ces deux femmes, deux esclaves froides et pauvres. Vers l'angle gauche, une cassolette sur son pied. Entre la femme et le mari, sur le fond, un bouclier, un faisceau de flèches, un drapeau déployé, le tout faisant masse ou trophée. Il ne manque à cette composition que des têtes qui soient peintes. Les figures plates ressemblent à de belles et riches images collées sur toile. C'est une faiblesse de pinceau, un négligé, un manque d'effet qui désespèrent. C'est dommage, car tout est naturellement ordonné; les personnages, le Tartare surtout bien posé; les objets bien distribués; la femme Tartare, en fourrure rouge, a les pieds posés sur un coussin.

95. LE CONCERT.

Tableau de deux pieds deux pouces de haut, sur un pied dix pouces de large.

Composition charmante; certes, un des plus jolis tableaux du Salon, si les têtes étaient plus vigoureuses. Mais pourquoi la monotonie de ces têtes? pourquoi ces visages si plats, si plats, si faibles, si faibles, qu'à peine y remarque-t-on du relief? Est-ce que n'ayant plus la même nature sous les yeux, l'artiste n'a pu se servir de la nôtre pour suppléer les passages et les tons? C'est du reste une élégance, une richesse, une variété d'ajustements qui étonne. On voit à gauche, assis à terre, un esclave qui frappe avec des baguettes une espèce de tympanon. Au-dessus de lui, plus sur le fond, un autre musicien qui pince les cordes d'une espèce de mandoline. Au centre du tableau, une portion de buffet, un personnage qui écoute. Cet homme assurément aime fort la musique. Debout, le coude gauche posé sur l'extrémité du même meuble, une femme; ah! quelle femme! qu'elle est molle, qu'elle est voluptueuse et molle! qu'elle est belle! qu'elle est naturelle et vraie de position! c'est une élégance, une grâce de la tête aux pieds, qui enchantent. On ne se lasse point de la voir. Plus vers la gauche, à côté d'elle, nonchalamment étendu sur un bout de sopha, son mari ou son amant. Les maris de ce pays-là ressemblent peut-être mieux qu'ici à des amants. Il a le corps et les jambes jetés vers l'extrémité gauche du tableau; il est appuyé sur un de ses coudes, et la tête avancée vers les concertants. On lui voit de l'attention et du plaisir. Les têtes sont ici mieux touchées, mais non de manière à se soutenir contre le reste. Ces têtes plates, monotones et faibles, au-dessus de ces étoffes riches et vigoureuses, vous blessent. Il faut que l'artiste éteigne ses étoffes, ou fortifie ses têtes. S'il prend le premier parti, la composition sera d'accord, et tout-à-fait mauvaise; s'il prend le second, il y aura harmonie, unité et beauté. M. La Grénée, venez, regardez les draperies de Doyen, de Vien et de Le Prince; et vous concevrez la différence d'une belle étoffe et d'une étoffe neuve. L'une recrée la vue; l'éclat dur et cru de l'autre la fatigue. Un bel exemple, pour les élèves, du secret de désaccorder toute une composition, c'est ce rideau vert et dur que Le Prince a tendu au côté gauche de la sienne. Encore un mot, mon ami, sur cette femme charmante. Vous la rappelez-vous? Elle est svelte; elle est ajustée à ravir; la tête en est on ne peut plus gracieuse et bien coiffée; et sa gorge, entourée de perles, est d'un ragoût infini.

96. LE CABACK, OU ESPÈCE DE GUINGUETTE AUX ENVIRONS DE MOSCOU.

Je n'ai jamais pu le découvrir.

97. PORTRAIT D'UNE JEUNE FILLE QUITTANT LES JOUETS DE L'ENFANCE POUR SE LIVRER A L'ÉTUDE.

Tableau médiocre; mais excellente leçon pour un enfant.

98. PORTRAIT D'UNE FEMME QUI BRODE AU TAMBOUR.

Dur, sec et mauvais. Ce chien est un morceau d'éponge fine trempée dans du blanc grisâtre. Il a couru après l'ancien faire de Chardin. Eh! oui, il l'attrapera.

99. PORTRAIT D'UNE FILLE QUI VIENT DE RECEVOIR UNE LETTRE ET UN BOUQUET.

Je vous avais prédit, M. Le Prince, que vous n'aviez plus qu'un pas à faire pour tomber au pont Notre-Dame; et vous y voilà. Quand il faut peindre à pleines couleurs, colorier, arrondir, faire des chairs; Le Prince n'y est plus.

De tout ce qui précède, que s'ensuit-il? Que le principal mérite de Le Prince est de bien habiller. On ne peut lui refuser cet éloge; il n'y a pas un de ses tableaux où il n'y ait une ou deux figures bien habillées. Mais il colorie mal; ses tons sont bis, couleur de pain d'épice et de brique. Sa manière de peindre n'est ni faite ni décidée. Son dessin n'est pas correct. Ses caractères de tête ne sont pas intéressants. Il règne dans tous ses tableaux une monotonie déplaisante. On en a vu vingt, et l'on croit que c'est toujours le même. La partie de l'effet y est tout-à-fait négligée. On les regarde froidement; on les quitte comme on les regarde. Sa touche est lourde; sa manière de faire est pénible et heurtée. Dans ses paysages, les feuilles des arbres sont pesantes, matérielles, et faites sans ragoût, sans verve. Il n'y a pas, dans tout ce qu'il a exposé, une étincelle de feu, bien moins un trait de verve.

Qu'est-ce que ses trois grands tableaux, faits pour la tapisserie? Rien, ou médiocre, et d'une insupportable monotonie. L'ennui et le bâillement vous prenaient en approchant du grand pan de muraille qu'ils couvraient. Je bâille encore d'y penser. Il y régnait un effet, un ton de couleur si identique, que les trois n'en faisaient qu'un.

Otez du tableau du *Réveil des enfants* ce petit enfant nu, qui est à terre; le reste est mauvais.

Même jugement de *l'Oiseau retrouvé*, du *Musicien champêtre*, de *la Fille endormie*, du portrait de *la Dame endormie*, qui brode, de celui de *la Demoiselle qui vient de recevoir une lettre*.

Le Concert est le meilleur. Il y a une figure de femme charmante, bien habillée, bien ajustée, et d'un caractère de tête attrayant. Morceau très-agréable, s'il y avait plus d'effet; car il est bien composé, et le faire en est meilleur qu'aux autres.

Les figures de *la Bonne Aventure* sont bien habillées; mais la couleur n'y est pas.

Même mérite et même défaut à *la Fille qui remet une lettre à la vieille*, et *son pendant*.

Si cet artiste n'eût pas pris ses sujets dans des mœurs et des coutumes, dont la manière de se vêtir, les habillements, ont une noblesse que les nôtres n'ont pas, et sont aussi pittoresques que les nôtres sont gothiques et plats, son mérite s'évanouirait. Substituez aux figures de Le Prince, des Français ajustés à la mode de leur pays; et vous verrez combien les mêmes tableaux, exécutés de la même manière, perdront de leur prix, n'étant plus soutenus par des détails, des accessoires aussi favorables à l'artiste et à l'art. A la jolie petite femme du *Concert*, substituez une de nos élégantes avec ses rubans, ses pompons, ses falbalas, sa coiffure; et vous verrez le bel effet que cela produira, combien ce tableau deviendra pauvre et de petite manière. Tout le charme, tout l'intérêt sera détruit; et l'on daignera à peine s'y arrêter.

En effet, quoi de plus mesquin, de plus barbare, de plus mauvais goût que notre accoutrement français, et les robes de nos femmes? Dites-moi; que peut-on faire de beau, en introduisant dans une composition des poupées fagotées comme cela! Cela serait d'un bel effet, surtout dans une composition tragique. Comment leur donner la moindre noblesse, la moindre grandeur? Au contraire, l'habillement des Orientaux, des Asiatiques, des Grecs, des Romains, développe le talent du peintre habile, et augmente celui du peintre médiocre.

A la place de cette figure de Tartare qui est à la droite dans le tableau de *la Bonne Aventure*, et qui est si richement, si noblement vêtue, imaginez un de nos Cent-Suisses; et vous sentirez tout le plat, tout le ridicule de ce dernier personnage.

Oh! que nous sommes petits et mesquins! Quelle différence de ce bonnet triangulaire, noir, dont nous sommes affublés, au turban des Turcs, au bonnet des Chinois!

Mettez à César, Alexandre, Caton, notre chapeau et notre perruque; et vous vous tiendrez les côtés de rire; si vous donnez au contraire l'habit grec ou romain à Louis xv, vous ne rirez pas. Le ridicule ne vient donc pas du vice de costume. Il est le même de part et d'autre.

Il n'y a point de tableau de grand maître qu'on ne dégradât, en habillant les personnages, en les coiffant à la française, quelque bien peint, quelque bien composé qu'il fût d'ailleurs. On dirait que de grands événements, de grandes actions ne soient pas faits pour un peuple aussi bizarrement vêtu; et que les hommes dont l'habit est si ginguet ne puissent avoir de grands intérêts à démêler. Il ne fait bien qu'aux marionnettes. Une diète de ces marionettes-là ferait à merveille la parade d'une assemblée consulaire. On n'imaginerait jamais un grain de cervelle dans toutes ces têtes-là. Pour moi, plus je les regarderais, plus je leur verrais de petites ficelles attachées au haut de leurs têtes.

Faites-y attention, et vous prononcerez qu'un caractère de tête fier, noble, pathétique et terrible, ne va point sous votre perruque ou votre chapeau. Vous ne pouvez être que de petits furibonds. Vous ne pouvez que jouer la gravité, la majesté.

Si nos peintres et nos sculpteurs étaient forcés désormais de puiser leurs sujets dans l'histoire de France moderne; je dis moderne, car les premiers Francs avaient conservé dans leur manière de se vêtir, quelque chose de la simplicité du vêtement antique; la peinture et la sculpture s'en iraient bientôt en décadence.

Imaginez, en un tas à vos pieds, toute la dépouille d'un Européen, ces bas, ces souliers, cette culotte, cette veste, cet habit, ce chapeau, ce col, ces jarretières, cette chemise; c'est une friperie. La dépouille d'une femme serait une boutique entière. L'habit de nature, c'est la peau; plus on s'éloigne de ce vêtement, plus on pèche contre le goût. Les Grecs si uniment vêtus ne pouvaient même souffrir leurs vêtements dans les arts. Ce n'était pourtant qu'une ou deux pièces d'étoffes négligemment jetées sur le corps.

Je vous le répète, il ne faudrait qu'assujétir la peinture et la sculpture à notre costume, pour perdre ces deux arts si agréables, si intéressants, si utiles même à plusieurs égards, surtout si on ne les emploie pas à tenir constamment sous les yeux des peuples ou des actions déshonnêtes ou des atrocités de fanatisme, qui ne peuvent servir qu'à corrompre les mœurs ou embéguiner les hommes, à les empoisonner des plus dangereux préjugés.

Je voudrais bien savoir ce que les artistes à venir, dans quelques milliers d'années, pourront faire de nous; surtout si des érudits sans esprit et sans goût, les réduisent à l'observation rigoureuse de notre costume.

Le tableau de la *Paix* (1), de M. Hallé, vient ici très-bien à l'appui de ce que je dis. Ce tableau fait rire. C'est en grand une assemblée de médedecins et d'apothicaires, dignes du théâtre lorsqu'on y joue le *Médecin malgré lui*. Mais transportez la scène de Paris à Rome; de l'Hôtel-de-Ville au milieu du sénat. A ces foutus sacs rouges, noirs, emperruqués, en bas de soie bien tirés, bien roulés sur le genou, en rabats, en souliers à talons; substituez-moi de graves personnages à longues barbes, à tête, bras et jambes nus, à poitrines découvertes, en longues, fluentes et larges robes consulaires. Donnez ensuite le même sujet au même peintre, tout médiocre qu'il est; et vous jugerez de l'intérêt et du parti qu'il en tirera; à condition pourtant qu'il ferait descendre autrement sa Paix. Cette Paix aurait tout aussi bien fait de rester où elle était, que de s'en venir d'un air aussi maussade, aussi dépourvu de grâce qu'elle l'est dans ce plat tableau, soit dit en passant et par apostille.

J'avais déjà effleuré quelque part cette question de nos vêtements (2); mais il me restait sur le cœur quelque chose dont il fallait absolument que je me soulageasse. Voilà qui est fait; et vous pouvez compter que je n'y reviendrai plus que

(1) Voyez page 40 et suivantes de ce volume. Édit[s].

(2) Dans l'*Essai sur la Poésie dramatique;* voyez tome IV, pages 549—552. Édit[s].

par occasion. La belle figure que ferait le buste de M. Trudaine, de Saint-Florentin ou de Clermont, à côté de celui de Massinissa !

GUERIN.

100. PLUSIEURS PETITS TABLEAUX PEINTS A L'HUILE, EN MINIATURE, DONT PLUSIEURS D'APRÈS L'ÉCOLE D'ITALIE.

Peu de choses, jolies images, bien précieuses, jolis dessus de tabatières; trop bien pour l'hôtel de Jaback (1), pas assez bien pour l'Académie. Cependant, comme cela a été fait d'après beau, le premier coup d'œil vous en plaît. L'effet de l'ensemble, l'intérêt de l'action, la position, le caractère, l'expression des figures, la distribution, les groupes, l'entente des lumières, quelque chose même du dessin et de la couleur sont restés. Mais arrêtez, entrez dans les détails; il n'y a plus ni finesse, ni pureté, ni correction; vous prenez Guerin par l'oreille, vous le mettez à genoux, et vous lui faites faire amende honorable à de grands maîtres si maltraités.

Pour le *Bureau de loterie*, et d'autres morceaux de même grandeur, et de l'invention de l'artiste, ils ne seront pas décrits; non, de par Dieu, ils ne le seront pas; et vous entendez de reste ce que cela veut dire.

Bon soir, mon ami; à la prochaine fois Robert.

(1) Voyez tome VI, page 41, la note sur cet hôtel. ÉDIT[s].

Celui-ci me donnera de l'ouvrage ; mais quand une fois j'en serai quitte, les autres ne me tiendront guère. *Vale iterum, et patiens esto.*

ROBERT *.

C'est une belle chose, mon ami, que les voyages; mais il faut avoir perdu son père, sa mère, ses enfants, ses amis, ou n'en avoir jamais eu, pour errer, par état, sur la surface du globe. Que diriez-vous du propriétaire d'un palais immense, qui emploierait toute sa vie à monter et à descendre des caves aux greniers, des greniers aux caves, au lieu de s'asseoir tranquillement au centre de sa famille ? C'est l'image du voyageur. Cet homme est sans morale, ou il est tourmenté par une espèce d'inquiétude naturelle qui le promène malgré lui. Avec un fond d'inertie plus ou moins considérable, Nature qui veille à notre conservation, nous a donné une portion d'énergie qui nous sollicite sans cesse au mouvement et à l'action. Il est rare que ces deux forces se tempèrent si également, qu'on ne prenne pas trop de repos et qu'on ne se donne pas trop de fatigue. L'homme périt engourdi de mollesse ou exténué de lassitude. Au milieu des forêts l'animal s'éveille,

* Ce peintre, né à Paris en 1733, y mourut en 1808 ; il n'a point eu de maître. Le *Musée royal* ne possède de lui que deux tableaux. I. *Une porte de ville pratiquée au milieu des ruines d'un temple.* II. *Un portique sur lequel s'élève une statue équestre.* ÉDIT[s].

poursuit sa proie, l'atteint, la dévore et s'endort. Dans les villes où une partie des hommes sont sacrifiés à pourvoir aux besoins des autres, l'énergie qui reste à ceux-ci se jette sur différents objets. Je cours après une idée, parce qu'un misérable court après un lièvre pour moi. Si dans un individu il y a disette d'inertie et surabondance d'énergie, l'être est saisi de violence comme par le milieu du corps, et jeté par une force innée sous la ligne où sous l'un des pôles : c'est Anquetil (1), qui s'en va jusqu'au fond de l'Indoustan, étudier la langue sacrée du Brame. Voilà le cerf qu'il eût poursuivi jusqu'à extinction de chaleur,

(1) Anquetil du Perron (*Abraham-Hyacinthe*), né à Paris le 7 décembre 1731, et mort le 17 janvier 1805 : le hasard lui fait découvrir, dans les bibliothèques publiques, quelques feuilles calquées sur un manuscrit zend du *Vendidad-Sadé*, et il forme le projet de parcourir l'Inde pour découvrir les livres sacrés des Parses. On préparait, en 1754, au port de Lorient, une expédition pour cette contrée. Le jeune Anquetil, sans fortune, sans ressources, ne peut obtenir son passage gratuit, et s'embarque en qualité de soldat; il apprend le persan moderne, le shanskrit; il parcourt un espace de douze cents lieues dans des déserts brûlants, et arrive à pied à Surate, où il trouve enfin les prêtres qui possédaient les livres qu'il cherchait. Mais la loi leur défend de donner connaissance des livres sacrés aux hommes d'une autre religion; et ce n'est qu'à force de persévérance qu'il parvient à vaincre les scrupules d'un *Destour* (prêtre parse) du Guzarate, qui lui enseigne le *Zend* et le *Pehlevy*. Il étudie avec tant d'ardeur, qu'en 1759, il termine la traduction du vocabulaire de ces langues, du *Vendidad-Sadé*, etc.; et il revient à Paris le 4 mai 1762 avec cent quatre-vingts manuscrits. Il publie successivement le

s'il fût resté dans l'état de Nature. Nous ignorons la cause secrète de nos efforts les plus héroïques. Celui-ci vous dira qu'il est consumé du desir de connaître; qu'il s'éloigne de sa patrie par zèle pour elle; et que, s'il s'est arraché des bras d'un

Zend-Avesta, recueil des livres sacrés des Parses; la *Législation orientale;* des *recherches historiques sur l'Inde;* l'*Inde en rapport avec l'Europe*, etc.; et peu de temps avant sa mort, il donne la traduction, du persan en latin, des *Oupnek'hat* ou secrets qu'il ne faut point révéler.

Anquetil ne fut pas moins remarquable par son instruction que par l'austérité de ses mœurs et par un désintéressement dont on connaît peu d'exemples. Il refusa en Angleterre 30,000 livres de sa traduction du *Zend-Avesta*, et, quoique dans la plus grande détresse, il rejeta constamment les secours qui lui furent offerts.

Dans une lettre qu'il écrivit de Paris aux brames pour les engager à traduire en persan les anciens livres de l'Inde, il décrit ainsi sa manière de vivre : « Du pain avec du fromage, le tout valant 4 sous de France ou le douzième d'une roupie, et de l'eau de puits, voilà ma nourriture journalière. Je vis sans feu, même en hiver; je couche sans draps, sans lit de plumes; mon linge de corps n'est ni changé, ni lessivé; je subsiste de mes travaux littéraires, sans revenu, sans traitement, sans places; je n'ai ni femmes, ni enfants, ni domestiques. Privé de biens, exempt aussi des liens de ce monde, seul, absolument libre, mais très-ami de tous les hommes et surtout des gens de probité, dans cet état, faisant rude guerre à mes sens, je triomphe des attraits du monde, ou je les méprise. »

Anquetil fut nommé membre de l'Institut lors de sa réorganisation; mais il donna bientôt sa démission en refusant de prêter serment aux *Constitutions de l'*EMPIRE. On assure qu'il refusa la décoration de la *légion-d'honneur*, alléguant que tout chef de gouvernement se rend coupable en établissant des distinctions sociales, et tout citoyen en y participant. ÉDITˢ.

père et d'une mère, et s'en va parcourir, à travers mille périls, des contrées lointaines, c'est pour en revenir chargé de leurs utiles dépouilles. N'en croyez rien. Surabondance d'énergie qui le tourmente. Le sauvage Moncacht-Apé répondra au chef d'une nation étrangère qui lui demande : Qui es-tu ? d'où viens-tu ? que cherches-tu avec tes cheveux courts ? Je viens de la nation des Loutres. Je cherche de la raison ; et je te visite afin que tu m'en donnes. Mes cheveux sont courts, pour n'en être pas embarrassé ; mais mon cœur est bon. Je ne te demande pas des vivres, j'en ai pour aller plus loin ; et quand j'en manquerais, mon arc et mes flèches m'en fourniraient plus qu'il ne m'en faut. Pendant le froid, je fais comme l'ours qui se met à couvert ; et l'été j'imite l'aigle qui se promène pour satisfaire sa curiosité. Est-ce qu'un homme qui est seul et qui marche le jour, doit te faire peur ? Mon cher Apé, tout ce que tu dis là est fort beau ; mais crois que tu vas, parce que tu ne peux pas rester. Tu surabondes en énergie ; et tu décores cette force secrète qui te meut, tandis que tes camarades dorment étendus sur la terre, du nom le plus noble que tu peux imaginer. Eh ! oui, grand Choiseul, vous veillez pour le bonheur de la patrie ! Bercez-vous bien de cette idée-là. Vous veillez, parce que vous ne sauriez dormir. Quelquefois cette cruelle énergie bout au fond du cœur de l'homme, et l'homme s'ennuie jusqu'à ce qu'il ait aperçu l'objet de sa passion ou de son goût. Quelquefois il erre soucieux, inquiet, promenant ses regards autour de lui, saisissant tout, renonçant à tout, prenant, quittant toutes sortes d'instruments et de vêtements, jusqu'à ce qu'il ait rencontré celui qu'il cherche, et que l'énergie naturelle et secrète ne lui désigne pas, car elle est aveugle. Il y en a, et malheureusement c'est le grand nombre, qu'elle élance sur tout, et qui n'ont, d'ailleurs, aucune aptitude à rien. Ces derniers sont condamnés à se mouvoir sans cesse sans avancer d'un pas. Il arrive aussi qu'un malheur, la perte d'un ami, la mort d'une maîtresse, coupe le fil qui tenait le ressort tendu. Alors l'être part, et va tant que ses pieds le peuvent porter. Tout coin de la terre lui est égal. S'il reste, il périt à la place. Quand l'énergie de Nature se replie sur elle-même, l'être malheureux, mélancolique, pleure, gémit, sanglotte, pousse des cris par intervalle, se dévore et se consume. Si, distraite par des motifs également puissants, elle tire l'homme en deux sens contraires, l'homme suit une ligne moyenne, sur laquelle il s'arme d'un pistolet ou d'un poignard; une direction intermédiaire, qui le conduit la tête la première au fond d'une rivière ou d'un précipice. Ainsi finit la lutte d'un cœur indomptable et d'un esprit inflexible. O bienheureux mortels, inertes, imbéciles, engourdis; vous buvez, vous mangez, vous dormez, vous vieillissez, et vous mourez sans avoir joui, sans avoir souffert, sans qu'aucune secousse ait fait osciller le poids qui vous pressait sur le sol où vous êtes nés. On ne sait où est la sépulture de l'être énergique. La vôtre est toujours sous vos pieds.

Mais à quoi bon, me direz-vous, cet écart sur les voyageurs et les voyages? Quel rapport de ces idées, vraies ou fausses, avec les ruines de Robert? Comme ces ruines sont en grand nombre, mon dessein était de les enchâsser dans un cadre qui palliât la monotonie des descriptions, de les supposer existantes en quelque contrée, en Italie, par exemple, et d'en faire un supplément à M. l'abbé Richard. Pour cet effet, il fallait lire son *Voyage d'Italie* (1). Je l'ai lu sans pouvoir y glaner une misérable ligne qui me servît. De dépit, j'ai dit: Oh! la belle chose que les voyages! et dans l'indignation que je ressens encore du petit esprit superstitieux de cet auteur, vous me permettrez, s'il vous plaît, d'ajouter: Dom Richard, est-ce que tu t'imagines que ce tas d'impertinences qui forment ta Mythologie obtiendra des hommes une croyance éternelle? Si ton livre passe, ce n'était pas la peine de l'écrire; s'il dure, ne vois-tu pas que tu te traduis à la postérité comme un sot; et lorsque le temps aura brisé les statues, détruit les peintures, amoncelé les édifices dont tu m'en-

(1) C'est la *Description historique de l'Italie;* Paris 1766. ÉDIT.

tretiens, quelle confiance l'avenir accordera-t-il aux récits d'une tête rétrécie et embéguinée des notions les plus ridicules?

Tout ce que j'ai recueilli de l'abbé Richard, c'est que, le pied hors du temple, l'homme religieux disparaît, et que l'homme se retrouve plus vicieux dans la rue.

C'est qu'il y a, dans une certaine contrée, des marchands de bonnes actions qui cèdent à des coquins ce qu'ils en ont de trop pour quelques pièces d'argent qu'ils en reçoivent; espèce de commerce fort extraordinaire.

C'est qu'en Savoie, où toute imposition est assise sur les fonds, la population est telle, que tout le pays ne semble qu'une grande ville.

C'est qu'ici [1] un sénateur fait adopter par autorité du sénat, un fils naturel, qui succède au nom, aux armes, à la fortune, à tous les priviléges de la légitimité, et peut devenir doge.

C'est qu'ailleurs [2] on peut aller se choisir un héritier à l'hôpital même des Enfants-Trouvés; c'est que les noms des grandes familles s'y perpétuent par le sort qui assigne à un enfant du Conservatoire toutes les prérogatives d'un sénateur décédé sans héritier immédiat.

Et Robert? — *Piano, di grazia;* Robert viendra tout à l'heure.

[1] A Gênes.

[2] A Bologne.

C'est qu'au milieu des plus sublimes modèles en tout genre, la peinture et la sculpture tombent en Italie. On y fait de belles copies, aucun bon ouvrage.

C'est que Le Quesnoi répondit à un amateur éclairé qui le regardait travailler, et qui craignait qu'il ne gâtât son ouvrage pour le vouloir plus parfait: Vous avez raison, vous qui ne voyez que la copie; mais j'ai aussi raison, moi qui poursuis l'original qui est dans ma tête. Ce qui est tout voisin de ce qu'on raconte de Phidias, qui, projetant un Jupiter, ne contemplait aucun objet naturel qui l'aurait placé au-dessous de son sujet: il avait dans l'imagination quelque chose d'ultérieur à Nature. Deux faits qui viennent à l'appui de ce que je vous écrivais dans le préambule de ce Salon: et passons à présent à Robert, si vous le voulez.

Robert est un jeune artiste qui se montre pour la première fois. Il revient d'Italie, d'où il a rapporté de la facilité et de la couleur. Il a exposé un grand nombre de morceaux, entre lesquels il y en a d'excellents, quelques-uns médiocres, presque pas un mauvais. Je les distribuerai en trois classes, les tableaux, les esquisses et les dessins.

TABLEAUX. — 103. UN GRAND PAYSAGE DANS LE GOUT DES CAMPAGNES D'ITALIE.

Huit pieds neuf pouces de large, sur sept pieds sept pouces de haut.

Je voudrais revoir ce morceau hors du Salon. Je soupçonne les compositions des artistes de souffrir autant du côté du mérite, par le voisinage et l'opposition des unes aux autres, que du côté de leurs dimensions, par l'étendue du lieu où elles sont exposées. Un tableau tel que celui-ci, d'une grandeur considérable, n'y paraît qu'une toile ordinaire. J'avais jeté hors du Salon des ouvrages que j'ai retrouvés seuls, isolés, et pour lesquels il m'a semblé que j'avais eu trop de dédain. *La tête de Pompée présentée à César* (1) était quelque chose sur le chevalet de l'artiste; rien sur la muraille du Louvre. Nos yeux fatigués, éblouis par tant de faires différents, sont-ils mauvais juges? Quelque composition vigoureusement coloriée et d'un grand effet, nous servirait-elle de règle? Y rapporterions-nous toutes les autres, qui deviendraient pauvres et mesquines par la comparaison avec ce modèle? Ce qu'il y a de certain, c'est que, si je vous disais que ce marmouset de César de La Grénée était plus grand que Nature, vous n'en croiriez rien. Mais pourquoi l'étendue du lieu ne

(1) Tableau de La Grénée; voyez page 110 et suivantes de ce volume. ÉDIT[s].

produit-elle pas le même effet sur tous les tableaux indistinctement ? Pourquoi, tandis qu'il y en a de grands que je trouve petits, y en a-t-il de petits que je trouve grands ? Pourquoi, dans telle esquisse qui n'est guère plus grande que ma main, les figures prennent-elles six, sept, huit, neuf pieds de hauteur, et dans telle ou telle composition, même estimée, des figures qui ont réellement cette proportion, la perdent-elles et se réduisent-elles de moitié ? Il faut chercher l'explication de ce phénomène, ou dans les figures mêmes, ou dans le rapport de ces figures avec les êtres environnants. Dans tout tableau, l'orteil du Satyre endormi se mesure. Il y a le pâtre, il y a la paille, sous cette forme ou sous une autre. Allez voir l'*Offrande à l'Amour* (1) de Greuze ; et vous me direz ce que sa figure principale devient, à côté des autres énormes qui l'environnent.

Dans ce grand ou petit tableau de Robert, on voit à droite un bout d'ancienne architecture ruinée. A la face de cette ruine, qui regarde le côté gauche, dans une grande niche, l'artiste a placé une statue. Du piédestal de cette statue coule une fontaine, dont un bassin reçoit les eaux. Autour

(1) Diderot se trompe sans doute en attribuant ce tableau à Greuze. *La Première Offrande à l'Amour*, dont il a rendu compte dans le Salon de 1761, tome VIII, page 7, est de Carle Van-Loo. ÉDIT[s].

de ce bassin il y a quelques figures d'hommes et d'animaux. Un pont jeté du côté droit au côté gauche de la scène, et coupant en deux toute la composition, laisse en devant un assez grand espace, et dans la profondeur du tableau, au loin, un beaucoup plus grand encore. On voit couler les eaux d'une rivière sous ce pont; elles s'étendent en venant à vous. La rive de ces eaux, ces eaux et le pont forment trois plans bien distincts, et un espace déjà fort vaste. Sur ces eaux, à gauche, au-devant du pont, on aperçoit un bateau. Le fond est une campagne où l'œil va se promener et se perdre. Le côté gauche, au-delà du bateau, est terminé par quelques arbres.

La fabrique de la droite, la statue, le bassin, la rive, en un mot, toute cette moitié de la composition est bien de couleur et d'effet. Le reste, pauvre, terne, gris, effacé, l'ouvrage d'un écolier qui a mal fini ce que le maître avait bien commencé. Mais pour sentir combien le tout est faible, on n'a qu'à jeter l'œil sur un Vernet, ou plutôt cela n'est pas nécessaire. Ce n'est pas une de ces productions équivoques qu'on ne puisse juger que par un modèle de comparaison.

Le redoutable voisin que ce Vernet! Il fait souffrir tout ce qu'il approche, et rien ne le blesse. C'est celui-là, M. Robert, qui sait, avec un art infini, entremêler le mouvement et le repos, le jour et les ténèbres, le silence et le bruit! Une seule de ces qualités, fortement prononcée, dans une composition, nous arrête et nous touche. Quel ne doit donc pas être l'effet de leur réunion et de leur contraste? Et puis, sa main docile à la variété, à la rapidité de son imagination, vous dérobe toujours la fatigue. Tout est vigoureux comme dans la nature, et rien ne se nuit comme dans la nature. Jamais il ne paraît qu'on ait sacrifié un objet, pour en faire valoir un autre. Il règne partout une ame, un esprit, un souffle dont on pourrait dire, comme Virgile ou Lucrèce, de l'œuvre entière de la création :

Deum namque ire per omnes
Terrasque, tractusque maris, cœlumque profundum :
Hinc pecudes, armenta, viros, genus omne ferarum,
Quemque sibi tenues nascentem arcessere vitas.
Scilicet huc reddi deinde, ac resoluta referri
Omnia ; nec morti esse locum (1).

C'est la présence d'un Dieu qui se fait sentir sur la surface de la terre, au fond des mers, dans la vaste étendue des cieux; c'est de là que les hommes, les animaux, les troupeaux, les bêtes féroces reçoivent l'élément subtil de la vie. Tout s'y résout, tout en émane, et la mort n'a lieu nulle part.

Tout ce que vous rencontrerez dans les poètes,

(1) VIRGIL. *Georg.* lib. IV, vers. 220 *et seq.* ÉDIT[s].

du développement du chaos et de la naissance du monde, lui conviendra. Dites de lui :

Spiritus intus alit, totamque infusa per artus
Mens agitat molem, et magno se corpore miscet (1).

C'est un esprit qui vit au dedans, qui se répand dans toute la masse, qui la meut, et s'unit au grand tout.

Et l'on n'en rabattra pas un mot.

DEUX TABLEAUX. — UN PONT SOUS LEQUEL ON DÉCOUVRE LES CAMPAGNES DE SABINE, A QUARANTE LIEUES DE ROME.

LES RUINES DU FAMEUX PORTIQUE DU TEMPLE DE BALBEC, A HÉLIOPOLIS.

Imaginez, sur deux grandes arches cintrées, un pont de bois, d'une hauteur et d'une longueur prodigieuses. Il touche d'un bout à l'autre de la composition, et occupe la partie la plus élevée de la scène. Brisez la rampe de ce pont dans son milieu, et ne vous effrayez pas, si vous le pouvez, pour les voitures qui passent dans cet endroit. Descendez de là. Regardez sous les arches, et voyez dans le lointain, à une grande distance de ce premier pont, un second pont de pierre, qui coupe la profondeur de l'espace en deux, laissant entre l'une et l'autre fabrique une énorme dis-

(1) VIRGIL. *Æneid.* lib. VI, vers. 726, 727. ÉDITS.

tance. Portez vos yeux au-dessus de ce second pont ; et dites-moi, si vous le savez, quelle est l'étendue que vous découvrez. Je ne vous parlerai point de l'effet de ce tableau. Je vous demanderai seulement sur quelle toile vous le croyez peint ? Il est sur une très-petite toile, sur une toile d'un pied dix pouces de large, sur un pied cinq pouces de haut.

Au pendant, c'est à droite une colonnade ruinée ; un peu plus vers la gauche, et sur le devant, un obélisque entier ; puis la porte d'un temple. Au-delà de cette porte, une partie symétrique à la première. Au-devant de la ruine entière, un grand escalier qui règne sur toute sa longueur, et d'où l'on descend de la porte du temple au bas de la composition. Faible, faible ; de peu d'effet. Le précédent est l'ouvrage de l'imagination. Celui-ci est une copie de l'art. Ici on n'est arrêté que par l'idée de la puissance éclipsée des peuples qui ont élevé de pareils édifices. Ce n'est pas de la magie du pinceau, c'est des ravages du temps que l'on s'entretient.

RUINE D'UN ARC DE TRIOMPHE, ET AUTRES MONUMENTS.

Tableau de quatre pieds deux pouces de haut, sur quatre pieds trois pouces de large.

L'effet de ces compositions, bonnes ou mauvaises, c'est de vous laisser dans une douce mélancolie. Nous attachons nos regards sur les débris d'un arc de triomphe, d'un portique, d'une pyramide, d'un temple, d'un palais; et nous revenons sur nous-mêmes. Nous anticipons sur les ravages du temps; et notre imagination disperse sur la terre les édifices même que nous habitons. A l'instant, la solitude et le silence règnent autour de nous. Nous restons seuls de toute une nation qui n'est plus; et voilà la première ligne de la poétique des ruines.

A droite, c'est une grande fabrique étroite, dans le massif de laquelle on a pratiqué une niche, occupée de sa statue. Il reste de chaque côté de la niche une colonne sans chapiteau. Plus, sur la gauche, et vers le devant, un soldat est étendu à plat ventre sur des quartiers de pierre, la plante des pieds tournée vers la fabrique de la droite, la tête vers la gauche, d'où s'avance à lui un autre soldat, avec une femme qui porte entre ses bras un petit enfant. On voit au-delà, sur le fond, des eaux; au-delà des eaux, vers la gauche, entre des arbres et du paysage, le sommet d'un dôme ruiné; plus loin, du même côté, une arcade tombant de vétusté; près de cette arcade, une colonne sur son piédestal; autour de cette colonne, des masses de pierres informes; sous l'arcade, un escalier qui conduit vers la rive du lac; au-delà, un lointain, une campagne; au pied de l'arcade, une figure; plus, sur le devant, au bord des eaux, une autre figure. Je ne caractérise point ces figures, si peu soignées qu'on ne sait ce que c'est, hommes ou femmes, moins encore ce qu'elles font. Ce n'est pourtant pas à cette condition qu'on anime des ruines. M. Robert, soignez vos figures. Faites-en moins, et faites-les mieux. Surtout, étudiez l'esprit de ce genre de figure, car elles en ont un qui leur est propre. Une figure de ruine n'est pas la figure d'une autre site.

GRANDE GALERIE ÉCLAIRÉE DU FOND.

Tableau de quatre pieds trois pouces de large, sur trois pieds un pouce de haut.

Oh! les belles, les sublimes ruines! Quelle fermeté, et en même temps quelle légèreté, sûreté, facilité de pinceau! Quel effet! quelle grandeur! quelle noblesse! Qu'on me dise à qui ces ruines appartiennent, afin que je les vole; le seul moyen d'acquérir, quand on est indigent. Hélas! elles font peut-être si peu de bonheur au riche stupide qui les possède; et elles me rendraient si heureux! Propriétaire indolent! époux aveugle! quel tort te fais-je, lorsque je m'approprie des charmes que tu ignores ou que tu négliges! Avec quel étonnement, quelle surprise je regarde cette voûte brisée, les masses surimposées à cette voûte! Les peuples qui ont élevé ce monument, où sont-ils? que sont-ils devenus? Dans quelle énorme profondeur obscure et muette mon œil va-t-il s'égarer? A quelle prodigieuse distance est renvoyée la portion du ciel que j'aperçois à cette ouverture ! l'étonnante dégradation de lumière ! comme elle s'affaiblit en descendant du haut de cette voûte, sur la longueur de ces colonnes ! comme ces ténèbres sont pressées par le jour de l'entrée et le jour du fond ! on ne se lasse point de regarder. Le temps s'arrête pour celui qui admire. Que j'ai peu vécu ! que ma jeunesse a peu duré !

C'est une grande galerie voûtée, et enrichie intérieurement d'une colonnade qui règne de droite et de gauche. Vers le milieu de sa profondeur, la voûte s'est brisée, et montre au-dessus de sa fracture les débris d'un édifice surimposé. Cette longue et vaste fabrique reçoit encore la lumière par son ouverture du fond. On voit à gauche, en dehors, une fontaine ; au-dessus de cette fontaine, une statue antique assise ; au-dessous du piédestal de cette statue, un bassin élevé sur un massif de pierre ; autour de ce bassin, au-devant de la galerie, dans les entre-colonnements, une foule de petites figures, de petits groupes, de petites scènes très-variées. On puise de l'eau, on se repose, on se promène, on converse. Voilà bien du mouvement et du bruit. Je vous en dirai mon avis ailleurs, M. Robert ; tout à l'heure. Vous êtes un habile homme. Vous excellerez, vous excellez dans votre genre. Mais étudiez Vernet. Apprenez de lui à dessiner, à peindre, à rendre vos figures intéressantes ; et puisque vous vous êtes voué à la peinture des ruines, sachez que ce genre a sa poétique. Vous l'ignorez absolument. Cherchez-la. Vous avez le faire ; mais l'idéal vous manque. Ne sentez-vous pas qu'il y a trop de figures ici ; qu'il en faut effacer les trois quarts ? Il n'en faut réserver que celles qui ajouteront à la solitude et au silence. Un seul homme, qui aurait erré dans ces ténèbres, les bras croisés sur la poitrine, et la tête penchée, m'aurait affecté davantage. L'obscurité seule, la majesté de l'édifice, la grandeur de la fabrique, l'étendue, la tranquillité, le retentissement sourd de l'espace m'aurait fait frémir. Je n'aurais jamais pu me défendre d'aller rêver sous cette voûte, de m'asseoir entre ces colonnes, d'entrer dans votre tableau. Mais il y a trop d'importüns. Je m'arrête. Je regarde. J'admire et je passe. M. Robert, vous ne savez pas encore pourquoi les ruines font tant de plaisir, indépendamment de la variété des accidents qu'elles montrent; et je vais vous en dire ce qui m'en viendra sur-le-champ.

Les idées que les ruines réveillent en moi sont grandes. Tout s'anéantit, tout périt, tout passe. Il n'y a que le monde qui reste. Il n'y a que le temps qui dure. Qu'il est vieux ce monde ! Je marche entre deux éternités. De quelque part que je jette les yeux, les objets qui m'entourent m'annoncent une fin, et me résignent à celle qui m'attend. Qu'est-ce que mon existence éphémère, en comparaison de celle de ce rocher qui s'affaisse, de ce vallon qui se creuse, de cette forêt qui chancèle, de ces masses suspendues au-dessus de ma tête, et qui s'ébranlent? Je vois le marbre des tombeaux tomber en poussière ; et je ne veux pas mourir ! et j'envie un faible tissu de fibres et de chair, à une loi générale qui s'exécute sur le bronze ! Un torrent entraîne les nations les unes sur les autres, au fond d'un abîme commun ; moi, moi seul, je prétends m'arrêter sur le bord, et fendre le flot qui coule à mes côtés !

Si le lieu d'une ruine est périlleux, je frémis. Si je m'y promets le secret et la sécurité, je suis plus libre, plus seul, plus à moi, plus près de moi. C'est là que j'appelle mon ami. C'est là que je regrette mon amie. C'est là que nous jouirons de nous, sans trouble, sans témoins, sans importuns, sans jaloux. C'est là que je sonde mon cœur. C'est là que j'interroge le sien, que je m'alarme et me rassure. De ce lieu, jusqu'aux habitants des villes, jusqu'aux demeures du tumulte, au séjour de l'intérêt, des passions, des vices, des crimes, des préjugés, des erreurs, il y a loin.

Si mon ame est prévenue d'un sentiment tendre, je m'y livrerai sans gêne. Si mon cœur est calme, je goûterai toute la douceur de son repos.

Dans cet asyle désert, solitaire et vaste, je n'entends rien ; j'ai rompu avec tous les embarras de la vie. Personne ne me presse et ne m'écoute.

Je puis me parler tout haut, m'affliger, verser des larmes sans contrainte.

Sous ces arcades obscures, la pudeur serait moins forte dans une femme honnête; l'entreprise d'un amant tendre et timide, plus vive et plus courageuse. Nous aimons, sans nous en douter; tout ce qui nous livre à nos penchants, nous séduit, et excuse notre faiblesse.

Je quitterai le fond de cet antre, et j'y laisserai la mémoire importune du moment, dit une femme; et elle ajoute :

Si l'on m'a trompée, et que la mélancolie m'y ramène, je m'abandonnerai à toute ma douleur. La solitude retentira de ma plainte. Je déchirerai le silence et l'obscurité de mes cris, et lorsque mon ame sera rassasiée d'amertumes, j'essuierai mes larmes de mes mains; je reviendrai parmi les hommes, et ils ne soupçonneront pas que j'ai pleuré.

Si je te perdais jamais, idole de mon ame; si une mort inopinée, un malheur imprévu te séparait de moi; c'est ici que je voudrais qu'on déposât ta cendre, et que je viendrais converser avec ton ombre.

Si l'absence nous tient éloignés, j'y viendrai rechercher la même ivresse qui avait si entièrement, si délicieusement disposé de nos sens; mon cœur palpitera derechef; je rechercherai, je retrouverai l'égarement voluptueux. Tu y seras, jusqu'à ce que la douce langueur, la douce lassitude du plaisir soit passée. Alors je me releverai; je m'en reviendrai; mais je n'en reviendrai pas sans m'arrêter, sans retourner la tête, sans fixer mes regards sur l'endroit où je fus heureuse avec toi et sans toi. Sans toi! je me trompe; tu y étais encore; et à mon retour, les hommes verront ma joie; mais ils n'en devineront pas la cause. Que fais-tu, à présent? où es-tu? n'y a-t-il aucun antre, aucune forêt, aucun lieu secret, écarté, où tu puisses porter tes pas, et perdre aussi ta mélancolie?

O censeur, qui réside au fond de mon cœur, tu m'as suivi jusqu'ici! Je cherchais à me distraire de ton reproche; et c'est ici que je t'entends plus fortement. Fuyons ces lieux. Est-ce le séjour de l'innocence? est-ce celui du remords? c'est l'un et l'autre, selon l'ame qu'on y porte. Le méchant fuit la solitude; l'homme juste la cherche. Il est si bien avec lui-même!

Les productions des artistes sont regardées d'un œil bien différent, et par celui qui connaît les passions, et par celui qui les ignore. Elles ne disent rien à celui-ci. Que ne disent-elles point à moi? L'un n'entrera point dans cette caverne que je cherchais; il s'écartera de cette forêt où je me plais à m'enfoncer. Qu'y ferait-il? il s'y ennuierait.

S'il me reste quelque chose à dire sur la poésie des ruines, Robert m'y ramènera.

Le morceau dont il s'agit ici, est le plus beau de ceux qu'il a exposés. L'air y est épais; la lumière chargée de la vapeur des lieux frais et des corpuscules que des ténèbres visibles nous y font discerner; et puis cela est d'un pinceau si doux, si moelleux, si sûr. C'est un effet merveilleux produit sans effort. On ne songe pas à l'art. On admire; et c'est de l'admiration même que l'on accorde à la nature.

INTÉRIEUR D'UNE GALERIE RUINÉE.

Petit ovale.

A droite une colonnade; debout, sur les débris ou restes d'une voûte brisée, un homme enveloppé dans son manteau; sur une assise inférieure de la même fabrique, au pied de cet homme, une femme courbée qui se repose. Au bas, à l'angle, vers l'intérieur de la galerie, groupe de paysans et de paysannes, entre lesquelles une qui porte une cruche sur sa tête. Au-devant de ce groupe, dont on n'aperçoit que les têtes, femme qui ramène un cheval. Le reste des figures de ce côté, est masqué par un grand piédestal qui soutient une statue. De ce piédestal sort une fontaine dont les eaux tombent dans un vaste bassin. Vers les bords de ce bassin, sur le fond, femme avec une cruche à la main, une corbeille de linges mouillés sur sa tête, et s'en allant vers une arcade qui s'ouvre sur la scène, et l'éclaire. Sous cette arcade, paysan monté sur sa bête, et faisant son chemin. En tournant de là vers la gauche; fabriques ruinées, colonnes qui tombent de vétusté, et grand pan de vieux mur. Le côté droit étant éclairé par la lumière qui vient de dessous l'arcade, on pense bien que le côté gauche est tout entier dans la demi-teinte. Au pied du grand pan de vieux mur, sur le devant, paysan assis à terre, et se reposant sur la gerbe qu'il a glanée; et puis des masses de pierres détachées, et autres accessoires communs à ce genre.

Ce qu'il y a de remarquable dans ce morceau, c'est la vapeur ondulante et chaude qu'on voit au haut de l'arcade; effet de la lumière arrêtée, brisée, réfléchie par la concavité de la voûte.

PETITE, TRÈS-PETITE RUINE.

A droite, le toit en pente d'un hangar adossé à une muraille. Sous cet hangar couvert de paille, des tonneaux, les uns pleins, apparemment, et couchés; d'autres vides et debout. Au-dessus du toit, l'excédant du mur dégradé, et couvert de plantes parasites. A l'extrémité à gauche, au haut de ce mur, un bout de balustrade à pilastres ruinés. Sur ce bout de balustrade, un pot de fleurs. Attenant à cette fabrique, une ouverture ou espèce de porte dont la fermeture, faite de poutrelles assemblées à claire-voie, à demi-ouverte, fait angle droit en devant, avec le côté de la fabrique qui lui sert d'appui. Au-delà de cette porte, une autre fabrique de pierres en ruines. Par derrière celle-ci, une troisième fabrique; sur le fond, un escalier qui conduit à une vaste étendue d'eaux qui se répandent et qu'on aperçoit par l'ouverture qui sépare les deux fabriques. A gauche, une quatrième fabrique de pierre, faisant face à celle de la droite, et en retour avec celles du fond. A la façade de cette dernière, une mauvaise figure de Saint dans sa niche; au bas de la niche, la goulotte d'une fontaine dont les eaux sont reçues dans une auge. Sur l'escalier de bois qui descend à la rivière, une femme avec sa cruche. A l'auge, une autre femme qui lave. La partie supérieure de la fabrique de la gauche est aussi dégradée, et revêtue de plantes parasites. L'artiste a encore décoré son extrémité supérieure d'un autre pot de fleurs. Au-dessous de ce pot il a ouvert une fenêtre, et fiché dans le mur, aux deux côtés de cette fenêtre, des perches sur lesquelles il a mis des draps à sécher. Tout-à-fait à gauche, la porte d'une maison; au dedans de la maison, les bras appuyés sur le bas de la porte, une femme qui regarde ce qui se passe dans la rue.

Très-bon petit tableau; mais exemple de la difficulté de décrire et d'entendre une description. Plus on détaille, plus l'image qu'on présente à l'esprit des autres, diffère de celle qui est sur la toile. D'abord, l'étendue que notre imagination donne aux objets, est toujours proportionnée à l'énumération des parties. Il y a un moyen sûr de faire prendre à celui qui nous écoute un puceron pour un éléphant; il ne s'agit que de pousser à l'excès l'anatomie circonstanciée de l'atome vivant. Une habitude mécanique très-naturelle, surtout aux bons esprits, c'est de chercher à mettre de la clarté dans leurs idées; en sorte qu'ils exagèrent, et que le point dans leur esprit est un peu plus gros que le point décrit, sans quoi ils ne l'apercevraient pas plus au dedans d'eux-mêmes qu'au dehors. Le détail, dans une description, produit à peu près le même effet que la trituration. Un corps remplit dix fois, cent fois moins d'espace ou de volume en masse qu'en molécules. M. de Réaumur ne s'en est pas douté; mais faites-vous lire quelques pages de son *Traité des insectes;* et vous y démêlerez le même ridicule qu'à mes descriptions. Sur celle qui précède, il n'y a personne qui n'accordât plusieurs pieds en carré à une petite ruine grande comme la main. Je crois avoir déjà quelque part déduit de là une expérience qui déterminerait la grandeur relative des images dans la tête de deux artistes, ou dans la tête d'un même artiste en différents temps. Ce serait de leur ordonner le dessin net et distinct, et le plus petit qu'ils pourraient, d'un objet susceptible d'une description détaillée. Je crois que l'œil et l'imagination ont à peu près le même champ, ou peut-être, au contraire, que le champ de l'imagination est en raison inverse du champ de l'œil. Quoi qu'il en soit, il est impossible que le presbyte et le myope, qui voient si diversement en nature, voient de la même manière dans leurs têtes. Les poètes, prophètes et presbytes sont sujets à voir les mouches comme des éléphants; les philosophes myopes, à réduire les éléphants à des mouches. La poésie et la philosophie sont les deux bouts de la lunette.

GRAND ESCALIER QUI CONDUIT A UN ANCIEN PORTIQUE.

De quatre pieds de haut, sur deux pieds neuf pouces de large.

Sur le fond et dans le lointain, à droite, une pyramide; puis l'escalier. Au côté droit de l'escalier, à sa partie supérieure, un obélisque; au bas, sur le devant, deux hommes poussant un tronçon de colonne, que quatre chevaux n'ébranleraient pas : absurdité palpable. Sur les degrés, une figure d'homme qui monte; vers le milieu, une figure de femme qui descend; au haut, un petit groupe d'hommes et de femmes qui conversent. A gauche, une grande fabrique, une colonnade, un péristyle dont la façade s'enfonce dans le tableau. Les degrés de l'escalier aboutissent à cette façade. La partie inférieure de cette fabrique est en niches. Ces niches sont remplies de statues. Des groupes de figures, qu'on a peine à discerner, sont répandus dans les entre-colonnements de la partie supérieure. On y entrevoit un homme enveloppé dans son manteau, assis, et les jambes pendantes en dehors. Derrière lui, debout, quelques autres personnages. Au bas d'une petite façade, en retour de cette colonnade, l'artiste a étendu à terre un passager, qui se repose parmi des fragments de colonnes.

C'est bien un morceau de Robert; et ce n'est pas un des moins bons. Je n'ajouterai rien de plus; car il faudrait revenir sur les mêmes éloges, qui vous fatigueraient autant à lire que moi à les écrire. Souvenez-vous seulement que toutes ces figures, tous ces groupes insignifiants, prouvent évidemment que la poétique des ruines est encore à faire.

LA CASCADE TOMBANT ENTRE DEUX TERRASSES, AU MILIEU D'UNE COLONNADE.

UNE VUE DE LA VIGNE-MADAME, A ROME.

La Cascade. Morceau froid, sans verve, sans invention, sans effet; mauvaises eaux tombant en nappes par les vides d'arcades formées sur un plan circulaire; et ces nappes si uniformes, si égales, si symétriques, si compassées sur l'espace qui leur est ouvert, qu'on dirait qu'ainsi que les espaces, elles ont été assujéties aux règles de l'architecture. Quoi! M. Robert, de bonne foi, vous les avez vues comme cela? Il n'y avait pas une seule pierre disjointe qui variât le cours et la chute de ces eaux? pas le moindre fétu qui l'embarrassât? Je n'en crois rien; et puis on ne sait ce que c'est que vos figures. Au sortir des arcades, les eaux sont reçues dans un grand bassin. Derrière cette fabrique il y a des arbres. Qu'ils sont lourds ces arbres, épais, négligés, inélégants, maussades! et d'un vert de vessie plus cru! Les feuilles ressemblent à des taches vertes dentelées par les bords. C'est pis qu'aux paysages du pont ou de la communauté de Saint-Luc. Ils ne servent qu'à faire sentir que ceux que vous avez desséchés à la gauche de votre composition sont beaucoup mieux, ou ceux-ci à rendre les premiers plus mauvais; comme on voudra. Mais vous, mon ami, convenez qu'à la manière dont je juge un artiste que j'aime, que j'estime, et qui montre vraiment un grand talent, même dans ce morceau, on peut compter sur mon impartialité.

La Vigne-Madame. Mauvais, selon moi..... — Mais cela est en nature. — Cela n'est point en nature. Les arbres, les eaux, les rochers sont en nature; les ruines y sont plus que les bâtiments, mais n'y sont pas tout-à-fait; et quand elles y seraient, faut-il rendre servilement la nature? S'il s'agissait d'un dessin à placer dans l'ouvrage d'un voyageur, il n'y aurait pas le mot à dire; il faut alors une exactitude rigoureuse. Imaginez à gauche une longue suite d'arcades qui s'en vont en s'enfonçant dans la toile parallèlement au côté droit, et en diminuant de hauteur selon les lois de la perspective. Imaginez à droite une autre enfilade d'arcades qui s'en vont du côté gauche, sur le devant, diminuant pareillement de hauteur; en sorte que ces deux enfilades ont l'air de deux grands triangles rectangles posés sur leurs moyens côtés, et s'entre-coupant par leurs petits côtés; effet le plus ingrat à l'œil; effet dont il était si aisé de déranger la symétrie. Les premières arcades sont éclairées, et forment la partie supérieure et le fond du tableau. Les autres sont dans la demi-teinte, et forment la partie inférieure et le devant. Celles-ci soutiennent une large chaussée qui conduit en montant, le long des premières, jusqu'au sommet des arcades inférieures du devant. Sous ces arcades inférieures, ce sont des laveuses, d'autres femmes occupées, des enfants, du feu; au-devant, à gauche, du linge étendu sur des cordes. Là, tout-à-fait sur le devant, des eaux qui viennent de dessous les arcades. Au bord de ces eaux rassemblées, sur une langue de terre à gauche, d'autres figures d'hommes, de femmes, d'enfants, de pêcheurs. Au haut de la chaussée pratiquée sur les arcades inférieures, quelques groupes. Tout-à-fait sur le fond, à droite au-delà des arcades, du paysage; des arbres; et Dieu sait quels arbres! Il manque encore bien des choses, et de technique, et d'idéal à cet artiste, pour être excellent; mais il a de la couleur, et de la couleur vraie; mais il a le pinceau hardi, facile et sûr. Il ne tient qu'à lui d'acquérir le reste. Je lui dirais en deux mots, sur la poésie de son genre : M. Robert, souvent on reste en admiration à l'entrée de vos ruines; faites, ou qu'on s'en éloigne avec effroi, ou qu'on s'y promène avec plaisir.

LA COUR DU PALAIS ROMAIN, QU'ON INONDE DANS LES GRANDES CHALEURS, POUR DONNER DE LA FRAICHEUR AUX GALERIES QUI L'ENVIRONNENT.

Tableau de quatre pieds trois pouces de large, sur trois pieds un pouce de haut.

On voit, par l'ouverture des arcades, les galeries tourner autour de la cour du palais, que l'artiste a peinte inondée. Il n'y a ici ni figures ni accessoires poétiques. C'est le bâtiment pur et simple. On ne peut se tirer avec succès d'un pareil sujet que par la magie de la peinture. Aussi Robert l'a-t-il fait. Son tableau est très-beau et de très-grand effet. Le dessous des galeries est très-vaporeux. Si j'osais hasarder une observation, je dirais que la partie inférieure des voûtes, à gauche sur le devant, m'a paru seulement un peu trop obscure, trop noire. J'y aurais desiré quelque faible lueur d'une lumière réfléchie par les eaux qui couvrent la cour. Mais c'est, comme on porte sa main sur les vases sacrés, que j'aventure cette critique, en tremblant. A une autre heure du jour, à une autre lumière, dans une autre exposition, peut-être ferais-je amende honorable au peintre.

PORT DE ROME, ORNÉ DE DIFFÉRENTS MONUMENTS D'ARCHITECTURE ANTIQUE ET MODERNE.

Tableau de quatre pieds sept pouces de large, sur trois pieds deux pouces de haut.

C'est le morceau de réception de l'artiste, et une belle chose. C'est un Vernet pour le faire et pour la couleur. Que n'est-il encore un Vernet pour les figures et le ciel! les fabriques sont de la touche la plus vraie; la couleur de chaque objet est ce qu'elle doit être, soit réelle, soit locale. Les eaux ont de la transparence. Toute la composition vous charme.

On voit, au centre du tableau, la rotonde isolée; de droite et de gauche, sur le fond, des portions de palais; au-dessous de ces palais, deux immenses escaliers qui conduisent à une large esplanade pratiquée au-devant de la rotonde, et de là à un second terre-plein pratiqué au-dessous de l'esplanade.

L'esplanade prend dans son milieu une forme circulaire; elle règne sur toute la largeur du tableau. Il en est de même du terre-plein, au dessous d'elle. Le terre-plein est fermé par des bornes enchaînées. Au bas de la partie circulaire de l'esplanade, au niveau du terre-plein, il y a une espèce d'enfoncement ou de grotte. Du terre-plein on descend par quelques marches à la mer ou au port, dont la forme est un carré oblong. Les deux côtés longs de cet espace forment les deux grèves du port, qui s'étendent depuis le bas des deux grands escaliers jusqu'au bord de la toile. Ces grèves sont comme deux grands parallélogrammes. On y voit des commerçants debout, assis, des ballots, des marchandises. A gauche, il y a, parallèlement au côté de la grève et du port, une façade de palais. Ce n'est pas tout; l'artiste a élevé, à chaque extrémité de l'esplanade, deux grands obélisques. On voit aussi ramper circulairement, contre la face extérieure de cette esplanade, un petit escalier étroit, dont les marches, contiguës aux marches du grand escalier, sont beaucoup plus élevées, et forment un parapet singulier pour les allants et les venants, qui peuvent descendre et remonter sans gêner la liberté des grands escaliers.

Ce morceau est très-beau; il est plein de grandeur et de majesté; on l'admire, mais on n'en est pas plus ému; il ne fait point rêver; ce n'est qu'une vue rare où tout est grand, mais symétrique. Supposez un plan vertical qui coupe par leur milieu la rotonde et le port, les deux portions qui seront de droite et de gauche de ce plan montreront les mêmes objets répétés. Il y a plus de poésie, plus d'accidents, je ne dis pas dans une chaumière, mais dans un seul arbre qui a souffert des années et des saisons, que dans toute la façade d'un palais. Il faut ruiner un palais pour en faire un objet d'intérêt. Tant il est vrai que, quel que soit le faire, point de vraie beauté sans l'idéal. La beauté de l'idéal frappe tous les hommes; la beauté du faire n'arrête que le connaisseur. Si elle le fait rêver, c'est sur l'art et l'artiste, et non sur la chose. Il reste toujours hors de la scène; il n'y entre jamais. La véritable éloquence est celle qu'on oublie. Si je m'aperçois que vous êtes éloquent, vous ne l'êtes pas assez. Il y a entre le mérite du faire et le mérite de l'idéal, la différence de ce qui attache les yeux et de ce qui attache l'ame.

ÉCURIE ET MAGASIN A FOIN, PEINTS D'APRÈS NATURE, A ROME.

Tableau de deux pieds deux pouces de haut, sur un pied trois pouces de large.

Il est presque impossible de faire concevoir cette composition, et tout aussi malaisé d'en transmettre l'impression.

A gauche, c'est une voûte éclairée dans sa partie supérieure, par une lumière qui vient d'arcades soutenues sur des colonnes et chapiteaux corinthiens.

La hauteur de cette voûte est coupée en deux; l'une éclairée et l'autre obscure.

La partie éclairée et supérieure est un grenier à foin, sur lequel on voit force bottes de paille et de foin, avec de jeunes paysans et de jeunes paysannes occupés à les ranger. Par derrière ces travailleurs, des fourches, une échelle renversée, et autres instruments, moitié enfoncés, moitié sortant de la paille et du foin. Unc autre échelle dressée porte, par son pied, sur le devant du grenier, et par son extrémité supérieure, contre une poutre qui fait la corde de l'arc de la voûte. A cette poutre ou linteau, il y a une poulie avec sa corde et son crochet à monter la paille et le foin.

C'est donc toute la partie concave de l'édifice qui forme le grenier à foin; et c'est le reste qui forme l'écurie.

L'écurie, ou toute la portion de l'édifice, depuis le linteau qui forme la corde de l'arc de la voûte jusqu'au rez-de-chaussée, est obscure, ou dans la demi-teinte.

Il y a, au côté droit, une forte fabrique de charpente à claire-voie. C'est une espèce de fermeture commune à l'écurie et à une partie du grenier à foin. Cette fermeture est entr'ouverte.

A droite, du côté où la fermeture s'entr'ouvre, en dehors, un peu en deçà sur le devant, on voit deux paysans avec leurs chiens. Ils reviennent des champs. Un de leurs bœufs est tombé de lassitude. La charrue qui le masque n'en laisse voir que la tête et les cornes.

Dans l'écurie, les objets communs d'un pareil local, jetés pêle-mêle, très-pittoresquement; dégradation de lumière si parfaite; obscurité où tout se sépare, se discerne, se fait valoir. Ce n'est pas le jour, c'est la nuit qui circule entre les choses. Il y a, à l'entrée de l'écurie, deux chevaux de selle, avec un palefrenier.

Plus, vers la gauche, c'est une voiture, attelée d'un cheval, chargée de nouvelles bottes de paille ou de foin, et couverte d'une grande toile. A côté de la voiture, son conducteur.

Une autre fabrique, faisant angle en retour avec la précédente, montre une seconde arcade, seulement fermée par en bas par un fort assemblage de charpente à claire-voie. Au dedans de cette arcade, assez de lumière pour discerner de grandes ruines. On découvre, au mur latéral gauche, une statue colossale dans une niche. Proche du pied droit de cette arcade, à terre, tout-à-fait à gauche, sur le devant, autour d'une paysanne accroupie, l'artiste a dispersé des paniers, des cruches, une cage à poulets.

Voilà un tableau du faire le plus facile et le plus vrai. C'est une variété infinie d'objets pittoresques, sans confusion; c'est une harmonie qui enchante; c'est un mélange sublime de grandeur, d'opulence et de pauvreté; les objets agrestes de la chaumière entre les débris d'un palais! le temple de Jupiter, la demeure d'Auguste, transformée en écurie, en grenier à foin! L'endroit où l'on décidait du sort des nations et des rois, où des courtisans venaient en tremblant étudier le visage de leur maître, où trois brigands, peut-être, échangèrent entre eux les têtes de leurs amis, de leur père, de leur mère, contre les têtes de leurs ennemis. Qu'est-ce à présent? Une auberge de campagne, une ferme.

. . . . . *Quantum est in rebus inane!* (1)

Ce morceau est, ou je suis bien trompé, un des meilleurs de l'artiste. La lumière du grenier à foin est ménagée de manière à ne point trancher avec l'obscurité forte de l'écurie; et l'arcade latérale n'est ni aussi éclairée que le grenier, ni aussi sombre que le reste. Il y a un grand art, une merveilleuse intelligence de clair-obscur. Mais ce qui achève de confondre, c'est d'apprendre que ce tableau a été fait en une demi-journée. Regardez bien cela, M. Machy; et brisez vos pinceaux.

Un jour que je considérais ce tableau, la lumière du soleil couchant venant à l'éclairer subitement par derrière, je vis toute la partie supérieure du grenier à foin teinte de feu; effet très-

(1) A. PERSII FLACCI. *Sat.* I, v. 1. ÉDITS.

piquant, que l'artiste aurait certainement essayé d'imiter, s'il en avait été témoin. C'était comme le reflet d'un grand incendie voisin, dont tout l'édifice était menacé. Je dois ajouter que cette lueur rougeâtre se mêlait si parfaitement avec les lumières, les ombres et les objets du tableau, que je demeurai persuadé qu'elle en était, jusqu'à ce que le soleil venant à descendre sous l'horizon, l'effet disparut.

CUISINE ITALIENNE.

Tableau de deux pieds un pouce de large, sur quinze pouces de haut.

C'est une observation assez générale, qu'on devient rarement grand écrivain, grand littérateur, homme d'un grand goût, sans avoir fait connaissance étroite avec les Anciens. Il y a dans Homère et Moïse une simplicité, dont il faut peut-être dire ce que Cicéron disait du retour de Régulus à Carthage : *Laus temporum, non hominis*. C'est plus l'effet encore des moeurs que du génie. Des peuples avec ces usages, ces vêtements, ces cérémonies, ces lois, ces coutumes, ne pouvaient guère avoir un autre ton. Mais il y est, ce ton qu'on n'imagine pas; et il faut l'aller puiser là, pour le transporter à nos temps, qui, très-corrompus, ou plutôt très-maniérés, n'en aiment pas moins la simplicité. Il faut parler des choses modernes à l'antique.

Pareillement, il est rare qu'un artiste excelle,

sans avoir vu l'Italie ; et une observation qui n'est guère moins générale que la première, c'est que les plus belles compositions des peintres, les plus rares morceaux des statuaires, les plus simples, les mieux dessinés, du plus beau caractère, de la couleur la plus vigoureuse et la plus sévère, ont été faits à Rome, ou au retour de Rome.

Prétendre, avec quelques-uns, que c'est l'influence d'un plus beau ciel, d'une plus belle lumière, d'une plus belle nature, c'est oublier que ce que je dis, c'est en général, sans en excepter les bambochades, les tableaux de nuit et les temps de brouillards et d'orages.

Le phénomène s'explique beaucoup mieux, ce me semble, par l'inspiration des grands modèles, toujours présents en Italie. Là, quelque part que vous alliez, vous trouvez sur votre chemin Michel-Ange, Raphaël, le Guide, le Titien, le Corrége, le Dominiquin, ou quelqu'un de la famille des Carraches. Voilà les maîtres, dont on reçoit des leçons continuelles ; et ce sont de grands maîtres. Le Brun perdit sa couleur en moins de trois ans. Peut-être faudrait-il exiger des jeunes artistes un plus long séjour à Rome, afin de donner le temps au bon goût de se fixer à demeure. La langue d'un enfant, qui fait un voyage de province, se corrompt au bout de quelques semaines. Voltaire, relégué sur les bords du lac de Genève, y conserve toute la pureté, toute la force, toute l'élégance, toute la délicatesse de la sienne. Précautionnons donc nos artistes par un long séjour, par une habitude si invétérée, qu'ils ne puissent s'en départir contre l'absence des grands modèles, la privation des grands monuments, l'influence de nos petits usages, de nos petites mœurs, de nos petits mannequins nationaux. Si tout concourt à perfectionner, tout concourt à corrompre. Vatteau fit bien de rester à Paris. Vernet ferait bien d'habiter les bords de la mer; Loutherbourg de fréquenter les campagnes. Mais que Boucher et Baudouin son gendre ne quittent point le quartier du Palais-Royal. Je serai bien surpris, si les ruines prochaines de Robert conservent le même caractère. Ce Boucher, que je viens de renfermer dans nos ruelles et chez les courtisanes, a fait, au retour de Rome, des tableaux qu'il faut voir, ainsi que les dessins qu'il a composés, lorsqu'il est revenu, de caprice, à son premier style, qu'il a pris en dédain, et tout cela à la porte d'une cuisine.

Entrons dans cette cuisine; mais laissons d'abord monter ou descendre cette servante qui nous tourne le dos, et faisons place à ce bambin qui la suit avec peine; car ces degrés, de grosses pierres brutes, sont bien hauts pour lui. S'il tombe, voilà à sa gauche une petite barricade de bois qui sert de rampe, et qui l'empêchera de se blesser. Du bas de cette porte, je vois que cet endroit est carré, et que, pour en montrer l'intérieur, on a abattu le mur de la gauche. Je marche sur les débris de ce mur, et j'avance. Il vient, de l'entrée par laquelle nous sommes descendus, un jour faible qui éclaire quelque pièce adjacente. Tout ce côté, à cela près, est dans la demi-teinte. Au-dessus de cette entrée, il y a un bout de planche soutenu par des goussets, et sur cette planche des pots ventrus de différente capacité. Le reste de ce mur est nu. Au milieu de celui du fond, c'est la cheminée. Au côté droit de la cheminée, une espèce de banquette ou de coussin sert d'appui à deux enfants grandelets couchés sur le ventre, les coudes posés sur le coussin, le dos tourné au spectateur, le visage au foyer, et les pieds de l'un posés sur la dernière marche de l'entrée. On a dressé contre l'extrémité gauche de la banquette ou du coussin quelques ustensiles de cuisine. Trois marmites de terre de différentes grandeurs sont au fond de l'âtre. La plus grande, bouchée de son couvercle, soutenue sur un trépied, occupe l'angle gauche. C'est sous celle-ci que le gros brâsier est ramassé. Les deux autres sont sur des cendres, et chauffent plus doucement. Proche du même coin de la cheminée, assise sur un billot, la vieille cuisinière est devant son feu. Il y a, entre elle et le mur du fond, un enfant debout. La hotte ou le manteau de la cheminée fait saillie sur le mur. Il fume dans cette cuisine; cela est du moins à présumer à une grande couverture de laine jetée sur le rebord de la cheminée. Cette couverture, relevée vers la gauche, laisse de ce côté tout le fond de l'âtre découvert, et pend vers la droite. C'est un chandelier de cuivre garni de sa chandelle, avec une théière qui l'arrête sur le bord de la cheminée, au milieu de laquelle il y a un petit miroir; et aux pieds de la cuisinière, sur le devant, entre elle et les enfants qui se chauffent, on voit un plat de terre, avec des saveurs épluchées et rangées tout autour du plat. Au mur du fond, à gauche, à côté de la cheminée, à une assez grande hauteur, un enfoncement cintré, formant armoire, serre ou garde-manger, renferme des vaisseaux, des pots, du linge, des serviettes, dont un bout est pendant en dehors. Derrière la cuisine, sur le devant, un grand chien debout, maigre, hargneux, le nez presque en terre, de mauvaise humeur, la tête tournée et les yeux attachés vers l'angle antérieur du mur de la gauche, est tenté de chercher querelle à un chat dressé sur ses deux pates appuyées contre les bords d'un cuvier à anses percées, où l'animal cherche s'il n'y a rien à escamoter. Ce mur latéral gauche est ouvert proche du fond d'une grande porte ou fenêtre très-éclairée. C'est de là que la cuisine tire son jour. On a pratiqué au haut de cette porte une espèce de petite fenêtre vitrée.

L'effet général de ce petit tableau est charmant. Je me suis complu à le décrire, parce que je me complaisais à me le rappeler. La lumière y est distribuée d'une manière tout-à-fait piquante. Tout y est presque dans la demi-teinte, rien dans les ténèbres. On y discerne sans fatigue les objets, même le chat et le cuvier, qui, placés à l'angle antérieur du mur latéral gauche, sont au lieu le plus opposé à la lumière, le plus éloigné d'elle, et le plus sombre. Le jour fort qui vient de l'ouverture faite au même mur frappe le chien, le pavé, le dos de la cuisinière, l'enfant qui est debout proche d'elle, et la partie voisine de la cheminée. Mais le soleil étant encore assez élevé sur l'horizon, ce que l'on reconnaît à l'angle de ses rayons avec le pavé, tout en éclairant vivement la sphère d'objets compris dans la masse de sa lumière, laisse le reste dans une obscurité qui s'accroît à proportion de la distance de ce foyer lumineux. Cette pyramide de lumière, qui se discerne si bien dans tous les lieux qui ne sont éclairés que par elle, et qui semble comprise entre des ténèbres en-deçà et en-delà d'elle, est supérieurement imitée. On est dans l'ombre; on voit tout ombre autour de soi; puis l'œil, rencontrant la pyramide lumineuse où il discerne une infinité de corpuscules agités en tourbillons, la traverse, rentre dans l'ombre, et retrouve des corps ombrés. Comment cela se fait-il? car enfin la lumière n'est pas suspendue entre la toile et moi. Si elle tient à la toile, pourquoi cette toile n'est-elle pas éclairée ? Cette vieille cuisinière est tout-à-fait ragoûtante d'effet, de position et de vêtement. La lumière est large sur son dos. La servante, que nous avons trouvée sur les degrés de l'entrée, est on ne saurait plus naturelle et plus vraie ; c'est une des figures de ces anciens petits tableaux de Chardin. Ce grand chien n'est pas ami de la cuisinière ; car il est maigre. Tout est doux, facile, harmonieux, chaud et vigoureux dans ce tableau, que l'artiste paraît avoir exécuté en se jouant. Il a supposé le mur antérieur abattu, sans user de cette ouverture pour éclairer. Ainsi, tout le devant de sa composition est dans la demi-teinte. Il n'y a d'éclairé que l'espace étroit exposé à la porte percée vers le fond, à l'angle intérieur du mur latéral gauche. Ce morceau n'est pas fait pour arrêter le commun des spectateurs. Il faut à l'œil vulgaire quelque chose de plus fort et de plus ressenti. Ceci n'arrête que l'homme sensible au vrai talent; et l'esclave d'Horace mériterait les étrivières, lorsqu'il dit à son maître :

Vel cum Pausiaca torpes, insane, tabella,
Quî peccas minus atque ego, cum Fulvî, Rutubæque,
Aut Placideiani, contento poplite miror
Prælia, rubrica picta, aut carbone...... (1).

Lorsqu'un tableau de Pausias vous tient immobile et stupide d'admiration, êtes-vous moins in-

(1) HORAT. *Sermon.* lib. II, *Sat.* VII, v. 95, *et seq.* ÉDIT^s.

sensé que Dave, arrêté de surprise devant une enseigne barbouillée de sanguine ou de charbon, la lutte et le jarret tendu de Fulvius, de Rutuba ou de Placidejanus ?

Son maître peut lui répondre : Sot, tu admires une sottise, et cependant tu manques à ton devoir. Ce Dave est l'image de la multitude. Un mauvais tableau de famille la tient bouche béante; elle passe devant un chef-d'œuvre, à moins que l'étendue ne l'arrête. En peinture comme en littérature, les enfants, et il y en a beaucoup, préféreront la Barbe-bleue à Virgile, Richard-sans-peur à Tacite. Il faut apprendre à lire et à voir. Des sauvages se précipitèrent sur la proue d'un vaisseau, et furent bien surpris de ne trouver sous leurs mains qu'une surface plate, au lieu d'une gorge bien ronde et bien ferme. Des barbares, avec autant d'ignorance et plus de prétentions, prirent pour le statuaire le manœuvre qui dégrossissait un bloc à l'aide du cadre et des à-plombs.

ESQUISSES.

Pourquoi une belle esquisse nous plaît-elle plus qu'un beau tableau ? c'est qu'il y a plus de vie et moins de formes. A mesure qu'on introduit les formes, la vie disparaît. Dans l'animal mort, objet hideux à la vue, les formes y sont, la vie n'y est plus. Dans les jeunes oiseaux, les petits chats, plusieurs autres animaux, les formes sont encore enveloppées, et il y a tout plein de vie. Aussi nous plaisent-ils beaucoup. Pourquoi un jeune élève, incapable même de faire un tableau médiocre, fait-il une esquisse merveilleuse? c'est que l'esquisse est l'ouvrage de la chaleur et du génie; et le tableau, l'ouvrage du travail, de la patience, des longues études, et d'une expérience consommée de l'art. Qui est-ce qui sait, ce que Nature même semble ignorer, introduire les formes de l'âge avancé, et conserver la vie de la jeunesse? Un conte vous fera mieux comprendre ce que je pense des esquisses, qu'un long tissu de subtilités métaphysiques. Si vous envoyez ces feuilles à des femmes qui n'aient pas les oreilles faites, avertissez-les d'arrêter là, ou de ne lire ce qui suit que quand elles seront seules.

M. de Buffon et M. le président de Brosses ne sont plus jeunes; mais ils l'ont été. Quand ils étaient jeunes, ils se mettaient à table de bonne heure, et ils y restaient long-temps. Ils aimaient le bon vin, et ils en buvaient beaucoup. Ils aimaient les femmes; et quand ils étaient ivres, ils allaient voir des filles. Un soir donc qu'ils étaient chez des filles, et dans le déshabillé d'un lieu de plaisir, le petit président, qui n'est guère plus grand qu'un Lilliputien, dévoila à leurs yeux un mérite si étonnant, si prodigieux, si inattendu, que toutes en jetèrent un cri d'admiration. Mais quand on a beaucoup admiré, on réfléchit. Une d'entre elles, après avoir fait en silence plusieurs fois le tour du merveilleux petit président, lui dit: Monsieur, voilà qui est beau, il en faut convenir; mais où est le cul qui poussera cela? Mon ami, si l'on vous présente un canevas de comédie ou de tragédie, faites quelques tours autour de l'homme; et dites-lui, comme la fille de joie au président de Brosses: Cela est beau, sans contredit; mais où est le cul? Si c'est un projet de finance, demandez toujours où est le cul? A une ébauche de roman, de harangue, où est le cul? A une esquisse de tableau, où est le cul? L'esquisse ne nous attache peut-être si fort, que parce qu'étant indéterminée, elle laisse plus de liberté à notre imagination, qui y voit tout ce qu'il lui plaît. C'est l'histoire des enfants qui regardent les nuées, et nous le sommes tous plus ou moins. C'est le cas de la musique vocale et de la musique instrumentale. Nous entendons ce que dit celle-là; nous faisons dire à celle-ci ce que nous voulons. Je crois que vous retrouverez, dans un de mes Salons précédents (1), cette comparaison plus détaillée, avec quelques réflexions sur l'expression plus ou moins vague des beaux-arts. Heureusement je ne sais plus ce que c'est, et je ne me répéterai pas. Mais, en revanche, je regrette beaucoup l'occasion qui se présente,

(1) Dans l'Essai sur la peinture à la suite du *Salon* de 1765.
ÉDIT^s^.

et que je manque bien malgré moi, de vous parler du temps où nous aimions le vin, et où les plus honnêtes gens ne rougissaient pas d'aller à la taverne. Voici, mon ami, des esquisses de tableaux et des esquisses de descriptions.

RUINES.

A gauche, sous les arcades d'une grande fabrique, marchandes d'herbes et de fruits. Au centre sur le fond, rotonde. En face, plus sur le devant, obélisque et fontaine. Autour d'un bassin, enceinte terminée par des bornes. Au dedans de l'enceinte, femmes qui puisent de l'eau. Au dehors, sur le devant, vers la droite, femmes qui font rôtir des marrons dans une poële, posée sur un fourneau très-élevé. Tout-à-fait à la gauche, autre grande fabrique, sous laquelle autres marchandes d'herbes et de fruits.

Pourquoi ne lit-on pas, en manière d'enseigne, au-dessus de ces marchandes d'herbes,

DIVO AUGUSTO, DIVO NERONI [1] ?

Pourquoi n'avoir pas gravé sur cet obélisque?

JOVI SERVATORI, QUOD FELICITER PERICULUM EVASERIT, SYLLA [2];

ou

TRIGESIES CENTENIS MILLIBUS HOMINUM CÆSIS, POMPEIUS [3].

Cette dernière inscription réveillerait en moi

[1] Au divin Auguste, au divin Néron.

[2] A Jupiter conservateur, qui l'a préservé du danger, Sylla.

[3] Après avoir égorgé trois millions d'hommes, Pompée.

l'horreur que je dois à un monstre qui se fait gloire d'avoir égorgé trois millions d'hommes. Ces ruines me parleraient. La précédente me rappellerait l'adresse d'un fripon qui, après avoir ensanglanté toutes les familles de Rome, se met à l'abri de la vengeance sous le bouclier de Jupiter. Je m'entretiendrais de la vanité des choses de ce monde, si je lisais au-dessus de la tête d'une marchande d'herbes, *au divin Auguste, au divin Néron*, et de la bassesse des hommes qui ont pu diviniser un lâche proscripteur, un tigre couronné.

Voyez le beau champ ouvert aux peintres de ruines, s'ils s'avisaient d'avoir des idées, et de sentir la liaison de leur genre avec la connaissance de l'histoire! Quel édifice nous attache autant, au milieu des superbes ruines d'Athènes, que le petit temple de Démosthènes?

Cela est gris, faible, et d'un effet commun; mais peint, il faudrait voir ce que cela deviendrait; et qui le sait?

Voilà une description fort simple, une composition qui ne l'est pas moins, et dont il est toutefois très-difficile de se faire une juste idée, sans l'avoir vue. Malgré l'attention de ne rien prononcer, d'être court et vague, d'après ce que j'ai dit, vingt artistes feraient vingt tableaux où l'on trouverait les objets que j'ai indiqués, et à peu près aux places que je leur ai marquées, sans se ressembler entre eux, ni à l'esquisse de Robert.

Qu'on l'essaie, et que l'on convienne de la nécessité d'un croquis. Le plus informe dira mieux et vite, du moins sur l'ordonnance générale, que la description la plus rigoureuse et la plus soignée.

RUINE D'ESCALIER.

Cet escalier descend de droite à gauche. Vers le milieu de sa hauteur, deux petites figures; mère assise, avec son enfant devant elle. A gauche, vieux vase sur son piédestal; quartiers de pierres informes dispersées, et autres accessoires. Pareils accessoires de l'autre côté.

Cela est chaud, mais dur et cru. Figures bien disposées; mais si croquées, qu'on a peine à les discerner.

INTÉRIEUR D'UN LIEU SOUTERRAIN, D'UNE CAVERNE ÉCLAIRÉE PAR UNE PETITE FENÊTRE GRILLÉE, PLACÉE AU FOND DU TABLEAU, AU CENTRE DE LA COMPOSITION QU'ELLE ÉCLAIRE.

Au bas de la caverne, sous un des pans, à l'angle droit, à ras de terre, petit enfoncement où les habitants du triste domicile ont allumé du feu, et font la cuisine. Au pan opposé, à gauche, vers le milieu de la hauteur, espèce de cellier où l'on voit des tonneaux, une échelle, quelques figures. Du même côté, un peu vers la gauche, sous la concavité du souterrain, une fontaine attachée au mur, avec sa cuvette. Entre ces deux pans de mur, escalier qui descend du fond sur le devant, et qui occupe tout cet espace. Au-dessus de cet escalier, sur la plate-forme, une foule de petites figures si barbouillées qu'on ne sait ce que c'est, quoiqu'elles soient frappées directement de la lumière de la fenêtre grillée, qui est presque de niveau avec la plate-forme et les figures.

Si l'on n'exige, dans ces sortes de compositions, que les effets de la perspective et de la lumière, on sera toujours plus ou moins content de Robert. Mais, de bonne foi, que font ces figures-là? Est-ce là une scène souterraine? J'aimerais bien mieux y voir la joie infernale d'une troupe de Bohémiens; le repaire de quelques voleurs; le spectacle de la misère d'une famille paysanne; les attributs et la personne d'une prétendue sorcière; quelque aventure de *Cléveland* (1), ou de l'Ancien Testament; l'asyle de quelque illustre malheureux persécuté; l'homme qui jette à sa femme et à ses enfants affamés le pain qu'il s'est procuré par un forfait; l'histoire de la *Bergère des Alpes* (2); des enfants qui viennent pleurer sur la cendre de leurs pères: un hermite en oraison; quelque scène de tendresse. Que sais-je!

RUINES.

A gauche, colonnade avec une arcade qui éclaire

(1) Roman de l'abbé Prévost. ÉDIT[s].

(2) Conte de Marmontel. ÉDIT[s].

le fond obscur et voûté de la ruine. Au-delà de l'arcade, grand escalier dégradé. Sur cet escalier, et autour de la colonnade, petits groupes de figures qui vont et viennent. Ce n'est rien que cela. L'intéressant, j'ai presque dit le merveilleux, c'est que, le corps lumineux étant supposé au-delà de la toile, dans une direction tout-à-fait oblique à l'arcade, cette arcade ne laisse passer, dans l'intérieur de la ruine, qu'un rideau mince de clarté; c'est que ce rideau est comme tendu entre des ténèbres qui lui sont antérieures, et des ténèbres qui lui sont postérieures; c'est que l'éclat de ce rideau n'ôte point à celles-ci leur obscurité. Comment montre-t-on de la lumière à travers une vapeur obscure? Comment cette lumière, peinte sur la même surface que le fond, ce fond n'est-il pas éclairé? Comment ces ténèbres, peintes sur la même surface que le fond, ce fond n'est-il pas obscur? Par quelle magie fait-on passer ma vue successivement par une épaisseur de ténèbres, une pellicule de lumière, où je vois voltiger des atomes, et une seconde épaisseur de ténèbres? Je n'y entends rien; et il faut convenir que si la chose n'était pas faite, on la jugerait impossible. Cela se conçoit en nature; mais le conçoit-on dans l'art? Et ce n'est pas à des sauvages que je m'adresse, mais à des hommes éclairés.

PARTIE D'UN TEMPLE.

A droite, un des côtés de cette fabrique, où l'on voit un suisse près d'une porte grillée; sur le devant, une chaise de paille; plus sur le devant encore et vers la gauche, une dévote qui s'en va vers la grille; contre un grand mur nu, obscur et formant une portion du fond attenant à une arcade cintrée au pied de laquelle règne une balustrade, trois moines blancs assis; puis l'arcade cintrée d'où vient la lumière. Il y a sans doute au-dessous de la balustrade une grande profondeur, et ce local doit être une portion de ces péristyles élevés sur les bas côtés d'une église. Contre la balustrade et aux environs, quelques figures, parmi lesquelles une qui regarde en bas. Au-delà de l'arcade qui éclaire de la manière la plus douce, et dont la lumière est faible, pâle, comme celle qui a traversé des vitres, autre portion de mur nu et obscur, où l'on voit debout quelques moines noirs. Cela est tout-à-fait piquant, et d'un effet qu'on reconnaît sur-le-champ. On s'oublie devant ce morceau. C'est la plus forte magie de l'art. Ce n'est plus au Salon ou dans un atelier qu'on est; c'est dans une église, sous une voûte; il règne là un calme, un silence qui touche, une fraîcheur délicieuse. C'est bien dommage que les petites figures ne répondent pas à la perfection du reste. Ces moines blancs et noirs, cette dévote, sont des magots raides comme ceux qu'on étale à la foire Saint-Ovide. C'est ce suisse surtout qu'il faut voir avec sa hallebarde ; c'est précisément comme ceux qu'on me donnait un jour de l'an, quand j'étais petit. M. Robert, votre talent est assez rare, pour que vous y ajoutiez la perfection des figures ; et quand vous les saurez dessiner facilement, savez-vous ce qui en résultera ? C'est que votre imagination n'étant plus captivée par cet obstacle, elle vous suggérera une infinité de scènes intéressantes. Vous ne ferez plus des figures, pour faire des figures : vous ferez des figures, pour rendre des actions et des incidents. Vernet distribue aussi des figures dans ses compositions ; mais indépendamment de l'art qui les exigeait et de la place qu'il leur donne, voyez comme il les emploie.

AUTRES RUINES.

Grande fabrique occupant la droite, la gauche et le fond de l'esquisse. C'est un palais, ou plutôt c'en fut un. La dégradation est si avancée, qu'on discerne à peine des vestiges de chapiteaux, de frontons et d'entablements. Le temps a réduit en poudre la demeure d'un de ces maîtres du monde ; d'une de ces bêtes farouches, qui dévoraient les rois qui dévorent les hommes. Sous ces arcades qu'ils ont élevées, et où un Verrès déposait les dépouilles des nations, habitent à présent des marchands d'herbes, des chevaux, des bœufs, des animaux; et dans ces lieux, dont les hommes se sont éloignés, ce sont des tigres, des serpents, d'autres voleurs. Contre cette façade, ici c'est un hangar dont le toit s'avance en pente sur le devant; c'est une fabrique pareille à ces sales remises appuyées aux superbes murs du Louvre. Des paysans y ont renfermé les instruments de leur métier. On voit à droite des charrettes, un tas de fumier; à gauche, des cavaliers à pied qui font ferrer leurs chevaux, un maréchal agenouillé qui ferre, un de ses compagnons qui tient le pied du cheval, un des valets des cavaliers qui le contient par la bride.

Une autre chose qui ajouterait encore à l'effet des ruines, c'est une forte image de la vicissitude. Eh bien! ces puissants de la terre, qui croyaient bâtir pour l'éternité, qui se sont fait de si superbes demeures, et qui les destinaient dans leurs folles pensées à une suite ininterrompue de descendants, héritiers de leurs noms, de leurs titres et de leur opulence, il ne reste de leurs travaux, de leurs énormes dépenses, de leurs grandes vues que des débris qui servent d'asyle à la partie la plus indigente, la plus malheureuse de l'espèce humaine, plus utiles en ruines qu'ils ne le furent dans leur première splendeur.

Peintres de ruines, si vous conservez un fragment de bas-relief, qu'il soit du plus beau travail, et qu'il représente toujours quelque action intéressante d'une date fort antérieure aux temps florissants de la citée ruinée. Vous produirez ainsi deux effets ; vous me ramènerez d'autant plus loin dans l'enfoncement des temps, et vous m'inspirerez d'autant plus de vénération et de regret pour un peuple qui avait possédé les beaux-arts à un si haut degré de perfection. Si vous brisez la partie supérieure d'une statue, que les jambes et les pieds qui en resteront sur la base, soient du plus beau ciseau et du plus grand goût de dessin. Que ce buste poudreux que vous me montrez à demi enfoncé dans la terre, parmi des ronces, ait un grand caractère, soit l'image d'un personnage fameux. Que votre architecture soit riche, et que les ornements en soient purs. Que la partie subsistante ne donne pas une idée commune du tout. Agrandissez la ruine, et avec elle la nation qui n'est plus.

Parcourez toute la terre, mais que je sache toujours où vous êtes ; en Grèce, en Égypte, à Alexandrie, à Rome. Embrassez tous les temps ; mais que je ne puisse ignorer la date du monument. Montrez-moi tous les genres d'architecture et toutes les sortes d'édifices ; mais avec quelques caractères qui spécifient les lieux, les mœurs, les temps, les usages et les personnes. Qu'en ce sens vos ruines soient encore savantes.

RUINES.

Ce morceau est d'un grand effet. Le bas consiste en un massif où l'on voit toutes les traces de la vétusté. Sur ce massif, était une fabrique dont les restes suffiraient à peine à un habile homme pour restituer l'édifice. Ce sont des tronçons de colonnes, des débris de fenêtres et de portes, des fragments de chapiteaux, des bouts d'entablements. Au pied du massif à droite, deux chevaux. Proche de ces chevaux, deux soldats qui devisent. Au centre du massif et de la composition, une grille, une herse de fer brisée, au cintre d'une espèce de voûte, sous laquelle une taverne et des gens à table. Tout-à-fait à gauche, au pied du massif, autres gens à table. Au haut des ruines qui subsistent encore sur le massif, un groupe d'hommes, de femmes et d'enfants. Que font-ils là? Comment y sont-ils arrivés? Ils sont de la plus grande sécurité, et le lieu qu'ils occupent est prêt à s'écrouler sous leurs pieds! S'il n'y avait là que des enfants, de jeunes fous; mais des pères, des mères, et des mères avec leurs enfants, des gens sensés entre ces masses entr'ouvertes, chancelantes, vermoulues! Ah! M. Robert, ces figures ne sont pas les seules; il y en a d'autres dont il est tout aussi difficile de se rendre compte. Cet homme n'a pas, je crois, beaucoup d'imagination. Ses accessoires sont sans intérêt; il prépare bien le lieu; mais il ne trouve pas le sujet de la scène. Comme ses figures ne lui coûtent guère, il n'en est pas économe; il ne sait pas combien le grand effet en demande peu. Le prêtre d'Apollon s'en allait triste et pensif le long des bords arides et solitaires de la mer, qui faisait grand bruit (1). Elevez de l'autre côté des rochers; et voilà un tableau.

C'est la fureur des enfants de gravir. Que le peintre de ruines m'en montre un accroché à une grande hauteur, dans un endroit très-périlleux; et qu'il en place deux autres au bas qui le regardent tranquillement. Mais s'il ose faire survenir la mère, et lui montrer son fils prêt à tomber et à se briser à ses pieds, qu'il le fasse. Et pourquoi dans un autre morceau, n'en verrais-je pas un qu'on reporte à ses parents? C'est que, pour animer des ruines par de semblables incidents, il faudrait un peintre d'histoire.

ESQUISSE COLORIÉE D'APRÈS NATURE, A ROME.

On voit à gauche un mur nu. Contre ce mur une espèce d'auvent en cintre; sous cet auvent une fontaine; au-dessous de la fontaine une auge ronde; debout, contre l'auge, un petit paysan; à

(1) C'est la traduction de ce beau vers d'Homère:

Βῆ δ'ἀκέων παρὰ θῖνα πολυφλοίσβοιο θαλάσσης.

Iliad. chant 1, vers 34. ÉDIT^s.

quelque distance de là, vers la droite, mais à peu près sur un même plan, un homme debout, une femme accroupie.

Pauvre de composition, sans effet; les deux figures mauvaises; cela n'a pas coûté une matinée à l'artiste, car il fait vite : il valait mieux y mettre plus de temps, et faire bien. Il faut que Chardin soit ami de Robert. Il a rassemblé autant qu'il a pu, dans un même endroit, les morceaux dont il faisait cas; il a dispersé les autres. Il a tué Machy par la main de Robert. Celui-ci nous a fait voir comment des ruines devaient être peintes, et comme Machy ne les peignait pas.

Au sortir des esquisses de Robert, encore un petit mot sur les esquisses. Quatre lignes perpendiculaires, et voilà quatre belles colonnes, et de la plus magnifique proportion. Un triangle joignant le sommet de ces colonnes, et voilà un beau fronton; et le tout est un morceau d'architecture élégant et noble; les vraies proportions sont données, l'imagination fait le reste. Deux traits informes élancés en avant, et voilà deux bras; deux autres traits informes, et voilà deux jambes; deux endroits pochés au dedans d'un ovale, et voilà deux yeux; un ovale mal terminé, et voilà une tête; et voilà une figure qui s'agite, qui court, qui regarde, qui crie. Le mouvement, l'action, la passion même sont indiqués par quelques traits caractéristiques; et mon imagination fait le reste. Je suis inspiré par le souffle divin de l'artiste.

. . . . . *Agnosco veteris vestigia flammæ* (1).

C'est un mot qui réveille en moi une grande pensée. Dans les transports violents de la passion, l'homme supprime les liaisons, commence une phrase sans la finir, laisse échapper un mot, pousse un cri, et se tait. Cependant j'ai tout entendu. C'est l'esquisse d'un discours. La passion ne fait que des esquisses. Que fait donc un poète qui finit tout? Il tourne le dos à la nature. — Mais Racine? — Racine! à ce nom, je me prosterne, et je me tais. — Il y a un technique traditionnel, auquel l'homme de génie se conforme. Ce n'est plus d'après la nature, c'est d'après ce technique qu'on le juge. Aussitôt qu'on s'est accommodé d'un certain style figuré, d'une certaine langue qu'on appelle poétique; aussitôt qu'on a fait parler des hommes en vers, et en vers très-harmonieux; aussitôt qu'on s'est écarté de la vérité, qui sait où l'on s'arrêtera? Le grand homme n'est pas celui qui fait vrai, c'est celui qui sait le mieux concilier le mensonge avec la vérité; c'est son succès qui fonde chez un peuple un système dramatique, qui se perpétue par quelques grands traits de Nature, jusqu'à ce qu'un philosophe, poète, dépèce l'hippogryphe, et tente de

(1) VIRGIL. *Æneid.* lib. IV, vers. 23. ÉDIT^s.

ramener ses contemporains à un meilleur goût. C'est alors que les critiques, les petits esprits, les admirateurs du temps passé, jettent les hauts cris, et prétendent que tout est perdu.

DESSIN DE RUINE.

Très-beau dessin; excellente préparation à un grand tableau. A droite, grande fabrique s'enfonçant bien dans la composition; porte pratiquée à cette fabrique; elle est entr'ouverte; et l'on voit au-delà, hors de la fabrique, une laitière, son pot au lait sur la tête, qui passe et qui regarde. En dedans, près cette porte, chien couché à terre. On peut diviser la hauteur de la fabrique en trois étages. Le rez-de-chaussée est un réduit de blanchisseuses. On y coule la lessive; les cuviers sont voisins du feu. Vers la gauche, une servante récure des ustensiles de ménage. Autour d'elle, une femme avec ses enfants; et une autre servante accroupie, et récurant aussi. Par derrière ce groupe de figures, un très-grand vaisseau de bois. Sur un plancher, au-dessus du rez-de-chaussée, des tonneaux entassés les uns sur les autres, avec des intruments de campagne. L'étage supérieur est un grenier à foin. Ce grenier est à moitié plein. Sur les tas de foin, au haut, à droite, de jeunes filles et de jeunes garçons s'occupant à l'arranger; autour d'eux une cage à poulets renversée, un bout d'échelle à demi enfoncée dans le foin; au-dessus de leur tête, sous la toiture, une fabrique en bois, une espèce de potence tournant sur son pivot, avec sa poulie, sa corde et son crochet.

Dans ce grand nombre de morceaux de Robert, il y en a, comme vous voyez, qui méritent d'être distingués. Estimez surtout *les Ruines de l'arc de triomphe; la Cuisine italienne; l'Écurie et le Magasin à foin; la grande Galerie antique éclairée, et la Cour du Palais romain qu'on inonde.* Ces deux derniers sont du plus grand maître. Les trois lumières, dont l'une vient du devant, l'autre du fond, et la troisième descend d'en haut, font à celui-ci un effet aussi neuf que piquant et hardi. *Le port de Rome* est beau; mais il y a moins de génie. Machy n'est qu'un bon peintre. Robert en est un excellent. Toutes les ruines de Machy sont modernes. Celles de Robert, à travers leurs débris rongés par le temps, conservent un caractère de grandeur et de magnificence qui m'en impose. Machy est dur, sec, monotone; Robert est moelleux, doux, facile, harmonieux. Machy copie bien ce qu'il a vu. Robert copie avec goût, verve et chaleur. Je vois Machy, la règle à la main, tirant les canelures de ses colonnes. Robert a jeté tous ces instruments-là par la fenêtre, et n'a gardé que son pinceau. Le morceau, où par le dessus d'un pont de bois on voit sur le fond un autre pont, ne lassera jamais celui qui le possède.

MADAME THERBOUCHE.

113. UN HOMME, LE VERRE A LA MAIN, ÉCLAIRÉ D'UNE BOUGIE.

Tableau de nuit. Morceau de réception. De trois pieds six pouces de haut, sur trois pieds de large.

C'est un gros réjoui, assis devant une table, le verre à la main. Il est éclairé par une bougie, dont il reçoit toute la lumière. Il y a sur la table un garde-vue, interposé entre le spectateur et ce personnage. Aussi, tout ce qui est en deçà du garde-vue est dans la demi-teinte. On voit autour de ce garde-vue, sur la partie non éclairée de la table, une brochure, et une tabatière ouverte.

Cela est vide et sec, dur et rouge. Cette lumière n'est pas celle d'une bougie. C'est le reflet briqueté d'un grand incendie. Rien de ce velouté noir, de ce doux, de ce faible harmonieux des lumières artificielles. Point de vapeur entre le corps lumineux et les objets; aucun de ces passages, point de ces demi-teintes si légères, qui se multiplient à l'infini dans les tableaux de nuit, et dont les tons, imperceptiblement variés, sont si difficiles à rendre. Il faut qu'ils y soient et qu'ils n'y soient pas. Ces chairs, ces étoffes n'ont rien retenu de leur couleur naturelle. Elles étaient rouges, avant que d'être éclairées. Je ne sens rien là de ces ténèbres visibles avec lesquelles la lumière se mêle, et qu'elle rend presque lumineuses. Les plis de ce vêtement sont anguleux, petits et raides. Je n'ignore pas la cause de ce défaut, c'est qu'elle a drapé sa figure comme pour être peinte de jour. Cela n'est pourtant pas sans mérite pour une femme. Les trois quarts des artistes de l'académie n'en feraient pas autant. Elle est autodidacte (1); et son faire, tout-à-fait heurté et mâle, le montre bien. Celle-ci a eu le courage d'appeler la nature, et de la regarder. Elle s'est dit à elle-même : je veux peindre; et elle se l'est bien dit. Elle a pris des notions justes de la pudeur. Elle s'est placée intrépidement devant le modèle nu. Elle n'a pas cru que le vice eût le privilège exclusif de déshabiller un homme. Elle a la fureur du métier. Elle est si sensible au jugement qu'on porte de ses ouvrages, qu'un grand succès la rendrait folle, ou la ferait mourir de plaisir. C'est un enfant. Ce n'est pas le talent qui lui a manqué, pour faire la sensation la plus forte dans ce pays-ci; elle en avait de reste. C'est la jeunesse, c'est la beauté, c'est la modestie, c'est la coquetterie. Il fallait s'extasier sur le mérite de nos grands artistes; prendre de leurs leçons, avoir des tétons et des fesses, et les leur abandonner. Elle arrive. Elle présente à l'académie un premier tableau de nuit assez vigoureux. Les artistes ne sont

(1) Elle s'instruit elle-même; de αὐτὸς, *soi-même*; et διδάσκω, *j'enseigne*. Édit[s].

pas polis. On lui demande grossièrement s'il est d'elle. Elle répond que oui. Un mauvais plaisant ajoute : et de votre teinturier? On lui explique ce mot de la farce de Patelin (1), qu'elle ne connaissait pas. Elle se pique. Elle peint celui-ci, qui vaut mieux; et on la reçoit.

Cette femme pense qu'il faut imiter scrupuleusement la nature; et je ne doute point que, si son imitation était rigoureuse et forte, et sa nature d'un bon choix, cette servitude même ne donnât à son ouvrage un caractère de vérité et d'originalité peu commun. Il n'y a point de milieu : quand on s'en tient à la nature telle qu'elle se présente, qu'on la prend avec ses beautés et ses défauts, et qu'on dédaigne les règles de convention, pour s'assujétir à un système, où, sous peine d'être ridicule et choquant, il faut que la nécessité des difformités se fasse sentir, on est pauvre, mesquin, plat, ou l'on est sublime; et madame Therbouche n'est pas sublime.

Elle avait préparé, pour ce Salon, un *Jupiter métamorphosé en Pan, qui surprend Antiope endormie.* Je vis ce tableau, lorsqu'il était presque fini. L'Antiope, à droite, était couchée toute nue, la jambe et la cuisse gauche repliées, la jambe et la cuisse droite étendues. La figure était ensemble et de chair; et c'est quelque chose que d'avoir

(1) Dans *l'Avocat-Patelin,* comédie de Bruéys, acte I, scène VI. ÉDIT^s^.

mis une grande figure de femme nue ensemble ; c'est quelque chose que d'avoir fait de la chair. J'en connais plus d'un, bien fier de son talent, qui n'en ferait pas autant. Mais il était évident, à son cou, à ses doigts courts, à ses jambes grêles, à ses pieds, dont les orteils étaient difformes, à son caractère ignoble, à une infinité d'autres défauts, qu'elle avait été peinte d'après sa femme de chambre ou la servante de l'auberge. La tête ne serait pas mal, si elle n'était pas vile. Les bras, les cuisses, les jambes, sont de chair ; mais de chairs si molles, si flasques; mais si flasques, mais si molles, qu'à la place de Jupiter j'aurais regretté les frais de la métamorphose. A côté de cette longue, longue et grêle Antiope, il y avait un gros ange joufflu, clignotant, souriant, bêtement fin, tout-à-fait à la manière de Coypel, avec toutes ses petites grimaces. Je lui observai que l'Amour était une de ces natures violentes, sveltes, despotes et méchantes; et que le sien me rappelait le poupard épais, bien fait, bien conditionné, de quelque fermier cossu. Cet Amour, prétendu caché dans la demi-teinte, levait précieusement un voile de gaze qui laissait Antiope exposée toute entière aux regards de Jupiter. Ce Jupiter satyre n'était qu'un vigoureux porte-faix à mine plate, dont elle avait allongé la barbe, fendu le pied, et hérissé la cuisse. Il avait de la passion ; mais c'était une vilaine, hideuse, lubrique, malhonnête et basse passion. Il s'extasiait, il admirait sottement, il souriait, il avait la convulsion, il se pourléchait. Je pris la liberté de lui dire que ce satyre était un satyre ordinaire, et non un Jupiter satyre; et qu'il me le fallait paillard et sacré. J'avais eu l'attention d'adoucir l'amertume de ma critique, en écartant de son chevalet quelques personnes qui l'entouraient. Seul avec elle, j'ajoutai que son Amour était monotone, faible de touche, mince au point de ressembler à une vessie soufflée, sans teintes, sans passages, sans nuances; que sa nymphe n'était qu'un tas ignoble de lys et de roses fondus ensemble, sans fermeté et sans consistance; et son satyre un bloc de brique bien rouge et bien cuite, sans souplesse et sans mouvement. C'était tête à tête que je lui débitais ces douceurs. Savez-vous ce qu'elle fit? elle appela les témoins que j'avais écartés, et leur rendit mes observations avec une intrépidité qui m'arracha, en faveur de son caractère, un éloge que je ne pouvais accorder à son ouvrage. Sa composition d'ailleurs était sans intérêt, sans invention, commune. Ce n'était pas plus l'aventure de Jupiter et d'Antiope, que celle d'une nymphe et d'un autre satyre. Je lui disais : Effacez-moi tout cela; mettez-moi cet Amour en l'air; qu'en emportant sur son dos le voile qui couvre la nymphe, il saisisse le satyre par la corne, et le pousse sur elle. Étendez-moi le front de ce satyre; raccourcissez ce visage niais ; recourbez ce nez ; étendez ces joues ; qu'à travers les traits qui déguisent le maître des dieux, je le reconnaisse. Ces idées ne lui déplurent point ; mais l'ouvrage était trop avancé pour en profiter. Elle l'envoya au comité, qui le refusa. Elle en tomba dans le désespoir. Elle se trouva mal. La fureur succéda à la défaillance ; elle poussa des cris ; elle s'arracha les cheveux ; elle se roula par terre ; elle tenait un couteau, incertaine si elle s'en frapperait ou son tableau. Elle fit grace à tous les deux. J'arrivai au milieu de cette scène ; elle embrassa mes genoux, me conjurant, au nom de Gellert, de Gessner, de Klopstock, et de tous mes confrères en Apollon tudesque, de la servir. Je le lui promis ; et, en effet, je vis Chardin, Cochin, Le Moyne, Vernet, Boucher, La Grénée : j'écrivis à d'autres ; mais tous me répondirent que le tableau était déshonnête, et j'entendis qu'ils le jugeaient mauvais. Si la Nymphe eût été belle, l'Amour charmant, le Satyre de grand caractère, elle en eût fait ce qu'on en pouvait faire de pis ou de mieux, que son tableau eût été admis, sauf à le retirer sur la réclamation publique. Car enfin n'avons-nous pas vu au Salon, il y a sept à huit ans, une femme toute nue étendue sur des oreillers, jambe deçà, jambe delà, offrant la tête la plus voluptueuse, le plus beau dos, les plus belles fesses, invitant au plaisir, et y invitant par l'attitude la plus facile, la plus commode, à ce qu'on dit même la plus naturelle, ou du moins la plus avantageuse. Je ne dis pas qu'on en eût mieux fait d'admettre ce tableau, et que le comité n'eût pas manqué de respect au public, et outragé les bonnes mœurs. Je dis que ces considérations l'arrêtent peu, quand l'ouvrage est bon. Je dis que nos académiciens se soucient bien autrement du talent que de la décence. N'en déplaise à Boucher, qui n'avait pas rougi de prostituer lui-même sa femme, d'après laquelle il avait peint cette figure voluptueuse, je dis que si j'avais eu voix à ce chapitre-là, je n'aurais pas balancé à lui représenter que si, grace à ma caducité et à la sienne, ce tableau était innocent pour nous, il était très-propre à envoyer mon fils, au sortir de l'académie, dans la rue Fromenteau, qui n'en est pas loin, et de là chez Louis ou chez Keyser (1); ce qui ne me convenait nullement.

Madame Therbouche a joint à son tableau de réception une tête de poète, où il y a de la verve et de la couleur. Ses autres portraits sont froids, sans autre mérite que celui de la ressemblance, excepté le mien qui ressemble, où je suis nu jusqu'à la ceinture, et qui, pour la fierté, les chairs, le faire, est fort au-dessus de Roslin et d'aucun portraitiste de l'académie. Je l'ai placé vis-à-vis celui de Van-Loo, à qui il jouait un mauvais tour.

(1) Médecins connus. ÉDIT[s].

Il était si frappant, que ma fille me disait qu'elle l'aurait baisé cent fois pendant mon absence, si elle n'avait pas craint de le gâter. La poitrine était peinte très-chaudement, avec des passages et des méplats tout-à-fait vrais.

Lorsque la tête fut faite, il était question du cou, et le haut de mon vêtement le cachait, ce qui dépitait un peu l'artiste. Pour faire cesser ce dépit, je passai derrière un rideau, je me déshabillai, et je parus devant elle en modèle d'académie. Je n'aurais pas osé vous le proposer, me dit-elle; mais vous avez bien fait; et je vous en remercie. J'étais nu, mais tout nu. Elle me peignait, et nous causions avec une simplicité et une innocence dignes des premiers siècles.

Comme, depuis le péché d'Adam, on ne commande pas à toutes les parties de son corps comme à son bras; et qu'il y en a qui veulent quand le fils d'Adam ne veut pas, et qui ne veulent pas quand le fils d'Adam voudrait bien; dans le cas de cet accident, je me serais rappelé le mot de Diogène au jeune lutteur: Mon fils, ne crains rien; je ne suis pas si méchant que celui-là.

Si cette femme s'est un peu promenée au Salon, elle aura vu passer avec dédain devant des productions fort supérieures aux siennes,

Et pueri nasum rhinocerontis habent[1];

[1] Nos enfants ont le nez du rhinocéros. MARTIAL. *Epig.* lib. I *epig.* IV, vers. 6. EDITs.

et elle s'en retournera un peu surprise de la sévérité de nos jugements, plus sociable, plus habile, et moins vaine.

Sa fantaisie était de faire un tableau pour le roi. Je lui dis : Comment demander, en dépit de ce qu'en pourront penser les artistes de ce pays, qui, à cet égard, en vaut bien un autre, de l'ouvrage pour une étrangère, à des ministres qui refusent des à-comptes sur celui qu'ils ont ordonné à des hommes du premier ordre? Ou vous serez refusée, ou vous ne serez pas payée.

En effet, ce n'était ni à moi ni à mes amis, qui auraient maladroitement décélé l'influence qu'ils ont sur les supérieurs, à solliciter une espèce d'injustice. C'est l'affaire des grands de la cour, c'est leur passe-temps journalier. Il fallait que la dame prussienne, débarquant à Paris, y fût précédée et soutenue des éloges éclatants des ambassadeurs étrangers qui n'ont vu que leur pays. Nos talons rouges n'auraient pas tardé à faire écho. Conduite, célébrée, occupée à Versailles, elle aurait pu descendre jusqu'au desir d'entrer à l'académie, qui peut-être l'aurait refusée; car volontiers Paris ne souscrit pas aux applaudissements de Fontainebleau : mais alors le blâme et les cris du monde courtisan seraient revenus sur la pauvre académie. Voilà le rôle plus avantageux qu'honnête qu'ont joué les Liotard et autres. On aurait donc clabaudé; on aurait dit : Ils n'en veulent point, à la bonne heure; mais il faut que le roi ait un ou plusieurs tableaux d'une femme aussi célèbre. Alors Cochin, sachant que son ami Diderot s'y intéresse, fausse un peu la branche de la balance, appuie la demande : ce petit poids détermine; les artistes crient; on leur répond : Que diable, la protection! Ils sont faits à ce mot; ils se taisent, et rient.

Bien conseillée, madame Therbouche aurait continué sa route, et, chemin faisant, se serait couverte des lauriers académiques de l'Italie, plus aisés à cueillir et plus odoriférants en Allemagne que les nôtres. Mais on a voulu faire du bruit en France, on s'était promis de faire du bruit en France. Les parents, les amis, les grands, les petits, avaient dit en partant : Quel bruit vous allez faire en France! On arrive; on s'adresse à des hommes blasés sur le beau, qui vous accordent à peine un coup d'œil, un signe d'approbation. On s'opiniâtre; on couvre de couleurs vingt toiles l'une après l'autre; on montre, on écoute, on n'entend rien. Cependant un séjour dispendieux et long, la honte d'appeler de chez soi de nouveaux secours, vous jettent dans la plus fâcheuse détresse, et l'on s'en tire comme on peut, avec le secours d'un pauvre philosophe, d'un ambassadeur humain et bienfaisant, et d'une souveraine généreuse (1).

(1) L'impératrice de Russie. ÉDIT[s].

Le pauvre philosophe, qui est sensible à la misère, parce qu'il l'a éprouvée; le pauvre philosophe qui a besoin de son temps, et qui le donne au premier venu; le pauvre philosophe s'est tourmenté pendant neuf mois pour mendier de l'ouvrage à la Prussienne. Le pauvre philosophe, dont on a mésinterprété la vivacité de l'intérêt, a été calomnié, et a passé pour avoir couché avec une femme qui n'est pas jolie. Le pauvre philosophe s'est trouvé dans l'alternative cruelle ou d'abandonner la malheureuse à son mauvais sort, ou d'accréditer des soupçons déplaisants pour lui, de la plus fâcheuse conséquence pour celle qu'il secourait. Le pauvre philosophe s'en est rapporté à l'innocence de ses démarches, et a méprisé des propos qui en auraient empêché un autre que lui de faire le bien. Le pauvre philosophe a mis à contribution les grands, les petits, les indifférents, ses amis; et a fait gagner à l'artiste dissipatrice cinq à six cents louis, dont il ne restait pas une épingle au bout de six mois. Le pauvre philosophe a arrêté la Prussienne vingt fois sur le seuil du For-l'Évêque. Le pauvre philosophe a calmé la furie des créanciers de la Prussienne, attachés aux roues de sa chaise de poste; le pauvre philosophe a garanti l'honnêteté de cette femme. Qu'est-ce que le pauvre philosophe n'a pas fait pour elle? et, quelle est la récompense qu'il en a recueillie? — Mais la satisfaction d'avoir fait le bien. —

Sans doute, mais rien après que les marques de l'ingratitude la plus noire. L'indigne Prussienne prétend à présent que j'ai renversé sa fortune en la chassant de Paris au moment où elle touchait à la plus haute considération. L'indigne Prussienne traite nos La Grénée, nos Vien, nos Vernet, d'infâmes barbouilleurs. L'indigne Prussienne oublie ses créanciers, qui viennent sans cesse crier à ma porte. L'indigne Prussienne doit ici des tableaux dont elle a touché le prix, et qu'elle ne fera point. L'indigne Prussienne insulte à ses bienfaiteurs. L'indigne Prussienne.... a la tête folle et le cœur dépravé. L'indigne Prussienne a donné au pauvre philosophe une bonne leçon, dont il ne profitera pas; car il restera bon et bête, comme Dieu l'a fait.

PARROCEL.

116. JÉSUS-CHRIST SUR LA MONTAGNE DES OLIVIERS.

Tableau de seize pieds de haut, sur sept pieds de large.

On a quelquefois besoin d'un exemple de platitude, de platitude de composition, d'ordonnance, de couleur, de caractère, d'expression. En voici un rare, un sublime dans son genre, à moins qu'on ne veuille lui préférer le *Bélisaire*. Je les recommande tous les deux à celui qui fera l'art de ramper en peinture. On dit pourtant de ce tableau, que c'est le meilleur que l'artiste a fait.

> . . . . *Crimine ab uno*
> *Disce omnes*[1].

On voit en haut des anges qui jouent gaîment avec la lance, la croix, le fouet et les autres instruments de la passion.

Au milieu un grand ange debout, qui a l'air de dire à Jésus-Christ : Eh ! que ne restiez-vous où vous étiez ? vous étiez si bien ! Pourquoi vous charger de payer pour les sottises d'autrui ? Que ne déclariez-vous net à votre père que ce rôle ne vous convenait pas ? Cet ange est tout-à-fait goguenard ; et le Christ paraît assez convaincu de la justesse de sa remontrance. Ce n'est point ce Christ de l'évangile, accablé, agonisant, trempé d'une sueur de sang, repoussant le calice amer. Cette pusillanimité a paru indigne de Dieu à M. Parrocel, qui s'est mis à jouer l'esprit-fort, quand il s'agissait d'être peintre. Nous savons tout aussi bien que toi, mon ami, que cette fable est ridicule; mais faut-il pour cela en faire un tableau insipide ?

Au bas, ce sont trois apôtres qui dorment de bon cœur, et à qui l'on ne saurait pourtant reprocher le peu d'intérêt qu'ils prennent à leur

[1] Par un crime, jugez les autres. VIRGIL. *Æneid.* lib. II, vers. 65, 66. ÉDITS.

maître ; car le peintre ne l'a point fait intéressant.

Vous sentez qu'il n'y a point de liaison là-dedans. Les anges jouent en haut. Le Christ et l'ange s'entretiennent au milieu. Les apôtres dorment en bas; mais n'allez pas couper cette toile en trois morceaux. J'aime encore moins trois mauvais tableaux qu'un.

Bon, excellent pour un dessus d'autel de campagne ; mais pour un Salon, ah ! messieurs du comité, quand on a admis cela, on n'est pas en droit de refuser l'*Antiope* de madame Therbouche. Soyez sévères, j'y consens; mais, soyez justes. Là, messieurs, regardez-moi seulement cet ange couché dans de la laine.

UNE ESQUISSE.

Une esquisse de Parrocel ? cela doit être curieux. Voyons ce que c'est.

C'est *Une gloire*. L'esquisse est au ciel. Au haut, petite couronne formée de chérubins enlacés par les ailes; au-dessous, plus grande couronne de chérubins pareillement enlacés par les ailes. Puis sous un baldaquin d'une forme circulaire, une lumière divine, une vision béatifique. Ce baldaquin est soutenu sur des consoles. De droite et de gauche des cordons verticaux et symétriques de chérubins enlacés par les ailes et rangés en colonnes. Au-dessous de cette extravagante et mystique composition, des anges, des archanges, des saints, des saintes en extase.

Magnifique retable d'autel à tourner la tête à tout un petit couvent de religieuses. Idée digne du onzième siècle, où toute la science théologique se réduisait à ce que Denis l'Aréopagite avait rêvé de la suite du Père éternel et de l'orchestre de la Trinité.

BRENET.

118. JÉSUS-CHRIST ET LA SAMARITAINE.

Tableau de douze pieds six pouces de haut, sur neuf pieds trois pouces de large.

Brenet est un bon diable qui fait de son mieux, et qui ferait peut-être bien s'il était riche; mais il est pauvre. Il a la pratique de tous les curés de village. Il leur en donne pour leur argent. Il vit; sa femme a des cotillons, ses enfants ont des souliers; et le talent se perd.

Haud facile emergunt, quorum virtutibus obstat
Res angusta domi; sed Romæ durior illis
Conatus [1]. . . . .

Maxime vraie par toute la terre. Les besoins de la vie, qui disposent impérieusement de nous, éga-

[1] Lorsque la misère est au logis, il est difficile aux talents de percer, et la tâche est bien plus dure à Rome qu'ailleurs. JUVENAL. *Sat.* III, vers. 164 *et seq.* ÉDIT[s].

rent les talents qu'ils appliquent à des choses qui leur sont étrangères, et dégradent souvent ceux que le hasard a bien employés. C'est un des inconvénients de la société auquel je ne sais point de remède. Tenez, mon ami, je suis tout prêt à croire que ce maudit lien conjugal que vous prêchez, comme un certain fou de Genève prêche le suicide, sans vous y empiéger, abaisse l'ame et l'esprit. Combien de démarches auxquelles on se résout pour sa femme et pour ses enfants, et qu'on dédaignerait pour soi! On dirait avec Le Clerc de Montmercy[1], qui ne veut devoir l'aisance à personne : un grabat dans un grenier, sous les tuiles, une cruche d'eau, un morceau de pain dur et moisi, et des livres, et l'on suivrait la pente de son goût. Mais est-il permis à un époux, à un père d'avoir cette fierté, et d'être sourd à la plainte, aveugle sur la misère qui l'entoure? J'arrive à Paris. J'allais prendre la fourrure, et m'installer parmi les docteurs de Sorbonne. Je rencontre sur mon chemin une femme belle comme un ange; je veux coucher avec elle; j'y couche; j'en ai quatre enfants; et me voilà forcé d'abandonner les mathématiques que j'aimais, Homère et Virgile que je portais toujours dans ma poche, le théâtre pour lequel j'avais du goût; trop heureux d'entrepren-

[1] Le Clerc de Montmercy est poète, philosophe, avocat, géomètre, botaniste, physicien, médecin, anatomiste; il sait tout ce qu'on peut apprendre : il meurt de faim; mais il est savant.

dre l'Encyclopédie, à laquelle j'aurai sacrifié vingt-cinq ans de ma vie.

On voit à droite la Samaritaine appuyée sur le bord du puits, à gauche le Christ assis et la dominant. Par derrière le Christ, quelques apôtres scandalisés de leur divin maître, surpris en conversation avec une femme qui faisait quelquefois son mari cocu, et révélant à cette femme ses petites fredaines qui n'étaient ignorées de personne. La tête du Christ n'est pas mal; mais le reste est mauvais. J'avais juré de ne décrire aucun mauvais tableau. Je ne sais pourquoi je manque à ma parole, en faveur de M. Brenet que je ne connais point et à qui je ne dois rien.

JÉSUS-CHRIST SUR LA MONTAGNE DES OLIVIERS.

C'est un ange étendu à plat sur des nuages, qui a bien plus l'air d'un messager de bonnes nouvelles, que d'un porteur de calice amer. C'est un Christ si sec, si long, si ignoble, qu'on le prendrait pour M. de Vaneck travesti.

AUTRE EXEMPLE DE L'ART DE RAMPER EN PEINTURE.

Ce mauvais tableau a pensé faire répandre du sang. Un jeune mousquetaire appelé Moret, regardait avec attention un homme assez plat, assis au café de Viseux, à la même table que lui. Cet homme, si attentivement et si continuement regardé, dit à Moret : Monsieur, est-ce que vous m'auriez vu quelque part ? Vous l'avez deviné. Tenez, monsieur, vous ressemblez comme deux gouttes d'eau à un certain Christ, de Brenet, qui est maintenant au Salon. Et l'autre tout courroucé : Parlez donc, monsieur, est-ce que vous me prenez pour un jean-foutre ? Et puis voilà la querelle engagée, des épées tirées, la garde, le commissaire appelés ; et le commissaire qui se tourmentait à persuader à ce quidam colérique qu'on n'en était pas moins honnête homme pour ressembler à un Christ ; et le quidam qui répondait au commissaire : Monsieur, cela vous plaît à dire, mais vous n'avez pas vu celui de Brenet. Je ne veux point ressembler à un Christ, et moins à celui-là qu'à un autre. Et le Moret : Oh ! pardieu, vous y ressemblerez malgré vous, *et cætera*. Je voudrais avoir fait ce conte ; mais ce n'en est point un.

Bonsoir, mon ami : *Semper frondesce, et vale*.

120. LOUTHERBOURG.

Ut pictura, poesis erit (1).

Il en est de la poésie ainsi que de la peinture. Combien on l'a dit de fois ! Mais ni celui qui l'a dit le premier, ni la multitude de ceux qui l'ont répété après lui, n'ont compris toute l'étendue de

(1) HORAT. *de Art. Poet.* v. 361. ÉDIT[s].

cette maxime. Le poète a sa palette, comme le peintre ses nuances, ses passages, ses tons. Il a son pinceau et son faire ; il est sec, il est dur, il est cru, il est tourmenté, il est fort, il est vigoureux, il est doux, il est harmonieux et facile. Sa langue lui offre toutes les teintes imaginables; c'est à lui à les bien choisir. Il a son clair-obscur, dont la source et les règles sont au fond de son ame. Vous faites des vers? Vous le croyez, parce que vous avez appris de Richelet à arranger des mots et des syllabes dans un certain ordre et selon certaines conditions données; parce que vous avez acquis la facilité de terminer ces mots et ces syllabes ordonnées par des consonnances. Vous ne peignez pas; à peine savez-vous calquer. Vous n'avez pas, peut-être même êtes-vous incapable de prendre la première notion du rhythme; le poète a dit,

Monte decurrens velut amnis, imbres
Quem super notas aluere ripas,
Fervet, immensusque ruit profundo
Pindarus ore (1).

Qui est-ce qui ose imiter Pindare? c'est un torrent qui roule ses eaux à grand bruit de la cime d'un rocher escarpé. Il se gonfle, il bouillonne, il renverse, il franchit sa barrière, il s'étend ; c'est une mer qui tombe dans un gouffre profond.

(1) HORAT. *Lyric.* lib. IV, *Od.* II, vers. 5 *et seq.* ÉDIT^s.

Vous avez senti la beauté de l'image, qui n'est rien : c'est le rhythme qui est tout ici ; c'est la magie prosodique de ce coin du tableau, que vous ne sentirez peut-être jamais. Qu'est-ce donc que le rhythme, me demandez-vous ? C'est un choix particulier d'expressions ; c'est une certaine distribution de syllabes longues ou brèves, dures ou douces, sourdes ou aigres, légères ou pesantes, lentes ou rapides, plaintives ou gaies, ou un enchaînement de petites onomatopées (1) analogues aux idées qu'on a, et dont on est fortement occupé ; aux sensations qu'on ressent, et qu'on veut exciter ; aux phénomènes dont on cherche à rendre les accidents ; aux passions qu'on éprouve, et au cri animal qu'elles arracheraient ; à la nature, au caractère, au mouvement des actions qu'on se propose de rendre ; et cet art-là n'est pas plus de convention que les effets de la lumière et les couleurs de l'arc-en-ciel ; il ne se prend point ; il ne se communique point ; il peut seulement se perfectionner. Il est inspiré par un goût naturel, par la mobilité de l'ame, par la sensibilité. C'est l'image même de l'ame rendue par les inflexions de la voix, les nuances successives, les passages, les tons d'un discours accéléré, ralenti, éclatant,

(1) Du grec ὄνομα, *nom ;* et de ποιέω, *je fais*, *je forme*. C'est-à-dire formation d'un nom, en imitant le bruit de la chose qu'il représente. C'est *le glou glou* de la bouteille ; c'est *le cliquetis* des armes. ÉDIT^s.

étouffé, tempéré en cent manières diverses. Écoutez le défi énergique et bref de cet enfant qui provoque son camarade. Écoutez ce malade qui traîne ses accents douloureux et longs. Ils ont rencontré l'un et l'autre le vrai rhythme, sans y penser. Boileau le cherche et le trouve souvent. Il semble venir au devant de Racine. Sans ce mérite, un poète ne vaut presque pas la peine d'être lu; il est sans couleur. Le rhythme, pratiqué de réflexion, a quelque chose d'apprêté et de fastidieux. C'est une des principales différences d'Homère et de Virgile, de Virgile et de Lucain, de l'Arioste et du Tasse. Le sentiment se plie de lui-même à l'infinie variété du rhythme; la réflexion ne saurait. L'étude, le goût acquis, la réflexion saisiront fort bien la place d'un vers spondaïque; l'habitude dictera le choix d'une expression, elle séchera des pleurs, elle laissera couler les larmes; mais frapper mes yeux et mon oreille, porter à mon imagination, par le seul prestige des sons, le fracas d'un torrent qui se précipite, ses eaux gonflées, la plaine submergée, son mouvement majestueux, et sa chute dans un gouffre profond, cela ne se peut. Entrelacer d'étude des syllabes sourdes ou molles, entre des syllabes fortes, éclatantes ou dures, suspendre, accélérer, heurter, briser, renverser; cela ne se peut. C'est Nature, et Nature seule qui dicte la véritable harmonie d'une période entière, d'un certain nombre de vers. C'est elle qui fait dire à Quinault :

Au temps heureux où l'on sait plaire,
Qu'il est doux d'aimer tendrement !
Pourquoi dans les périls, avec empressement,
Chercher d'un vain honneur l'éclat imaginaire ?
Pour une trompeuse chimère,
Faut-il quitter un bien charmant ?
Au temps heureux où l'on sait plaire,
Qu'il est doux d'aimer tendrement (1) !

C'est elle qui fait dire à Voltaire :

Le moissonneur ardent, qui court avant l'aurore
Couper les blonds épis que l'été fait éclore,
S'arrête, s'inquiète et pousse des soupirs :
Son cœur est étonné de ses nouveaux desirs.
Il demeure enchanté dans ces belles retraites,
Et laisse, en soupirant, ses moissons imparfaites (2).

Que reste-t-il de ces deux morceaux divins, si vous en ôtez l'harmonie ? Rien. C'est elle encore qui fait dire à Chaulieu :

Tel qu'un rocher, dont la tête
Égale le mont Athos,
Voit à ses pieds la tempête
Troubler le calme des flots :
La mer autour bruit et gronde ;
Malgré ses émotions,
Sur son front élevé règne une paix profonde

(1) *Armide*, acte II, scène IV. Édit[s].
(2) *Henriade*, chant IXe., vers 221 — 226. Édit[s].

Que tant d'agitations,
Et que les fureurs de l'onde
Respectent à l'égal des nids des alcyons (1).

Il faut voir le tourment, l'inquiétude, le chagrin, le travail du poète, lorsque cette harmonie se refuse. Ici, c'est une syllabe de trop; là, c'est une syllabe de moins. L'accent tombe, quand il doit être soutenu; il se soutient, quand il doit tomber. La voix éclate où la chose la veut sourde; elle est sourde où la chose la veut éclatante. Les sons glissent où le sens doit les faire onduler, bouillonner. J'en appelle au petit nombre de ceux qui ont éprouvé ce supplice. Toutefois, sans la facilité de trouver ce chant, cette espèce de musique, on n'écrit ni en vers ni en prose: je doute même qu'on parle bien. Sans l'habitude de la sentir ou de la rendre, on ne sait pas lire; et qui est-ce qui sait lire? Partout où cette musique se fait entendre, elle est d'un charme si puissant, qu'elle entraîne, et le musicien qui compose, au sacrifice du terme propre, et l'homme sensible qui écoute, à l'oubli de ce sacrifice. C'est elle qui prête aux écrits une grâce toujours nouvelle. On retient une pensée. On ne retient point l'enchaînement des inflexions fugitives et délicates de l'harmonie. Ce n'est pas à l'oreille seulement, c'est à l'ame d'où elle est émanée, que la véritable harmonie s'a-

(1) *Épître au chevalier de Bouillon*, en 1713. ÉDIT.

dresse. Ne dites pas d'un poète sec, dur et barbare, qu'il n'a point d'oreille ; dites qu'il n'a pas assez d'ame. C'est de ce côté que les langues anciennes avaient un avantage infini sur les langues modernes. C'était un instrument à mille cordes, sous les doigts du génie; et ces Anciens savaient bien ce qu'ils disaient, lorsqu'au grand scandale de nos froids penseurs du jour, ils assuraient que l'homme vraiment éloquent s'occupait moins de la propriété rigoureuse, que du lieu de l'expression. Ah! mon ami, quels soins il faudrait donner encore à ces quatre pages, si elles devaient être imprimées, et que je voulusse y mettre l'harmonie dont elles sont susceptibles. Ce ne sont pas les idées qui me coûtent; c'est le ton qui leur convient. En littérature comme en peinture, ce n'est pas une petite affaire que de savoir conserver son esquisse. Cela est bien pour ce que cela est; et parlons de Loutherbourg. On peut réduire les compositions qu'il a exposées sous quatre classes. Des batailles, des marines et des tempêtes, des paysages et des dessins.

BATAILLES.

UNE BATAILLE.

A droite, tout-à-fait dans la demi-teinte, c'est un château couvert de fumée. On n'en aperçoit que le haut, qu'on escalade, et d'où les assiégeants sont précipités dans un fossé, où on les voit tomber pêle-mêle. En allant de ce fossé vers la gauche, le terrain s'élève, et l'on voit à terre des drapeaux, des timbales, des armes brisées, des cadavres, une mêlée de combattants formant une grande masse où l'on discerne un cavalier blanc à demi-renversé, mort, et tombant en arrière vers la croupe de son cheval; plus, sur le fond, de profil, un cavalier brun, dont le cheval se cabre, et qui meurt. A la fumée, et à la lueur forte et rougeâtre qui colore cette fumée, on reconnaît l'effet d'un coup de canon. Sur les deux ailes et sur le fond, ce sont des combats particuliers, des actions moins ramassées, plus éteintes, et faisant valoir la masse principale. Dans cette masse, le cavalier blanc est vu par la croupe de son cheval. Sur le devant, vers le centre du combat, morts, mourants, hommes blessés et diversement étendus sur la terre. Je passe sur beaucoup d'autres incidents.

Voilà un genre de peinture, où il n'y a proprement ni unité de temps, ni unité d'action, ni unité de lieu. C'est un spectacle d'incidents divers, qui n'impliquent aucune contradiction. L'artiste est donc obligé d'y montrer d'autant plus de poésie, de verve, d'invention, de génie, qu'il est moins gêné par les règles. Il faut que je voie partout la variété, la fougue, le tumulte extrême. Il ne peut y avoir d'autre intérêt. Il faut que l'effroi et la commisération s'élancent à moi de tous les points de la toile. Si l'on ne s'en tenait point à des actions communes (et j'appelle actions communes toutes celles où un homme en menace ou en tue un autre), mais qu'on imaginât quelque trait de générosité, quelque sacrifice de la vie à la conservation d'un autre, on éleverait mon ame, on la serrerait, peut-être même m'arracherait-on des larmes. J'aime mieux une bataille tirée de l'histoire qu'une bataille d'imagination. Il y a, dans la première, des personnages principaux que je connais et que je cherche.

Le genre de bataille est celui de l'expression. Celle-ci est belle, très-belle; elle est fortement coloriée; il y a une grande intelligence de presque toutes les parties de l'art. Ce nuage rougeâtre, qui occupe la partie supérieure du fond, est bien vrai. Avec tout cela, il y a une ordonnance de routine qui marque une stérilité presque incurable, et puis une uniformité d'incidents, ou qui n'intéressent point, ou qui intéressent également. J'aimerais bien mieux remarquer au milieu de ce fracas un général tranquille, oubliant le danger qui l'environne de toutes parts, pour assurer la gloire d'une grande journée, ayant l'œil à tout, la tête fière, et donnant ses ordres sur un champ de bataille comme dans son palais. J'aimerais bien mieux voir quelques uns de ses principaux officiers occupés à lui former de leurs corps un bouclier. Je n'entends pas par une bataille, une escarmouche de pandours ou de hussards ; j'en ai une plus grande idée.

COMBAT SUR TERRE.

Au centre, c'est une masse de combattants de la plus grande force, du plus grand effet. On y discerne, on est frappé par un cavalier vu par le dos et par la croupe de son cheval blanc et vigoureux. Il porte un étendard, qu'un fantassin, qui est à sa gauche, cherche à lui enlever avec la vie. Mais ce cavalier a saisi la garde de l'épée du fantassin, et lui va plonger la sienne dans la gorge. L'étendard, élevé et déployé, fait un bel effet. Il marque un plan. Cependant le cavalier court un autre danger non moins imminent ; à droite, un autre fantassin s'est emparé de la bride de son cheval ; mais l'animal furieux lui tient le bras entre ses dents, et lui arrache des cris. Sous ses pieds, des chevaux ; autour de ces combattants, des morts, des mourants ; de droite et de gauche, des mêlées séparées, des corps particuliers de troupes engagés, s'éteignant, s'étendant sur le fond, perdant insensiblement de la grandeur et de la lumière, s'isolant de la masse principale, et la chassant en devant.

Il y a, comme on voit, deux manières d'ordonner une bataille, ou en pyramidant par le centre de l'action ou de la toile, auquel correspond le sommet de la pyramide, et d'où les branches ou différents plans de cette pyramide vont en s'étendant sur le fond, à mesure qu'ils s'enfoncent dans le tableau, magie qui ne suppose qu'une intelligence commune de la perspective et de la distribution des ombres et des lumières; ou en embrassant un grand espace, en regardant toute l'étendue de sa toile comme un vaste champ de bataille, ménageant sur ce champ des inégalités, y répandant les différents incidents, les actions diverses, les masses, les groupes, liés par une longue ligne qui serpente, ainsi qu'on le voit dans les compositions de Lebrun. Je préfère cette manière; elle demande plus de fécondité; elle fournit plus au génie; tout se déploie et se fait valoir : c'est un instant d'une action générale ; c'est un poème; les trois unités y sont. Au lieu qu'à la manière de Loutherbourg, deux ou trois objets principaux, un ou deux énormes chevaux couvrent le reste. Il semble qu'il n'y ait qu'un incident, qu'un point remarquable; c'est le sommet de la pyramide, auquel on a tout sacrifié pour le faire saillir.

COMBAT DE MER.

L'ordonnance de ce combat de mer différera de peu de l'ordonnance du combat de terre; tant ce technique, ou la manière de pyramider du centre de la toile vers le fond est bornée.

A droite, dans la demi-teinte, ainsi qu'à l'un

des deux combats précédents, vaisseau et combattants, dont les armes à feu sont dirigées vers un autre bâtiment, qui fait le sommet de la pyramide et la masse principale. Autour de ce dernier bâtiment, foule d'hommes tombant ou précipités dans les eaux. Sur la droite, un de ces précipités, isolé, et cherchant à se raccrocher au bâtiment. A gauche, sur le fond, et faisant l'effet des petites actions ou mêlées latérales aux deux combats de terre, autres vaisseaux couverts de combattants, éloignés, éteints, et chassant en devant le bâtiment du milieu. J'aurais deviné d'avance cette distribution. On a changé d'élément; mais c'est la même routine. D'ailleurs, celui-ci est moins beau. Comme on y a plus encore affecté la vigueur, il y a plus de papillotage. L'action se passe au milieu des flots agités et écumeux.

MARINES ET TEMPÊTES.

MARÉE MONTANTE, ET AUTRES.

La marée montante; les animaux qu'on passe dans une barque, et qui descendent des montagnes. Le paysage avec des animaux appartenant à un homme de mérite, mais un peu singulier, je ne suis point étonné qu'ils n'aient point été exposés. Cet honnête homme, honnête, et très-honnête, fait peu de cas du genre humain, et vit beaucoup pour lui. Il est receveur-général des finances. Il s'appelle Randon de Boisset. Vous ne verrez pas ses tableaux; mais vous saurez une de ses actions, qui ne vous déplaira pas. Au bout de cinq à six mois de son installation dans la place de fermier-général, lorsqu'il vit l'énorme masse d'argent qui lui revenait, il témoigna le peu de rapport qu'il y avait entre son mince travail et une aussi prodigieuse récompense; il regarda cette richesse si subitement acquise, comme un vol, et s'en expliqua sur ce ton à ses confrères, qui en haussèrent les épaules, ce qui ne l'empêcha pas de renoncer à sa place. Il est très-instruit. Il aime les sciences, les lettres et les arts. Il a un très-beau cabinet de peinture, des statues, des vases, des porcelaines et des livres. Sa bibliothèque est double. L'une, des plus belles éditions, qu'il respecte au point de ne les jamais ouvrir. Il lui suffit de les avoir et de les montrer. L'autre, d'éditions communes, qu'il lit, qu'il prête, et qu'on fatigue tant qu'on veut. On sait ces bizarreries; mais on les pardonne à la probité, au bon goût, et au vrai mérite. Je l'ai connu jeune; et il n'a pas tenu à lui que je ne devinsse opulent.

UNE MARINE.

On voit, à droite, un grand pan de murailles ruinées, au-dessus duquel, tout-à-fait de ce côté, une espèce de fabrique voûtée. Au pied de cette fabrique, des masses de roches. Plus vers la gauche, au-dessus du même mur, et un peu dans l'enfoncement, une assez haute portion de tour gothique avec l'éperon qui la soutient. Sur le devant, vers le sommet de la fabrique, un passage étroit, avec une balustrade conduisant de cette fabrique ruinée à une espèce de phare. Ce passage est construit sur le cintre d'une arcade, d'où l'on descend à la mer par un long escalier. Au pied du phare, sur le même plan, vers la gauche, un vaisseau penché à la côte, comme pour être radoubé et calfaté. Plus vers la gauche, un autre vaisseau. Tout l'espace, compris entre la fabrique de la droite et l'autre côté de la toile, est mer. Seulement, sur le devant, vers la gauche, il y a une langue de terre, où des matelots boivent, fument et se reposent.

Très-beau tableau, d'une grande vigueur. La fabrique à droite bien variée, bien imaginée, de bel effet. Les figures, sur la langue de terre, bien dessinées et coloriées à plaisir. Si l'on voyait ce morceau seul, on ne pourrait s'empêcher de s'écrier : O la belle chose ! mais on le compare malheureusement avec un Vernet, qui en alourdit le ciel, qui fait sortir l'embarras et le travail de la fabrique, qui accuse les eaux de fausseté, et qui rend sensible aux moins connaisseurs la différence d'une figure qui a du dessin et de la couleur, mais qui n'a que cela; la différence d'un pinceau vigoureux, mais âpre et dur, et d'une harmonie de nature; d'un original et d'une belle imitation, de Virgile et de Lucain. Le Loutherbourg est fait et bien fait. Le Vernet est créé.

UNE TEMPÊTE.

On voit, à gauche, un grand rocher. Sur une longue saillie de ce rocher s'élevant à pic au-dessus des eaux, un homme agenouillé et courbé, qui tend une corde à un malheureux qui se noie. Voilà qui est bien imaginé. Sur une avance, au pied du rocher, un autre homme qui tourne le dos à la mer, qui se dérobe avec les mains, dont il se couvre le visage, les horreurs de la tempête; cela est bien encore. Sur le devant, du même côté, un enfant noyé, étendu sur le rivage, et la mère qui se désole sur son enfant. M. Loutherbourg, cela est mieux, mais ne vous appartient pas; vous avez pris cet incident à Vernet. Au même endroit, plus vers la droite, un époux qui soutient sous les bras sa femme nue, et moribonde. Ni cela non plus, M. Loutherbourg, autre incident emprunté de Vernet. Le reste est une mer orageuse, des eaux agitées et couvertes d'écume. Au-dessus des eaux un ciel obscur, qui se résout en pluie.

Tableau cru, dur, sans mérite, sans effet, peint de réminiscence de plusieurs autres. Plagiat. Ces eaux de Loutherbourg sont fausses, ou celles de Vernet. Ce ciel de Loutherbourg est solide et pesant, ou les mêmes ciels de Vernet ont trop de légèreté, de liquidité et de mouvement. M. Loutherbourg, allez voir la mer. Vous êtes entre des étables, et l'on s'en aperçoit; mais vous n'avez jamais vu de tempêtes.

AUTRE TEMPÊTE.

A droite, roches formidables, dont les proéminences s'élancent vers la mer, et sont suspendues en voûte au-dessus de la surface des eaux. Sur ces roches, plus sur le devant, autres roches moins considérables, mais plus avancées dans la mer. Dans une espèce de détroit ou d'anse formée par ces dernières, une mer qui s'y porte avec fureur. Sur leur penchant, dans la demi-teinte, homme assis, soutenant par la tête une femme noyée, qu'un autre, sur la pente en dessous, porte par les pieds. Sur l'extrémité d'une de ces roches cintrées du fond, la plus isolée, la plus loin jetée sur les flots, un spectateur, les bras étendus, effrayé, stupéfait, et regardant les flots en un endroit où vraisemblablement des malheureux viennent d'être brisés, submergés. Autour de ces masses escarpées, hérissées, inégales, sur le devant et dans le lointain, des flots soulevés et écumeux. Vers le fond, sur la gauche, un vaisseau battu de la tempête. Toute cette scène obscure ne reçoit du jour que d'un endroit du ciel, à gauche, où les nuées sont moins épaisses. Ces nuées vont, en se condensant, en s'obscurcissant, sur toute l'étendue des eaux. Elles sont comme palpables vers la gauche.

Les eaux sont dures et crues. Pour ces nuées, Vernet aurait bien su les rendre aussi denses, sans les faire mattes, lourdes, immobiles et compactes. Si les ciels, les eaux, les nuées de Loutherbourg sont durs et crus, c'est la suite de sa vigueur affectée, et de la difficulté de mettre d'accord, quand on a forcé de couleur, quelques objets.

PAYSAGES.

CASCADES.

A droite, masse de rochers. Cascade entre ces rochers. Montagnes sur le fond. Vers la gauche, au-delà des eaux de la cascade, sur une terrasse assez élevée, animaux et pâtre, une vache couchée, une autre vache qui descend dans l'eau, une troisième arrêtée, sur laquelle le pâtre, debout et vu par le dos, a les bras appuyés. Tout-à-fait vers la gauche, le chien du pâtre, ensuite des arbres et du paysage.

Arbres lourds, mauvais ciel, à l'ordinaire; pauvre paysage. Cet artiste a communément le pinceau plus chaud. Mais, me direz-vous, qu'est-ce que peindre chaudement? C'est conserver sur la toile, aux objets imités, la couleur des êtres de la nature, dans toute sa force, dans toute sa vérité, dans tous ses accidents. Si vous exagérez, vous serez éclatant, mais dur, mais cru. Si vous restez en deçà, vous serez peut-être doux, moelleux, harmonieux, mais faible. Dans l'un et l'autre cas, vous serez faux, à vous juger à la rigueur.

AUTRE PAYSAGE.

J'aperçois des montagnes à ma droite; plus sur le fond, du même côté, le clocher d'une église de village; sur le devant, en m'avançant vers la gauche, un paysan assis sur un bout de rocher, son chien dressé sur les pattes de derrière, et posé sur ses genoux; plus bas et plus à gauche, une laitière qui donne, dans une écuelle, de son lait à boire au chien du berger. Quand une laitière donne de son lait à boire au chien, je ne sais ce qu'elle refuse au berger. Autour du berger, sur le devant, moutons qui se reposent et qui paissent. Plus vers la gauche, et un peu plus sur le fond, des bœufs, des vaches; puis une mare d'eau. Tout-à-fait à ma gauche, et sur le devant, chaumière, maisonnette, petite fabrique, derrière laquelle des arbres et des rochers qui terminent la scène champêtre, dont le centre présente des montagnes dispersées dans le lointain; montagnes qui lui donnent de l'étendue et de la profondeur.

La lumière rougeâtre, dont elle est éclairée, est bien dû soir; et il y a quelque finesse dans l'idée du tableau.

AUTRE PAYSAGE.

Il y a un tableau de Vernet qui semble avoir été fait exprès pour être comparé à celui-ci, et faire apprécier le mérite des deux artistes. Je voudrais que ces rencontres fussent plus fréquentes. Quel progrès n'en ferions-nous pas dans la connaissance de la peinture? En Italie, plusieurs musiciens composent sur les mêmes paroles. En Grèce, plusieurs poètes dramatiques traitaient le même sujet. Si l'on instituait la même lutte entre les peintres, avec quelle chaleur n'irions-nous pas au Salon? quelles disputes ne s'élèveraient pas entre nous? Et chacun s'appliquant à motiver sa préférence, quelles lumières, quelle certitude de jugement n'acquerrions-nous pas? D'ailleurs, croit-on que la crainte de n'être que le second n'excitât pas de l'émulation entre les artistes, et ne les portât pas à quelques efforts de plus?

Des particuliers, jaloux de la durée de l'art parmi nous, avaient projeté une souscription, une loterie. Le prix des billets devait être employé à occuper les pinceaux de notre académie. Les tableaux auraient été exposés et appréciés. S'il y avait eu moins d'argent qu'il n'en fallait, on aurait augmenté le prix du billet. Si le fond de la loterie avait excédé la valeur des tableaux, le surplus aurait été reversé sur la loterie suivante. Le gain du premier lot consistait à entrer le premier dans le lieu de l'exposition, et à choisir le tableau qu'on aurait préféré. Ainsi il n'y avait d'autre juge que le gagnant. Tant pis pour lui, et tant mieux pour celui qui choisissait après lui, si, négligeant le jugement des artistes et du public, il s'en tenait à son goût particulier. Ce projet n'a point eu lieu, parce qu'il était embarrassé de différentes difficultés, qui disparaissent en suivant la manière simple dont je l'ai conçu.

La scène montre à droite le sommet d'un vieux château au-dessous des rochers. Dans ces rochers, trois arcades pratiquées. Au long de ces arcades, un torrent, dont les eaux, resserrées par une autre masse de roches qui s'avancent encore plus sur le devant, viennent se briser, bondir, couvrir de leur écume un gros quartier de pierre brute, et s'échappent ensuite en petites nappes sur les côtés de cet obstacle. Ce torrent, ces eaux, cette masse font un très-bel effet et bien pittoresque. Au-delà de ce poétique local, les eaux se répandent et forment un étang. Au-delà des arcades, un peu plus sur le fond et vers la gauche, on découvre le sommet d'un nouveau rocher couvert d'arbustes et de plantes sauvages. Au pied de ce rocher, un voyageur conduit un cheval chargé de bagages; il semble se proposer de grimper vers les arcades par un sentier coupé dans le roc, sur la rive du torrent. Il y a, entre son cheval et lui, une chèvre. Au-dessous de ce voyageur, plus sur le devant et plus sur la gauche, on rencontre une paysanne montée sur une bourrique. L'ânon suit sa mère. Tout-à-fait sur le devant, au bord de l'étang formé des eaux du torrent, sur un plan correspondant à l'intervalle qui sépare le voyageur qui conduit son cheval, de la paysanne affourchée sur son ânesse, c'est un pâtre qui mène ses bestiaux à l'étang. La scène est fermée à gauche par une haute masse de roches couvertes d'arbustes, et elle reçoit sa profondeur des sommités de montagnes vaporeuses qu'on a placées au loin, et qu'on découvre entre les roches de la gauche et la fabrique de la droite.

Quand Vernet ne l'emporterait pas de très-loin sur Loutherbourg, par la facilité, l'effet, toutes les parties du technique, ses compositions seraient encore plus intéressantes que celles de son antagoniste. Celui-ci ne sait introduire dans ses compositions que des pâtres et des animaux. Qu'y voit-on? Des pâtres et des animaux; et toujours des pâtres et des animaux. L'autre y sème des personnages et des incidents de toute espèce; et ces personnages et ces incidents, quoique vrais, ne sont pas la nature commune des champs. Cependant ce Vernet, tout ingénieux, tout fécond qu'il est, reste encore bien en arrière du Poussin du côté de l'idéal. Je ne vous parlerai point de l'*Arcadie* de celui-ci, ni de son inscription sublime, *Et ego in Arcadia*. « Je vivais aussi dans la délicieuse Arcadie. » Mais voici ce qu'il a montré dans un autre paysage plus sublime peut-être, et moins connu. C'est celui-ci, qui sait aussi quand il lui plaît, vous jeter du milieu d'une scène champêtre l'épouvante et l'effroi! La profondeur de sa toile est occupée par un paysage noble, majestueux, immense. Il n'y a que des roches et des arbres; mais ils sont imposants. Votre œil parcourt une multitude de plans différents depuis le point le plus voisin de vous, jusqu'au point de la scène le plus enfoncé. Sur un de ces plans-ci, à gauche, tout-à-fait au loin, sur le fond, c'est un groupe de voyageurs qui se reposent, qui s'entretiennent, les uns assis, les autres couchés; tous dans la plus parfaite sécurité. Sur un autre plan, plus sur le devant, et occupant le centre de la toile, c'est une femme qui lave son linge dans une rivière; elle écoute. Sur un troisième plan, plus sur la gauche, et tout-à-fait sur le devant, c'était un homme accroupi; mais il commence à se lever et à jeter ses regards mêlés d'inquiétude et de curiosité vers la gauche et le devant de la scène; il a entendu. Tout-à-fait à droite et sur le devant, c'est un homme debout, transi de terreur, et prêt à s'enfuir; il a vu. Mais qui est-ce qui lui imprime cette terreur? Qu'a-t-il vu? Il a vu, tout-à-fait sur la gauche et sur le devant, une femme étendue à terre, enlacée d'un énorme serpent qui la dévore et qui l'entraîne au fond des eaux, où ses bras, sa tête et sa chevelure pendent déjà. Depuis les voyageurs tranquilles du fond jusqu'à ce dernier spectacle de terreur, quelle étendue immense, et sur cette étendue, quelle suite de passions différentes, jusqu'à vous qui êtes le dernier objet, le terme de la composition! Le beau tout! le bel ensemble! C'est une seule et unique idée qui a engendré le tableau. Ce paysage, ou je me trompe fort, est le pendant de *l'Arcadie;* et l'on peut écrire sous celui-ci φοϐὸς (1); et sous le précédent καὶ ἔλεὸς (2).

Voilà les scènes qu'il faut savoir imaginer, quand on se mêle d'être un paysagiste. C'est à l'aide de ces fictions, qu'une scène champêtre devient autant et plus intéressante qu'un fait historique. On y voit le charme de la nature avec les incidents les plus doux ou les plus terribles de la vie. Il s'agit bien de montrer ici un homme qui passe; là, un pâtre qui conduit ses bestiaux, ailleurs, un voyageur qui se repose; en un autre endroit, un pêcheur, sa ligne à la main, et les

(1) La crainte. ÉDIT^s.

(2) La pitié. ÉDIT^s.

yeux attachés sur les eaux. Qu'est-ce que cela signifie ? Quelle sensation cela peut-il exciter en moi ? Quel esprit, quelle poésie y a-t-il là-dedans? Sans imagination on peut trouver ces objets, à qui il ne reste plus que le mérite d'être bien ou mal placés, bien ou mal peints; c'est qu'avant de se livrer à un genre de peinture quel qu'il soit, il faudrait avoir lu, réfléchi, pensé; c'est qu'il faudrait s'être exercé à la peinture historique qui conduit à tout. Tous les incidents du paysage du Poussin sont liés par une idée commune, quoique isolés, distribués sur différents plans, et séparés par de grands intervalles. Les plus exposés au péril, ce sont ceux qui en sont les plus éloignés. Ils ne s'en doutent pas; ils sont tranquilles; ils sont heureux; ils s'entretiennent de leur voyage. Hélas! parmi eux, il y a peut-être un époux que sa femme attend avec impatience, et qu'elle ne reverra plus; un fils unique que sa mère a perdu de vue depuis long-temps, et dont elle soupire en vain le retour; un père qui brûle du desir de rentrer dans sa famille; et le monstre terrible qui veille dans la contrée perfide dont le charme les a invités au repos, va peut-être tromper toutes ces espérances. On est tenté, à l'aspect de cette scène, de crier à cet homme qui se lève d'inquiétude, fuis; à cette femme qui lave son linge, quittez votre linge, fuyez; à ces voyageurs qui se reposent; que faites-vous là ? fuyez, mes amis, fuyez. Est-ce que les habitants des campagnes, au milieu des occupations qui leur sont propres, n'ont pas leurs peines, leurs plaisirs, leurs passions, l'amour, la jalousie, l'ambition? leurs fléaux, la grêle qui détruit leurs moissons, et qui les désole; l'impôt qui déménage et vend leurs ustensiles; la corvée qui dispose de leurs bestiaux, et les emmène; l'indigence et la loi qui les conduisent dans les prisons? N'ont-ils pas aussi nos vices et nos vertus? Si, au sublime du technique, l'artiste flamand avait réuni le sublime de l'idéal, on lui éleverait des autels.

TABLEAU D'ANIMAUX.

On voit, à droite, un bout de roche; sur cette roche, des arbres; au pied le pâtre assis. Il tend, en souriant, un morceau de son pain à une vache blanche qui s'avance vers lui, et sous laquelle l'artiste a accroupi une autre vache rousse. Celle-ci est sur le devant, et couvre les pieds de la vache blanche. Autour de ces deux vaches, ce sont des moutons, des brebis, des béliers, des boucs, des chèvres. Il y a une échappée de campagne. Sur le fond, tout-à-fait sur la gauche, un âne s'avance de derrière une autre fabrique de roche, vers des chardons parsemés autour de cette masse qui ferme la scène du côté gauche.

Beau, très-beau tableau, très-vigoureusement

et très-sagement colorié. Animaux vrais, peints et éclairés largement. Les brebis, les chèvres, les boucs, les béliers et l'âne sont surprenants. Pour le pâtre et tout le côté droit du tableau, s'il paraît un peu sourd, c'est peut-être le défaut de l'exposition, l'effet de la demi-teinte, qui est forte. Le ciel est un des plus mauvais, des plus lourds de l'artiste : c'est un gros quartier de lapis-lazuli à couper avec le ciseau d'un tailleur de pierre. On peut s'asseoir là-dessus, cela est solide. Jamais corps ne divisera cette épaisseur en tombant. Point d'oiseau qui n'y périsse étouffé. Il ne se meut point; il ne fuit point; il pèse sur ces pauvres bêtes. Vernet nous a rendus difficiles sur les ciels. Les siens sont si légers, si rares, si vaporeux, si liquides ! Si Loutherbourg en avait le secret, comme ils feraient valoir le reste de sa composition ! les objets seraient isolés, hors de la toile ; ce serait une scène réelle. Jeune artiste, étudiez donc les ciels : vous voulez être vigoureux, j'y consens; mais tâchez de n'être pas dur. Ici, par exemple, vous avez évité l'un de ces défauts, sans tomber dans l'autre ; et le vieux Berghem aurait souri à vos animaux.

DESSINS.

LE DEDANS D'UNE ÉTABLE, ÉCLAIRÉE DE LA LUMIÈRE NATURELLE.

Deux bœufs couchés, l'un la tête tournée vers la gauche, et sur le devant; l'autre la tête tournée vers la droite, et le corps presque entièrement couvert du premier. A gauche, sur le devant, mouton couché et qui dort. Du même côté, sur le fond, pâtre étendu à plat-ventre sur de la paille. La lumière naturelle entre par une fenêtre carrée ouverte au mur latéral de la droite. Il faut voir la beauté et la vérité de ces animaux, l'effet du rideau de lumière qui glisse sur eux; comme ils en sont frappés, comme ils en sont largement éclairés, comme ils sont dessinés. J'aime mieux un pareil dessin que dix tableaux communs.

LE DEDANS D'UNE ÉTABLE, ÉCLAIRÉE DE LA LUMIÈRE D'UNE LANTERNE DE CORNE.

En entrant dans cet étable par la gauche, on trouve des cruches et autres ustensiles champêtres; puis la lanterne de corne suspendue à un chevron de la toiture; au-dessous un chien qui dort; plus, vers la droite, dormant aussi, le pâtre, le dos étendu sur de belle paille; sous un râtelier tout-à-fait à la droite, un ânon couché sur des gerbes. Je serais transporté de celui-ci, si je n'avais pas vu le premier.

SCÈNE CHAMPÊTRE ÉCLAIRÉE PAR LA LUNE.

Imaginez à gauche une grande arcade; sous cette grande arcade, des eaux; entre des nuages le disque de la lune, dont la lumière faible et pâle frappe la partie supérieure de la voûte ou arcade, et éclaire la scène. Au pied de la voûte, sur le devant, une chèvre; en s'avançant vers la droite, toujours sur le devant, des moutons et des vaches; depuis l'intérieur de la voûte, sur toute la longueur du fond, une fabrique ruinée, dont le sommet est couvert d'arbustes. Sur un plan qui partage à peu près en deux la profondeur, un pâtre sur son âne. Au-dessous, un peu plus sur la droite, un bélier et des moutons. Sur le devant, quelques masses de pierres. Des roches couvertes d'arbustes ferment la scène vers la droite. C'est encore un très-beau dessin.

L'artiste semble s'être proposé à peu près le même local et les mêmes objets à éclairer de toutes les lumières différentes qu'il s'agit de distinguer, avec du blanc, du brun et du bleu. Il n'a oublié que le feu. Après de pareilles études, il ne tombera pas dans le défaut si fréquent et si peu remarqué, je ne dis pas dans les paysages, mais dans toutes les compositions, de n'employer qu'un seul corps lumineux, et de peindre toutes les sortes de lumières.

LE DEDANS D'UNE ÉCURIE, ÉCLAIRÉE D'UNE LANTERNE DE CORNE PLACÉE SUR LE DEVANT.

On voit, à gauche, les têtes de quelques bêtes à cornes. Sur le fond, un pâtre s'en allant vers la droite, avec une botte de paille sous chaque bras. La lanterne, posée à terre sur le devant, l'éclaire par le dos; plus, à droite et au premier plan, un âne debout, qui brait. Autour de l'animal importun, des moutons couchés. Tout-à-fait à droite et sur le fond, un râtelier avec du foin. Les précédents ne déparent ni celui-ci ni les suivants.

LE DEDANS D'UNE ÉCURIE, ÉCLAIRÉE PAR UNE LAMPE.

A gauche, une petite séparation tout-à-fait dans l'ombre et sur le devant, où l'on voit un pâtre assis sur un grabat, se frottant les yeux, bâillant, s'éveillant. Au-dessus de sa tête, des planches, sur lesquelles des pots et autres ustensiles. Au-delà de la couche du pâtre, en dedans de l'écurie, poteau d'où partent plusieurs chevrons, à l'un desquels la lampe est suspendue. Au pied de ce poteau, paniers et ustensiles. Proche la lampe, plus sur le fond, des chevaux. Vis-à-vis ces chevaux, un bouc. Sur un plan entre les chevaux et le bouc, un autre pâtre. Proche de celui-ci, un ânon. Autour de l'ânon, en allant vers la droite, quelques moutons. Au-dessus des moutons, sur le fond, vaches s'acheminant avec le reste des animaux vers une grande porte ouverte à droite, à l'angle intérieur du mur latéral droit. Tout-à-fait de ce côté, attenant à la porte sur le devant, fabrique de bois. Au pied de cette fabrique, des sacs debout, un crible et d'autres ustensiles.

AUTRE DEDANS D'ÉCURIE, ÉCLAIRÉE D'UNE LAMPE.

A gauche, fabrique de bois. Sur une planche attachée à un poteau, lampe allumée. Au pied de ce poteau, pâtre endormi, son chien à ses pieds. Puis un amas de foin, une grande vache debout. Autour de cette vache, sur le devant, des moutons couchés et un ânon accroupi.

Fermez les yeux, prenez de ces six dessins le premier qui vous tombera sous la main; et soyez sûr d'avoir une chose précieuse. Je ne sais si, à tout prendre, ils ne sont pas plus faits dans leur genre que les tableaux de l'artiste. Ici, il n'y a rien à reprendre.

30. AUTRES DESSINS SUR DIFFÉRENTS PAPIERS.

C'est un berger à droite, assis à terre, le coude appuyé sur un bout de roche; ses animaux se reposant devant lui. C'est un souffle, mais c'est le souffle de la nature et de la vérité. Beau dessin, crayon large, grands animaux, économie de travail merveilleuse.

Le livret annonce d'autres morceaux sous le même numéro 30; mais je ne me les rappelle pas. Je ne les regrette pas pour vous; la meilleure description dit si peu de chose! mais bien pour moi qui les aurais vus.

Et vous voilà tiré de Loutherbourg, à qui certes on ne saurait refuser un grand talent. C'est une belle chose que son tableau d'animaux. Voyez cette vache blanche, comme elle est grasse! plus vous la regarderez de près, plus le faire vous en plaira; il est touché comme un ange. *Le Combat sur terre, le Combat sur mer, la Tempête, le Calme, le Midi, le Soir,* six morceaux qui appartiennent au comte de Creutz, sont tous fort beaux et d'un bel effet. Il y a des terrasses, des roches, des arbres, des eaux, imités à miracle, et d'un ton de couleur très-chaud, très-piquant. Dans *la Bataille sur terre*, son morceau de réception, le coup de canon, ou plutôt ce ciel, cette fumée teinte d'un feu rougeâtre, est bien; le cheval blanc dessiné à ravir, belle croupe, tête pleine de vie. L'animal et le cavalier vont tomber. Le cavalier se renverse en arrière; il a abandonné ses armes; son cheval est sur la croupe. Les armes sont faites avec précision, et il y a là un tact tout particulier. Boucher m'arrêta par le bras, et me dit : Regardez bien ce morceau; c'est un homme que cela! L'autre cavalier, sur le fond, allonge le bras, en laissant tomber son sabre. Un des blessés, sur le devant, a une épée passée à travers les flancs, et tente inutilement de l'arracher. Il est bien dessiné; et son expression est forte. La touche vigoureuse des soldats morts, le brillant mat de l'acier donnent de la force au-devant du tableau. La terrasse est chaudement faite, heurtée, coloriée. A l'angle droit, on escalade un fort. La teinte y est très-vaporeuse, les soldats ajustés à la manière de Salvator-Rosa; mais ce n'est pas la touche fière de celui-ci. Si vous voulez bien savoir ce que c'est que papilloter en grand, arrêtez-vous un moment encore devant *le Combat de mer;* et vous sentirez votre œil successivement attiré par différents objets séparément très-lumineux, sans avoir le temps de s'arrêter, de se reposer sur aucun. Les combattants n'y manquent pas d'action. Ce sont des Turcs, d'un côté, de l'autre des soldats cuirassés. Ce tableau est plus soigné et moins beau. A *la Tempête,* le local est trop noir, les vagues lourdes, la pluie semblable à une trame de toile, à un réseau à prendre des bécasses; il est monotone, point de clair, pas la moindre lueur; les figures très-bien pensées, très-maussadement coloriées. *Le Calme* est roussâtre et sec. A cet instant, les objets sont comme abreuvés de lumière, effet très-difficile à rendre. On n'obtient de grandes lumières, que par l'opposition des ombres; et à midi, tout est brillant, tout est clair; à peine y a-t-il de l'ombre dans la campagne; elle y est comme détruite par la vigueur des reflets. Il n'en reste qu'au fond des antres, dans les cavernes, où l'obscurité est redoublée par l'éclat général. Faible à la lisière des forêts, il faut s'y enfoncer pour l'y trouver forte. *Le Soir* est peint chaudement : on voit que la terre est encore brûlante. Les arbres ne sont pas mal feuillés. Loutherbourg en tout touche fortement et spirituellement. Revenez sur le tableau d'animaux. Regardez le cheval chargé de bagage, et son conducteur; et dites-moi s'il était possible de faire cet animal avec plus de finesse, et ce bagage avec plus de ragoût. Au morceau où la laitière donne de son lait au chien de berger, le chien est de bonne couleur, les figures sont bien dessinées, et la dégradation de la lumière prolonge, du centre du tableau à une distance infinie, la campagne et le lointain. J'ajouterai, de ses dessins, qu'il était impossible d'y montrer plus d'esprit, plus d'intelligence. C'eût été bien dommage qu'une canne à pomme d'or égarée dans sa maison eût privé l'Académie d'un aussi grand artiste; cependant peu s'en est fallu. Quand on éveille la jalousie par un grand talent, il ne faut pas prêter le flanc du côté des mœurs. La furie de ce jeune peintre se jette sur tout; mais c'est dans les batailles surtout qu'elle se déploie. En lui pardonnant sa manière de pyramider, sa disposition est bien étendue; ses groupes s'y multiplient sans confusion; sa couleur est forte, les effets d'ombres et de lumières sont grands; ses figures noblement et naturellement dessinées, leurs attitudes variées; ses combattants bien en action; ses morts, ses mourants, ses blessés bien jetés, bien entassés sous les pieds de ses chevaux; ses animaux vrais et animés; ce sont des bataillons rompus, des postes emportés, un feu perçant à travers les rougeâtres tourbillons de la poussière et de la fumée; du sang, du carnage, un spectacle terrible. A l'une de ses tempêtes, sa mer est trop agitée aux parties éloignées du tableau. La chaloupe qui coule à fond, le mouvement de l'eau sont bien rendus, si ce n'est qu'il est absurde que de frêles bâtiments tentent un abordage par un gros temps, ou, comme disent les marins, par une mer trop dure. Encore une fois, Loutherbourg a un talent prodigieux; il a beaucoup vu la Nature, mais ce n'est pas chez elle, c'est en visite chez Berghem, Wouvermans et Vernet. Il a de la couleur. Il peint d'une manière ragoûtante et facile. Ses effets sont piquants. Dans ses tableaux de paysages, il y a quelquefois des figures qui visent un peu à l'éventail; j'en appelle à l'un de ses tableaux du matin ou du soir, et à cette petite femme qu'on y voit montée sur un cheval, avec un petit chapeau de paille sur la tête, et noué d'un ruban sous son cou. Avec cela, c'est un furieux garçon, et qui n'en restera pas où il en est; surtout si, en s'assujétissant un peu plus à l'étude du vrai, ses compositions viennent à perdre je ne sais quoi de romanesque et de faux, qu'on y sent plus aisément qu'on ne le peut dire. Son grand tableau de bataille l'a élevé au rang d'académicien; et c'est ma foi un beau titre. C'est le plus beau, celui qui caractérise le mieux un grand maître. Des dix-huit morceaux qu'il a exposés, il n'y en a pas un, où l'on ne découvre des beautés. Ce qui lui manque peut s'acquérir. On n'acquiert point ce qu'il a. Qu'il aille, qu'il regarde, et qu'il fasse provision de phénomènes. Si ses dessins sur papier blanc au crayon rouge ont moins d'effet que ceux sur papier bleu, cela tient certainement à la couleur du papier et du crayon. Un dessin sur papier blanc et à la sanguine est nécessairement plus égal de ton, de touche et d'effet; mais en général ils sont d'un prix inestimable. Mon ami, y avez-vous bien pris garde? Avez-vous observé combien ils sont fins et spirituels? Quel effet! quelle touche! quel ragoût! quelle vérité! Ah! les beaux dessins! Berghem ne les désavouerait pas. Au reste, n'oubliez pas que je ne garantis ni mes descriptions, ni mon jugement sur rien; mes descriptions, parce qu'il n'y a aucune mémoire sous le ciel qui puisse rapporter fidèlement autant de compositions diverses; mon jugement, parce que je ne suis ni artiste, ni même amateur. Je vous dis seulement ce que je pense ; et je vous le dis avec toute ma franchise. S'il m'arrive d'un moment à l'autre de me contredire, c'est que d'un moment à l'autre j'ai été diversement affecté, également impartial quand je loue et que je me dédis d'un éloge, quand je blâme et que je me départs de ma critique. Donnez un signe d'approbation à mes remarques, lorsqu'elles vous paraîtront solides, et laissez les autres pour ce qu'elles sont. Chacun a sa manière de voir, de penser, de sentir. Je ne priserai la mienne, que quand elle se trouvera conforme à la vôtre ; et cela bien dit une fois, je continue mon chemin sans me soucier du reste, après avoir murmuré tout bas à l'oreille de l'ami Loutherbourg : Votre femme est jolie ; on le lui disait avant qu'elle vous appartînt : qu'on continue à le lui dire depuis qu'elle est à vous, à la bonne heure, si cela vous convient autant qu'à elle ; mais faites en sorte qu'on puisse oublier sans conséquence, sur son lit ou le vôtre, son chapeau, son épée ou sa canne à pomme d'or. Madame Vassé, et tant d'autres moitiés d'artistes que je nommerais bien, ont aussi des lits ; mais on y retrouve tout ce qu'on y oublie.

131. DESHAYS.

Les portraits de Deshays sont si mauvais de dessin, de couleur et du reste, qu'ils ont l'air d'être faits en dépit de l'art et du bon sens. Celui-ci ne vous ruinera pas en copies. Je ne ressemble pas à l'usurier d'Horace :

Quanto perditior quisque est, tanto acrius urget[1].

Quand je blâme, je fronce le sourcil ; et cela ne m'amuse pas. Voici cinq ou six personnages qui vont me donner de l'humeur. Si je ne me hâte pas de m'en débarrasser, je ne sais plus quand vous aurez la suite.

L'ÉPICIÉ.

132. JÉSUS-CHRIST ORDONNE A SES DISCIPLES DE LAISSER APPROCHER LES ENFANTS QU'ON LUI PRÉSENTE.

Tableau cintré de sept pieds neuf pouces de haut, sur sept pieds six pouces de large.

De même hauteur et de la moitié de la largeur, à gauche du précédent, Saint-Charlemagne.

De même hauteur et de la moitié de la largeur du premier, à droite et en regard avec Saint-Charlemagne, Saint-Louis. Les deux derniers cintrés comme le premier.

Avez-vous vu quelquefois, au coin des rues, de ces chapelles, que les pauvres habitants de Sainte-Reine promènent sur leurs épaules, de

[1] Plus un homme est pauvre, plus il l'écrase. HORAT. *Sermon.* lib. I, *Sat.* II, vers. 15. ÉDITS.

bourg en ville ; c'est une espèce de boîte cintrée, qui renferme un tableau principal, et dont les deux vantaux, peints en dedans, montrent chacun l'image d'un Saint, quand la boîte ou chapelle portative est ouverte ? Eh bien ! tout juste de la même forme et de la même force, le tableau précédent et les deux suivants. C'est la chapelle des gueux de Sainte-Reine ; et ce l'est si bien, qu'il n'y manque que les charnières, que j'y aurais peintes furtivement, si j'avais été un des polissons de l'école.

Au fond de la boîte, c'est le Christ, n'ordonnant pas à ses disciples de laisser approcher les petits enfants, comme le peintre le dit ; mais les recevant, les accueillant. Ainsi L'Épicié n'a su ce qu'il faisait ; et c'est le moindre défaut de son ouvrage. Le Christ est assis sur un palmier ; autour de lui, vers la gauche, sont plusieurs petits enfants, filles et garçons, qui lui sont présentés par leurs mères, leurs frères, leurs grand'mères. A droite, derrière le palmier, deux ou trois apôtres en mauvaise humeur.

Sur le vantail à droite, Saint-Louis ; sur le vantail à gauche, Saint-Charlemagne.

Le tableau du milieu est cru, sec et dur, comme il les faut pour appeler la populace aux carrefours. Figures raides, découpées, appliquées les unes sur les autres, sans plan, sans mouvements, fortes enluminures. Quel sujet, cependant pour un grand maître, par le charme et la variété des natures! Imaginez ce Christ, ces apôtres, ces pères, ces mères, ces grand'mères, ces petites filles, ces petits garçons, peints par un Raphaël.

Sans avoir vu le Saint-Louis, on ne devine pas combien il est plat, ignoble, sot et bête. C'est à peu près comme nos anciens sculpteurs nous le montrent en pierre, aux portails des églises gothiques.

Le Saint-Charlemagne est un gros spadassin; le ventre tendu en devant, la tête ébouriffée et renversée en arrière, la main gauche fièrement appuyée sur le pommeau de son épée. Il est impossible de le regarder, sans se rappeler la figure du feu Gros-Thomas.

Si M. L'Épicié veut placer ces trois tableaux en enseigne à sa porte, je lui garantis la pratique de tous ces gens qui chantent dans les rues, montés sur des escabeaux, la baguette à la main, à côté d'une longue pancarte attachée à un grand bâton, et montrant comment le diable lui apparut pendant la nuit, comment il se leva et s'en alla dans la chambre de sa femme qui dormait. Le voilà qui va. Voilà le diable qui le pousse. Le voilà dans la chambre de sa femme. Voilà sa femme qui dort. Comment son bon ange lui retient la main, lorsqu'il allait tuer sa femme. Voilà le bon ange. Voilà le méchant époux avec son couteau. Le voilà qui a le couteau levé. Voilà le bon ange qui lui retient la main, *et cætera*, *et cætera*. Je lui garantis l'entreprise de toutes les chapelles de Sainte-Reine et autres lieux, tant en France qu'ailleurs, où les paysans malheureux aiment mieux mendier dans les grandes villes; que de rester dans leurs villages, à cultiver des terres, où ils déposeraient leurs sueurs, et qui ne rendraient pas un épi pour les nourrir; à moins qu'il n'aime mieux exercer les deux métiers à la fois, faire la curiosité, et la montrer.

LA CONVERSION DE SAINT-PAUL *.

La lumière d'où se fit entendre la voix qui disait : *Saule* (1), *Saule, quid me persequeris?* part de l'angle supérieur gauche du tableau. Cette gloire est bien lumineuse. Le Saint, renversé dans cette direction, est aussi bien renversé. Il est enveloppé de la masse des rayons qui le frappent, mais qui ne le frappent pas assez pittoresquement; il aurait fallu de la verve, pour lui donner un air de foudre; et L'Épicié n'en a pas. Le casque s'est séparé de la tête, et il est à terre au-dessous. Plus, à droite, vu par le dos, courbé en devant, et

* Voyez le *Salon de* 1765, tome VIII, page 155, le même sujet traité par Deshays. ÉDITS.

(1) Nous observerons en passant que le premier nom du converti de Damas est *Saul;* et qu'on ne sait pas bien pourquoi il a pris le nom de Paul. ÉDITS.

sortant du fond, un soldat relève Saul, le secourt, en appuyant une main entre ses épaules, et l'autre sur sa poitrine. Sur un plan plus enfoncé, et correspondant au persécuteur terrassé, vu de face, un soldat sur son cheval. Le cheval tranquille, et plus brave que l'homme qui est fort effrayé, mais à la vérité d'un faux effroi, d'un effroi de théâtre. Ce gros soldat joue la parade. Tout-à-fait sur le fond, autour de ce grotesque personnage, et derrière son officieux camarade, des têtes de satellites épouvantés. Tout-à-fait à gauche, sous la lumière fulminante, abattu, troublé, effaré, le cheval de Saul, dont les jambes sont embarrassées dans les siennes. Ce cheval est beau, et sa crinière flotte bien. Tout cela n'est ni mal entendu, ni mal ordonné. La gloire m'a paru belle. La lumière forte et vraie. Le cheval assez beau, mais faible de touche, et sans humeur. Le Saul a les yeux fermés, comme il doit arriver à un homme ébloui; mais il est petit, chiffonné, ignoble de caractère, plus mort que vif. Ce bras droit, qu'il tient étendu en l'air, est vraiment hors de la toile; l'autre bras, ainsi que la main, sont bleuâtres; ce qui suppose, contre la vérité, de la durée dans une position contrainte. Ces soldats du fond sont assez bien effarouchés; et le tout est mieux dessiné, mieux colorié qu'il n'appartient à L'Épicié. Le cheval de son gros hollandais ventru qui fait la parade, est de bois. Mais est-ce que L'Épicié voudrait devenir quelque chose? faire le second tome de La Grénée? Je n'en crois rien.

UN TABLEAU DE FAMILLE.

Il y a là de quoi désespérer tous les grands artistes, et leur inspirer le plus parfait mépris pour le jugement public. Si vous en exceptez le *Clair de lune* de Vernet, que beaucoup de gens ont admiré sur parole, il n'y en a peut-être pas un autre qui ait arrêté autant de monde, et qu'on ait plus regardé que celui-ci. C'est un vieux prêtre qui lit l'Ancien ou le Nouveau Testament au père, à la mère, aux enfants rassemblés. Il faut voir le froid de tous ces personnages; le peu d'esprit et d'idées qu'on y a mis; la monotonie de cette scène; et puis cela est peint gris et symétrisé. Ce prêtre parle de la main, et se tait de la bouche. Sa raide soutane a été exécutée sur lui par quelque mauvais sculpteur en bois; elle n'est jamais sortie d'aucun métier d'ourdissage. Ce n'est pas ainsi que notre Greuze se retire de ces scènes-là, soit pour la composition, le dessin, les incidents, les caractères, la couleur. M. L'Épicié, laissez là ces sujets; ils exigent un tout autre goût de vérité que le vôtre. Faites plutôt.... rien. Je ne vous décris pas ce tableau. Je n'en ai pas le courage. J'aime mieux causer un moment avec vous des jugements populaires dans les beaux-arts. Je serais long, si je voulais; mais rassurez-vous, je serai court.

Le mérite d'une esquisse, d'une étude, d'une ébauche, ne peut être senti que par ceux qui ont un tact très-délicat, très-fin, très-délié, soit naturel, soit développé et perfectionné par la vue habituelle de différentes images du beau en ce genre, ou par les gens mêmes de l'art. Avant que d'aller plus loin, vous me demanderez ce que c'est que ce tact? Je vous l'ai déjà dit: c'est une habitude de juger sûrement, préparée par des qualités naturelles, et fondée sur des phénomènes et des expériences, dont la mémoire ne nous est pas présente. Si les phénomènes nous étaient présents, nous pourrions sur-le-champ rendre compte de notre jugement; et nous aurions la science. La mémoire des expériences et des phénomènes ne nous étant pas présente, nous n'en jugeons pas moins sûrement, nous en jugeons même plus promptement; nous ignorons ce qui nous détermine, et nous avons ce qu'on appelle tact, instinct, esprit de la chose, goût naturel. S'il arrive qu'on demande à un homme de goût la raison de son jugement, que fait-il? il rêve; il se promène; il se rappelle, ou les modèles qu'il a vus, ou les phénomènes de la nature, ou les passions du cœur humain, en un mot, les expériences qu'il a faites; c'est-à-dire, qu'il devient savant. Un même homme a le tact sur certains objets, et la science sur d'autres. Ce tact est préparé par des qualités que la nature seule donne. Parcourez toutes les fonctions de la vie, toutes les sciences, tous les arts, la danse, la musique, la lutte, la course; et vous reconnaîtrez dans les organes une aptitude propre à ces fonctions : et de même qu'il y a une organisation de bras, de cuisses, de jambes, de corps, propre à l'état de porte-faix, soyez sûr qu'il y a une organisation de tête propre à l'état de peintre, de poète et d'orateur, organisation qui nous est inconnue, mais qui n'en est pas moins réelle, et sans laquelle on ne s'élève jamais au premier rang; c'est un boiteux qui veut être coureur. Rappelez-vous toutes les études, toutes les connaissances nécessaires à un bon peintre, à un peintre né; et vous sentirez combien il est difficile d'être un bon juge, un juge né en peinture. Tout le monde se croit compétent sur ce point; presque tout le monde se trompe : il ne faut que se promener une fois au Salon, et y écouter les jugements divers qu'on y porte, pour se convaincre qu'en ce genre, comme en littérature, le succès, le grand succès est assuré à la médiocrité, l'heureuse médiocrité qui met le spectateur et l'artiste commun de niveau. Il faut partager une nation en trois classes; le gros de la nation qui forme les mœurs et le goût national; ceux qui s'élèvent au-dessus sont appelés des fous, des hommes bizarres, des originaux; ceux qui descendent au-dessous, sont des plats, des espèces. Les progrès de l'esprit humain, chez un peuple, rendent ce plan mobile. Tel homme vit quelquefois trop long-temps pour sa réputation. Je vous laisse le soin d'appliquer ces principes à tous les genres, je m'en tiens à la peinture. Je n'ai jamais entendu faire autant d'éloges d'aucun tableau de Van-Loo, de Vernet, de Chardin, que de ce maudit tableau de famille de L'Épicié, ou d'un autre tableau de famille, plus maudit encore, de Voiriot. Ces indignes croûtes ont entraîné le suffrage public; et j'avais les oreilles rompues des exclamations qu'ils excitaient. Je m'écriais : ô Vernet ! ô Chardin ! ô Casanove ! ô Loutherbourg ! ô Robert ! travaillez à présent; suez sang et eau, étudiez la nature, épuisez-vous de fatigue, faites des poèmes sublimes avec vos pinceaux; et pour qui ? pour une petite poignée d'hommes de goût qui vous admireront en silence, tandis que le stupide, l'ignorant vulgaire, jetant à peine un coup d'œil sur vos chefs-d'œuvre, ira se pâmer, s'extasier devant une enseigne à bière, un tableau de guinguette. Je m'indignais et j'avais tort. Est-ce qu'il en pouvait être autrement? Il faut que le chancelier Bacon reste ignoré pendant cinquante ans; lui-même l'avait prédit de son propre ouvrage. Il faut que le *Traité du vrai Mérite* par Le Maître de Claville ait en deux ou trois ans de temps cinquante éditions. Celui qui devance son siècle; celui qui s'élève au-dessus du plan général des mœurs communes, doit s'attendre à peu de suffrages; il doit se féliciter de l'oubli qui le dérobe à la persécution. Ceux qui touchent au plan général et commun, sont à la portée de la main; ils sont persécutés. Ceux qui s'en élèvent à une grande distance, ne sont pas aperçus; ils meurent oubliés et tranquilles, ou comme tout le monde, ou très-loin de tout le monde. C'est ma devise.

AMAND.

135. SOLIMAN II FAIT DÉSHABILLER DES ESCLAVES EUROPÉENNES.

Il n'y était pas, et je ne vous conseille pas de le regretter. Je n'ai jamais vu d'Amand que des tableaux froids ou des esquisses extravagantes.

Plusieurs dessins, plusieurs mauvais dessins dont ne je parlerais pas, sans un de ces traits d'absurdité sur lesquels il faut toujours arrêter les yeux des enfants. C'est une figure d'homme vu par le dos, les mains appuyées à la manivelle coudée d'un tambour de puits. Il y a dans ces machines un moment où le coude de la manivelle rend la position du bras de levier très-haute. Il faut alors, ou que l'homme abandonne la manivelle, ou que ses bras puissent atteindre à cette hauteur, les poings fermés, sans quoi la machine revient sur elle-même, et le poids redescend. Or, on donnerait un demi-pied de plus au tourneur d'Amand, qu'il ne serait pas encore assez grand ; en sorte que, dans son dessin, ce n'est plus un homme qui tourne, c'est un homme qui arrête la manivelle à son point le plus bas, et qui se repose dessus.

Si vous ne m'en croyez pas sur les dessins d'Amand, celui, où, au bas d'une fabrique à droite, il y a un groupe de gens qui concertent ; à gauche, une statue de Flore sur son piédestal ; à droite, un escalier ; au-dessus de l'escalier, une fabrique ; plus vers la gauche, sur une partie du massif commun de la fabrique, une cuvette soutenue par des figures ; et au-dessous de la cuvette, un bassin qui reçoit les eaux ; revoyez cela, et jugez si j'ai tort de dire que rien n'est plus bizarre, plus dur et plus mauvais.

L'atelier de menuiserie ne serait qu'une passable vignette pour notre recueil d'arts (1) ; pas davantage.

L'atelier de doreur, autre passable vignette pour le recueil des arts, que nous faisons au milieu de tous les obstacles possibles ; que l'Académie a commencé il y a soixante ans ; qu'elle n'a pas fait avec tous les secours imaginables du gouvernement ; qu'elle vient de reprendre par honte et par jalousie ; et qu'elle abandonnera par dégoût et par paresse.

Les deux paysages d'Amand sont froids, monotones, brouillés ; beaucoup d'objets entassés les

(1) Pour l'*Encyclopédie*. ÉDIT^{s}.

uns sur les autres ; et chaque objet bien chargé de crayon, sans effet.

FRAGONARD.

Quantum mutatus ab illo (1)!

TABLEAU OVALE REPRÉSENTANT DES GROUPES D'ENFANTS DANS LE CIEL.

C'est une belle et grande omelette d'enfants; il y en a par centaines, tous entrelacés les uns dans les autres, têtes, cuisses, jambes, corps, bras, avec un art tout particulier; mais cela est sans force, sans couleur, sans profondeur, sans distinction de plans. Comme ces enfants sont très-petits, ils ne sont pas faits pour être vus à une grande distance; mais comme le tout ressemble à un projet de plafond ou de coupole, il faudrait le suspendre horizontalement au-dessus de sa tête, et le juger de bas en haut. J'aurais attendu de cet artiste quelque effet piquant de lumière; et il n'y en a point. Cela est plat, jaunâtre, d'une teinte égale et monotone, et peint cotonneux. Ce mot n'a peut-être pas encore été dit, mais il rend bien; et si bien, qu'on prendrait cette composition pour un lambeau d'une belle toison de brebis, bien propre, bien jaunâtre, dont les poils entremêlés ont formé par hasard des guirlandes d'enfants.

(1) VIRGIL. *Æneid.* lib. II, v. 274. ÉDITS.

Les nuages répandus entre eux sont pareillement jaunâtres, et achèvent de rendre la comparaison exacte. M. Fragonard, cela est diablement fade. Belle omelette, bien douillette, bien jaune et bien brûlée.

UNE TÊTE DE VIEILLARD.

Cela est faible, mou, jaunâtre, teintes variées, passages bien entendus, mais point de vigueur. Ce vieillard regarde au loin; sa barbe est un peu monotone, point touchée de verve; même reproche aux cheveux, quoiqu'on ait voulu l'éviter. Couleur fade. Cou sec et raide. M. Fragonard, quand on s'est fait un nom, il faut avoir un peu plus d'amour-propre. Quand, après une immense composition, qui a excité la plus forte sensation, on ne présente au public qu'une tête, je vous demande à vous-même ce qu'elle doit être.

PLUSIEURS DESSINS.

Pauvres choses! Le paysage est mauvais. L'homme appuyé sur sa bêche ne vaut pas mieux. J'en dis autant de cette espèce de brocanteur, assis devant sa table dans un fauteuil à bras. La mine en est pourtant excellente.

MONNET.

141. UNE MAGDELEINE EN MÉDITATION.

Tableau ovale.

UN CHRIST EXPIRANT SUR LA CROIX.

Ce Christ n'est point au Salon. Monnet n'avait apparemment pas eu le temps de l'expédier. Le Christ est malheureux en France. Il est bafoué par nos philosophes, déshonoré par ses prêtres, et maltraité par nos artistes. Au sortir des mains de Pierre, il tomba dans celles de Bachelier, qui l'a livré cette année à Parrocel, à Brenet, à L'Épicié, à Monnet qui le tient à présent.

La Magdeleine de celui-ci est sans couleur, sans expression, sans intérêt, sans caractère, sans chair; c'est une ombre, c'est un morceau détestable de tout point. On voit, à droite, un rocher. Devant ce rocher, une grande croix de bois. A genoux, et les bras croisés, la sainte pécheresse. Derrière elle, un autre rocher. On ne sait ce que c'est que cela. C'est une image de papier blanc, une découpure de Hubert, mais mauvaise, sans la précision des contours, seulement aussi mince, aussi plate, et très-insipide, quoique nue. Au pont Notre-Dame, chez Tremblin, pourvu qu'il en veuille, car il est difficile. La religion souffre ici de toute part.

Je ne sais ce que c'est que *l'Hermite lisant*. On dit qu'il n'est pas sans mérite. Chardin l'a pourtant caché. Pour les dessins et les esquisses, malheureusement on les voit.

TARAVAL.

REPAS DE TANTALE.

Tableau de quatre pieds de large, sur trois pieds neuf pouces de haut.

Je veux mourir, si, ni vous, ni moi, ni personne, eût jamais deviné le sujet de ce tableau. A droite, un palais. Au-devant de la façade du palais, sur le fond, des femmes qui élancent de joie leurs bras vers un enfant. Un peu plus vers la gauche, et tout-à-fait sur le devant, une femme agenouillée, tendant aussi les bras au même enfant, qu'elle se dispose à recevoir d'un vieillard, qui le lui présente de côté, et sans la regarder. Ce vieillard, c'est Jupiter. Je le reconnais à l'oiseau porte-foudre, qu'il a sous ses pieds. Sur le fond, une table couverte d'une nappe. Au-delà de cette table, des dieux et des déesses, portés sur des nuages, comme dans une décoration d'opéra, et jetant des regards d'indignation et de terreur sur ce qui se passe vers la gauche. Voilà un double intérêt bien marqué. M'indignerai-je avec ceux-ci, ou joindrai-je ma joie à celle des premiers? Au-dessous de Jupiter sévère, je vois un scélérat qu'on se prépare à lier. Il est désespéré. Il regarde la terre. Il se frappe le front du poing. A côté de ce brigand, car il en a bien l'air, un jeune homme qui lui a saisi le bras, qui tient une chaîne de sa main gauche, et qui serre si fort cette chaîne, qu'on dirait qu'il craint plus qu'elle ne lui échappe que son coupable. Ce jeune homme, c'est Mercure; je le reconnais aux ailes, dont il est coiffé; ou plutôt c'est un paysan ignoble, quelque satellite déguisé qui les lui a volées.

Eh bien! mon ami, voilà ce qu'il plaît à l'artiste d'appeler *le Repas de Tantale*. Il a beau dire, c'est l'instant où Jupiter, s'apercevant qu'on lui a servi à manger l'enfant de la maison, le ressuscite, le rend à sa mère, et condamne le père aux fers. Je lui répondrai toujours, ce sont trois instants et trois sujets très-distingués. L'instant du repas n'est point celui de l'enfant ressuscité. L'instant de l'enfant ressuscité n'est point celui de l'enfant rendu; et l'instant de l'enfant rendu n'est point celui de la condamnation du père. Aussi fatras de figures, d'effets et de sensations contradictoires. Exemple excellent du défaut d'unité. Ces gens sans verve et sans génie ne sont effrayés de rien. Ils ne soupçonnent seulement pas la difficulté d'une composition. Voyez aussi comme ils s'en tirent. La mère de Pélops, petite mine rechignée. Tantale, bas coquin, gibier de Grève. Tout le terrible réduit à la flamme rougeâtre d'un pot à feu, élevé à gauche sur un guéridon. Mais, me direz-vous, ces défauts sont peut-être rachetés par un faire merveilleux? Oh! non. Cependant, trouvez, si vous le voulez, le Tantale chaudement colorié. Dites que le Jupiter est beau, que sa tête est noble; ajoutez encore que le tout n'est pas sans effet, à la bonne heure.

VÉNUS ET ADONIS.

Adonis est assis; on le voit de face. Son chien est à côté de lui. Il tient son arc de la droite. Sa gauche est je ne sais où. Il a sur ses genoux une peau de tigre. Sur un grand coussin d'étoffe argentée, Vénus est étendue à ses pieds. On ne la voit que par le dos. Ce dos est beau, et l'artiste le sait bien, car c'est pour la seconde fois qu'il s'en sert. La tête d'Adonis est empruntée d'un Saint Jean de Raphaël, comme Raphaël empruntait la tête antique d'un Adonis pour en faire un Saint Jean. Aussi cette tête est-elle bien coloriée. De la manière dont ce sujet est composé, il ne peut guère y avoir que le mérite du technique. La figure principale tourne le dos; et un dos n'a pas beaucoup d'expression. Voyez pourtant ce dos, car il en vaut la peine, et la manière dont cette figure est assise sur son coussin, la vérité des chairs, et du coussin.

JEUNE FILLE AGAÇANT SON CHIEN DEVANT UN MIROIR.

La tête de la jeune Fille et le chien ont de la vie, du dessin, sans couleur.

UNE TÊTE DE BACCHANTE.

On la voit presque par le dos, la tête retournée. On prétend qu'elle est d'un pinceau vigoureux. J'y consens. Son expression est bien d'une femme enthousiaste ou ivre, mais souffrante, non comme une Pythie qui se tourmente et qui cherche à exhaler le Dieu qui l'agite, mais souffrante de douleur. L'enthousiasme, l'ivresse et la souffrance affectent les mêmes parties du visage ; et le passage de l'un de ses caractères contigus à l'autre est facile.

HERCULE ENFANT, ÉTOUFFANT DES SERPENTS, AU BERCEAU.

Esquisse.

On voit à droite une suivante effrayée, puis Alcmène et son époux. Celui-ci saisit son enfant et l'enlève de son berceau. Dans le berceau voisin, le jeune Hercule, assis, tient par le cou un serpent de chaque main, et s'efforce des bras, du corps et du visage, de les étouffer. Sur le fond à gauche, au-delà des berceaux, des femmes tremblent pour lui. Tout-à-fait à gauche, deux autres femmes debout : celles-ci sont assez tranquilles. De ces deux femmes, celle qu'on voit par le dos montre le ciel de la main, et semble dire à sa compagne : Voilà le fils de Jupiter. Du même côté, colonnes. Dans l'entre-colonnement, grand rideau qui, relevé par le plafond, vient faire un dais au-dessus des berceaux. Beau sujet, digne d'un Raphaël. Cette esquisse est fortement coloriée, mais sans finesse de tons; et là-dessus, mon ami, je vous renvoie à mon conte polisson sur les esquisses (1).

Je ne dis pas que Taraval vaille mieux que Fragonard, ni Fragonard mieux que Taraval; mais celui-ci me paraît plus voisin de la manière et du mauvais style. La fricassée d'anges de Fragonard est une singerie de Boucher. Outre les dessins dont j'ai parlé, il y en a d'autres de ce dernier artiste, à la sanguine et sur papier bleu, qui sont jolis et d'un bon crayon. Il y a de l'esprit et du caractère. En général Fragonard a l'étoffe d'un habile homme; mais il ne l'est pas. Il est fougueux, incorrect, et sa couleur est volatile. Il peut aussi facilement empirer qu'amander; ce que je ne dirais pas de Taraval. Il n'a pas assez regardé les grands maîtres de l'école d'Italie. Il a rapporté de Rome le goût, la négligence et la manière de Boucher, qu'il y avait portés. Mauvais symptôme, mon ami! Il a conversé avec les apôtres; et il ne s'est pas converti. Il a vu les miracles; et il a persisté dans son endurcissement.

(1) Page 398 de ce volume. ÉDIT^s.

Il y a quelque temps que j'entrai par curiosité dans les ateliers de nos élèves : je vous jure qu'il y a des peintres à l'Académie, à qui ces enfants-là ne céderaient pas la médaille. Il faut voir ce qu'ils deviendront. Mais vous devriez bien conseiller à ces souverains, avec lesquels vous avez l'honneur de correspondre, et qui ont à cœur la naissance et le progrès des beaux-arts dans leur Empire, de fonder une école à Paris, d'où les élèves passeraient ensuite à une seconde école fondée à Rome. Ce moyen serait bien plus sûr que d'appeler des artistes étrangers, qui périssent transplantés comme des plantes exotiques dans des serres chaudes.

149. RESTOUT.

LES PLAISIRS D'ANACRÉON. — DIOGÈNE DEMANDANT L'AUMONE A UNE STATUE. — UN SAINT-BRUNO.

Voyez au Salon précédent (1) ce que je vous ai dit de ces trois morceaux ; et n'en rabattez pas un mot. Il y a dans le morceau d'*Anacréon*, couleur, entente de lumières, vigueur et transparence. Le tout est d'un ton vrai et suave. Le corps, la gorge et les épaules de la courtisane sont de chair, et peints dans la pâte à pleines couleurs. Le corps d'*Anacréon* est bien modelé ; le bras qui tient la

(1) Tome VIII, page 348 et suiv. ÉDIT[s].

coupe fin de touche, quoique défectueux de dessin. Les étoffes étendues sur ses genoux sont belles. La jambe droite, qui porte le pied en avant, sort du tableau. La cassolette et les vases, d'un faire recherché, sans attirer l'attention aux dépens des figures. Mais je persiste : l'*Anacréon* est un charretier ivre, tel qu'on en voit sortir sur les six heures du soir des tavernes du faubourg Saint-Marceau. La courtisane est une grenouille; si elle était debout à côté de l'*Anacréon*, son front n'atteindrait pas au creux de son estomac : c'est accoupler une Lapone avec un Patagon. Le site est tout-à-fait bizarre. Ah! monsieur Restout, que dirait votre père s'il revenait au monde et qu'il vît cela? Jusqu'à présent on ignorait que les pompons, les étoffes de Lyon à fleurs d'argent, les cirsakas, fussent en usage chez les Grecs : où est le costume et la sévérité de l'art?

Votre *Diogène* ressemble à un gueux qui tend la main de bonne foi; et puis il est sale de couleur.

Pour votre *Saint-Bruno*, c'est un très-joli morceau, bien dessiné, bien posé, tout-à-fait intéressant d'expression, largement drapé, peint avec vigueur et liberté, bien éclairé, bien colorié; on le prendrait pour un petit Chardin, quand celui-ci faisait des figures. Que ne suivez-vous ce genre?

Quand on expose une tête seule, il faut qu'elle

soit très-belle; et celle de ce chanteur de rue, de ce gueux ivre, demandait une exécution merveilleuse, pour en excuser le bas caractère. Moins le sujet d'une composition est important, moins il intéresse, moins il touche aux mœurs, plus il faut que le faire en soit précieux. Qui est-ce qui regarderait les Téniers, les Wouvermans, les Berghem, tous les tableaux de l'école flamande, la plupart de ces obscénités de l'école italienne, tous ces sujets empruntés de la fable, qui ne montrent que des natures méprisables, que des mœurs corrompues, si le talent ne rachetait le dégoût de la chose? Les originaux sont d'un prix infini; on ne fait nul cas des meilleures copies; et c'est la difficulté de discerner les originaux des copies, qui a fait tomber en France les tableaux italiens. On ne dupe plus que les Anglais. M. Baudouin, lisez ce paragraphe, et profitez-en.

M. Restout, je reviens à vous. Que pensez-vous du contraste de cette tête ignoble d'*Anacréon* avec les vases précieux qui l'entourent et les riches étoffes qui le couvrent? Jetez un voile sur le reste de votre composition; ne montrez que cette tête, et dites-moi à qui elle appartient. Et votre *Diogène*, de bonne foi, lui voit-on le moindre trait qui indique l'esprit de son action? Où est l'ironie? où est la fierté cynique? est-ce là cet homme dont Sénèque a dit que celui qui doute de sa félicité peut aussi douter de celle des dieux? Votre *Saint-*

Bruno est très-bien, je ne m'en dédis pas; mais n'y a-t-il point là de plagiat?

Ce qui fâche, c'est que ces talents naissants, qui ont décoré notre Salon cette année, iront en s'éteignant; ce sont de prétendus maîtres qui auraient grand besoin de retourner à l'école sous des maîtres sévères qui les châtiassent.

JOLLAIN.

152. L'AMOUR ENCHAINÉ PAR LES GRACES.

Imaginez l'Amour assis sur une petite éminence, au milieu des trois Graces accroupies; et ces Graces n'en ayant ni dans leurs attitudes, ni dans leurs caractères, maussadement groupées, maussadement peintes, la tête de l'Amour si féminisée, qu'on s'y tromperait, même à jeun. Ni finesse, ni mouvement, ni esprit. Trois filles pas trop belles, pas trop jeunes, passant des guirlandes de fleurs autour des bras et des pieds d'un innocent qui les laisse faire. Ni verve, ni originalité, ni pensée, ni faire. Qu'est-ce donc que cela signifie? Rien. C'est barbouiller de la toile, et perdre de la couleur.

BÉLISAIRE.

Ce n'est pas un tableau, quoi qu'en dise le livret, c'est une mauvaise ébauche. Cela est si gris, si blafard, qu'on a peine à discerner les figures, et que ma lorgnette de Passement, qui colore les objets, a manqué son effet sur ce tableau. Qu'est-ce que M. Jollain? C'est.... c'est un mauvais peintre; c'est un sot; qui ne sait pas que celui qui tente la scène de Bélisaire s'impose la loi d'être sublime. Il faut que la chose dise plus que l'inscription, *date obolum Belisario* [1], et cela n'est pas aisé. A droite, presque au centre de la toile, Bélisaire assis. Du même côté, étendue à terre, sa fille, la tête penchée sur le bras de son père, qui lui serre la main. Au pied de Bélisaire, une levrette qui dort. Tout-à-fait à droite, le dos tourné à son époux et à sa fille, les yeux couverts de ses mains, et la tête posée contre un mur, la femme de Bélisaire. A gauche, sur le fond, un jeune homme qui demande l'aumône dans le casque du général aveugle. Autour de ce jeune homme, des passagers, un soldat les bras étendus et le visage étonné, une femme qui délie sa bourse, quelques personnages qui conversent, parmi lesquels on en remarque un qui, le doigt posé sur sa bouche, semble recommander le silence aux autres. A gauche, un vestibule qui conduit à des bâtiments; à droite et sur le fond, des murs, une architecture; d'où l'on conjecture que la scène se passe dans la cour d'un château, et que cette composition, qui ne vaut pas les estampes de Gravelot, a été faite d'après une situation de l'ouvrage,

[1] Donnez une obole à Bélisaire.

très-médiocre et beaucoup trop vanté, de Marmontel.

Le Bélisaire est raide, ignoble et froid. La fille n'est pas mal de position et de caractère ; mais, et cette fille, et la mère qui tourne le dos à la scène, sont prises du *Testament d'Eudamidas* (1), où elles sont sublimes, on n'a fait que les séparer. Toutes ces figures dispersées à droite ne disent rien, mais rien du tout. L'enfant qui demande l'aumône dans le casque est une idée commune, que l'artiste aurait rejetée s'il eût senti l'effet du casque que Van-Dick a posé au pied de Bélisaire. Que fait là ce chien qui dort ? Quelle comparaison de l'étonnement de ce soldat, et du morne silence du soldat de Van-Dick, qui, la tête penchée, les mains posées sur le pommeau de son épée, regarde et pense ! Quelle différence encore dans le choix du local ! Van-Dick fut bien un autre homme, lorsqu'il assit son héros sur une borne, le dos contre un arbre, son casque à ses pieds. C'est qu'avec du génie, il est presque impossible de faire un bon tableau d'après une situation romanesque, ou même une scène dramatique. Ces modèles ne sont pas assez voisins de Nature. Le tableau devient une imitation d'imitation.

Quand je vois des Jollain tenter ces sujets après un Van-Dick, un Salvator-Rosa, je voudrais bien savoir ce qui se passe dans leurs têtes ; car enfin,

(1) Tableau de Nicolas Poussin. ÉDIT[s].

refaire Bélisaire d'après ces hommes sublimes, c'est refaire *Iphigénie* après Racine, *Mahomet* après Voltaire. M. Jollain, cela n'est pas modeste. La composition, le dessin, l'expression générale, le caractère du principal personnage, le clair-obscur, la couleur, l'effet, sont, je crois, des parties sans lesquelles la peinture n'existe pas. Or, il n'y a rien de tout cela dans le tableau de Jollain. Ce tableau est donc nul. Ce Jollain m'a l'air d'un cousin de Cogé ou de Riballier. Bélisaire, le pauvre Bélisaire, après avoir été chanté par Marmontel, proscrit par la Sorbonne (1), il ne lui manquait pour dernière disgrâce que d'être peint par Jollain.

UN HERMITE.

Je me le rappelle : il est froid, léché et mauvais. Mauvaises mains, mauvaises et lourdes draperies, barbe monotone, livre relié en parchemin, sans ton, sans illusion; tête faible de touche. C'est Jollain, toujours Jollain.

(1) Le *Bélisaire* de Marmontel a été censuré et condamné par la Sorbonne en 1767. ÉDIT[s].

FIN DU SECOND VOLUME DES SALONS.

TABLE DES MATIÈRES

CONTENUES

DANS CE VOLUME.

FIN DE LA TABLE.

979463

Printed in Great Britain by
Amazon.co.uk, Ltd.,
Marston Gate.